K・A・ウィットフォーゲルの東洋的社会論

石井知章
Ishii Tomoaki

社会評論社

表紙写真＊『東洋的社会論』構想中の1940年頃、ニューヨークで。
本扉写真＊ニューヨークの自宅書斎にて（1977年）。

K・A・ウィットフォーゲルの東洋的社会論●目次

序章●――いまなぜウィットフォーゲルの「東洋的社会論」なのか？

1 「アジア的復古」の発見

K・A・ウィットフォーゲル（一八九六―一九八八年）は、文明学者でもなければ、人類学者でもなく、社会学者でも、政治学者でも、歴史学者でも、ましてや単なる一地域研究者としての中国学者（シノロジスト）でもない。あえて一言で評するならば、彼は他のいかなる先行研究者よりもK・マルクスとM・ウェーバーの「アジア的」社会についての学問的伝統を忠実に受け継いだ、一人の誠実かつ良心的な社会科学者であった。マルクスとウェーバーの社会科学的方法論が根本的に異なることはいうまでもないが、アジア社会論に限定していえば、この地域に対するこれら二つのアプローチとは、じつは内的に深く、かつ密接に連関し合っているだけでなく、両者の理論に不十分な部分を互いに補完しあっているという意味で、相互不可分の関係にすらある。それゆえに、マルクスとウェーバーのアジア社会論を媒介にしつつ、両者を一つの範型（パターン）としての東洋的社会論（The Theory of Oriental Society）へと理論的に総合することを試みた社会科学者こそが、このウィットフォーゲルという人物なのである。[1]ドイツに生まれ、青年時代には共産党員として労働運動、反ナチ運動に深く関与し、戦前にはナチの強制収容所への収監、アメリカへの亡命を経る中で、『目覚め行く中国』（一九二六年）、『中国の経済と社会』（一九三一年）などの著作で日本でも中国研究の第一人者として知られていたウィットフォーゲルは、戦後、その主著『東洋的専制主義』（一九五七年）では、いわゆる「反共主義者」としての社会的評価を決定的なものにしていった。

ウィットフォーゲルにおける東洋的社会論の研究プロセスを大きく二つに時代区分するならば、その後期の研究への転機は、戦後間もない一九四七年に訪れた。旧友のバートラム・ウルフによるロシア革命についての伝記的叙述である『革命をなし遂げた三人』（一九四八年：菅原崇光訳『レーニン・トロツキー・スターリン』、紀伊國屋書店、一九六九年）の草稿を見せられると、ウィットフォーゲルはそこに記述されている事実にきわめて大きな衝撃を受ける。一九三九年のナチスとスターリンによる独ソ不可侵条約の締結を契機に共産党と決別した後にも、彼は理論的にはともかく、現実政治に対する態度としては、ソ連はなおも社会主義の堕落した形態であるという立場にあった。だが、この草稿の中のプレハーノフの「アジア的復古」についての記述は、ウィットフォーゲルをロシア史の新しい見方に決定的に開眼させることとなった。[2]

この本の中でウルフは、ロシア社会民主労働党ストックホルム大会（一九〇六年）での、レーニンによる土地の「国有化」の綱領に関するプレハーノフとレーニンの論争に言及していた。この論争でプレハーノフは、レーニンの主張する「国有化」が再び農民を束縛し、ロシアにおける「アジア的」遺制を再び活気づけ、「古い、半アジア的制度」の「復古」を招くであろうと主張した。ウィットフォーゲルはここではじめて、自分が社会主義を裏切ったのではなく、社会主義こそが前近代的体制の復活者によって裏切られていたことを悟ったのである。これを契機にウィットフォーゲルは、一九四八―五〇年にかけて、このストックホルム大会の議事録、及び一九三一年のアジア的生産様式についてのレニングラード討論の議事録を翻訳し、プレハーノフ、レーニンを精力的に読み進め、生涯最後まで公刊されることのなかったロシアの制度に関する一二〇〇ページに及ぶ膨大な研究論文の執筆にとりかかることとなった。★3 そうしたプロセスの中で彼は、マルクスの「アジア的」なものについてのアプローチが、ソビエト以前のロシアだけでなく、十月革命、そしてそれ以降に発生した「社会主義」社会にとっても、きわめて重要な意味合いを持っていることに気づいたのである。

このようにしてウィットフォーゲルは、マルクスとエンゲルスがロシアの村落共同体の中にツァーの専制主義の社会・経済的基礎を見いだしつつ、それらを「封建的」ヨーロッパの村落共同体とは構造的に異なった「アジア的」インドの村落共同体と同じものと見なしていたことをはじめて知るに至った。★4 実際、マルクスにとってツァーリズム体制とは、「国家の最も粗野な形態」であり、「西洋のわれわれが想像だにしえない専横をほしいままにする中央集権的な東洋的専制主義」(『ゴータ綱領批判』)であった。ウィットフォーゲルの見るところ、こうしたマルクスのアジア観は、たしかにプレハーノフやレーニンの中に深く刻印されている。「それがマルクスのアジア的概念のメリットであろうと、欠点であろうと、一九〇六年に、新たなロシア革命の可能性、そしてアジア的、あるいは半アジア的復古への退化の危険性について討論した際に、レーニンとプレハーノフの意見を形成していたのは、他ならぬマルクスの概念だったのである。彼らにとって、『アジア』とは一つの社会形態であり、生産様式であり、政府のパターン（範型）だった。彼らはロシアの過去、現在、未来について議論するとき、地理的にではなく、制度的な用語で考えていたのである★5」。

この「アジア的復古」に関する膨大な草稿の執筆に取り組んでいたウィットフォーゲルは、さしあたりその中間報告として「ロシアとアジア」と題した論考をまとめ、一九五〇年、『ワールド・ポリティックス』に発表した。それによれば、専制的官僚主義とは水力経済の単なる上部構造ではなく、むしろ「征服王朝」の成立の結果として「移植」されたものに他ならない。「一三世紀の半ばから一五世紀末までのモンゴルの支配下において、周辺的な東洋的帝国の一部になったとき、ロシアはその制度的な分水嶺を超えた。東洋的な専制官僚的統治方法の組織と社会との結合が可能になったのは、この延々と続いたタタールの軛（Mongol Yoke）の時代——多くの研究者が多くの理由によって軽んじてきた時代——においてであった★6」。東洋的農業社会、あるいは東洋の半管理者的官僚社会とはまったく同じものではないにせよ、それらの社会と深い関連を持つ全体的管理国家体制のアパラチキ（ロシア語の「機構」）が、革命後のソ連社会の中にも築かれ、ここにロシア社会における「アジア的復古」の基礎が成立したのである★7。

ところで、こうしたウィットフォーゲルにとっての一大発見であったソ連社会における「アジア的復古」の問題とは、当時論壇、知識人、とりわけ日本のそれらに如何に受け止められたのだろうか？　このことを象徴的に示しているのが、日本における最初のウィットフォーゲルの紹介者・翻訳者であり、彼とはフランクフルト大学時代（一九二〇年代）以来の旧友であった平野義太郎との往復書簡（スタンフォード大学フーバー研究所所蔵）である。ウィットフォーゲルは一九五〇年一一月一四日付で、シングル・スペースでタイプされた便箋二枚分の書簡を、上記の「ロシアとアジア」の抜き刷りとともに東京の平野宛てに送っている。

この中でウィットフォーゲルは、ヨーロッパと日本で平野と過ごした懐かしい日々（ウィットフォーゲルは、一九三五年に中国での長期研究に向かう直前、日本に立ち寄り、平野にも会っている）に触れつつ、かつてお互いに議論した政治や社会をめぐる諸問題について、「明らかに、われわれの以前の分析は、ロシアの場合でいえば、かつて自分が若き社会主義者として希望していた社会とはまったく異なった、新たな過酷な階級社会へと導くある種の社会的勢力を考慮に入れていませんでした」と振り返る。そしてウィットフォーゲルは、マルクスとレーニンを包括的に再検討し、過去のロシア社会に対する彼らの解釈とそれがロシア革命に与えた本当の意味について考え抜いた結果、「ロシア社会があきらかに半アジア的であり、初期の無階級社会どころか、史上最も恐ろしいアパラチキ社会となってしまった」という認識にたどりついたことを平野に告げている。本来、この書簡の直接の目的は、『中国の経済と社会』邦訳（一九三四年）の再版に際し、ウィットフォーゲルがこの新たな考え方を反映させるべく序文の差し替えを申し出ることにあった。だが、その文面からはそれ以上に、ウィットフォーゲルにとって新たな思想的転換点となった「アジア的復古」について、長年の友人である平野の理解と同意を得たいという熱い思いが伝わってくる。だが、もちろんそれが容易ではないことを、ウィットフォーゲル自身もはじめから分かっていた。

「もちろん私は、現在のわれわれの世界の状況で起きている多くの理論的、政治的、そして人間的諸問題に十分気づいています。これまで多くの集団、そして個人が、大きな悲劇を経験するのを目にしてきました。対立や疑念が、かつて私が知り合った、そして今日知っている一部の立派な人々に苦しみを与えていることを完全に理解しています。それらのことすべてに、私は気づいています。私は今日の状況の複雑さと、新しい考え方を大胆に構想し、古い考え方を再評価することの困難さを、完全に斟酌するものです。自分自身に関する限り、私は長年にわたる辛い発展の後で、強力な、そして鮮明なる理論的立場にたどり着きました。この立場は、私の以前の科学的仕事の形式(form)というよりは、むしろその実質(substance)を擁護し、また私の歴史的、制度的分析を生産的に継続し、再度、われわれの時代の政治的生活に参加することを可能にするものです[★8]」。

ここには、新たな思想的境地に立っている自分に対する評価がどうであれ、全面的に平野を擁護しようとするウィットフォーゲルの暖かいまなざしと寛容の姿勢が読み取れる。だが、これに対する翌年三月五日付の平野の返信は、ウィットフォーゲルの長文かつ内容の濃いものに比べると、思いのほか短い、ビジネスライクなものであった。それは新しい序文をつけた『中国の経済と社会』の再刊を約束したものの、思想的には最も根源的なところで、ウィットフォーゲルの期待を大きく裏切る内容であった。平野はツァーリズム体制下のロシア社会を「アパラチキ社会」ととらえるウィットフォーゲルの見方に一定の理解を示しつつも、ソ連社会をその概念で分析することについては明確に反対したのである。

「ツァーリズム下のロシア社会がアジア的秩序（アジア的社会、あるいは東洋的専制主義）として性格づけられているとする、新しく、かつ最も重要な問題を示してくれたことに感謝します。それと同時に、このことはツァー帝国の時代のみに限定されるのであり、言い換えれば、ロシア社会は十月革命以降、アジア的社会には属さないとするもう一つの意見があることを、あなたは理解できることでしょう[★9]」。

ウィットフォーゲルにとって、この回答はある程度予期していたとはいえ、かなり驚きだったと見えて、この文章にはアンダーラインが引かれ、かつ「属さない」という部分はマルで囲まれている。だが、帝国主義支配を「正当化」したとされた「アジア的停滞論」に対する反省として、戦後、一部のマルクス主義者が厳しく批判されるという学界・言論界の状況が背後にあったことを鑑みれば、こうした平野の反応は、ある意味で至極自然なことなのかもしれない。一九五〇年といえば、ちょうどアメリカでマッカーシズム旋風が吹き荒れはじめた年であり、しかもウィットフォーゲルその人自身は、それからほどなくしてマッカラン委員会（一九五一年七月—一九五二年六月）でのラティモアやH・ノーマンに関する証言を通して、それに直接関与することとなる人物なのだから、なおさらのことであろう。★10 あるいは、「中国とロシア」という同じ「社会主義」国に対する基本的認識の問題としていえば、一方のアメリカにおける戦後の中国研究がいわゆる「全体主義アプローチ」を中心に、他方、日本における中国研究が「民主主義アプローチ」を中心に発達してきたとされる方法論的ギャップが、★11 すでにこの時点で、この二人の思想的差異として象徴的に示されていたのだともいえる。いずれにせよ、前述の書簡での言葉が示すように、ウィットフォーゲルにとって平野との思想的離別とは、あらかじめ十分に予期できたことなのである。

これに対してウィットフォーゲルは、さらに五月七日付けで平野への返信を送っている。その中で彼は、『中国の経済と社会』の再刊の件より先に、いきなり「アパラチキ」の話に及んでいる。ウィットフォーゲルによれば、ロシアのアパラチキは東洋的社会と同じものではなく、東洋的社会が半管理者的であるのに対して、それは全面管理者的である。たしかにマルクスは、『経済学批判要綱』の中で「臣民」がそれと気づくことなく「国家の奴隷」となっているような社会を東洋的社会と呼んでいるが、「東洋的専制主義国家は最も強固な社会的統制においても、その臣民の生活に対しては、せいぜい数週間から、数ヶ月の間の賦役労働を通して影響を与えているだけに過ぎず、彼らはそれ以外ではむしろ、乞食の民主主義（Beggars' Democracy）の下で、村落共同体における主人公である農民として自らの自立した生活を営んでいる」のである。これらソ連社会における「アパラチキ」とは、工業、農業のすべてを一年中従属させている近代社会の「アパラチキ」とは大きく異なっている。それゆえウィットフォーゲルは、『東洋的専制主義』と題する以前の構想段階のタイトルであった『東洋的社会』という新たな著書の中で、「ソビエトのアパラチキ社会論

郵　便　は　が　き

料金受取人払

本郷局承認

6344

差出有効期間
2009年3月19日
まで

有効期間をすぎた
場合は、50円切手を
貼って下さい。

113 - 0033

（受取人）

東京都文京区本郷2-3-10

社会評論社 行

ご氏名

（　　　）歳

ご住所

TEL.

◇購入申込書◇　■お近くの書店にご注文下さるか、弊社に送付下さい。
本状が到着次第送本致します。

（書名）　¥　（　）部

（書名）　¥　（　）部

（書名）　¥　（　）部

●今回の購入書籍名

●本著をどこで知りましたか

□(　　　　　)書店　□(　　　　　)新聞　□(　　　　　)雑誌

□インターネット　□口コミ　□その他(　　　　　　　　　)

●この本の感想をお聞かせ下さい

上記のご意見を小社ホームページに掲載してよろしいですか?

□はい　□いいえ　□匿名なら可

●弊社で他に購入された書籍を教えて下さい

●最近読んでおもしろかった本は何ですか

●どんな出版を希望ですか(著者・テーマ)

●ご職業または学校名

では、東洋的社会、国家権力、そして社会主義の最奥に潜む諸問題に関するマルクス、レーニン、スターリンについて扱うつもりです」と伝え、その上で「多くの意味で、社会主義と東洋的専制主義との同一視を拒否するという東洋的社会に対する態度が、真の社会主義者を単なる従属的社会主義者、あるいはあからさまな詐欺師から区別する上での鍵となる基準なのです」と結んでいる。★12 これを最後に、ウィットフォーゲルと平野義太郎との交友関係、ならびに思想的交流は途絶えることとなった。

2 マルクスのアジア社会論とオリエンタリズム批判

ソ連崩壊後に生きるわれわれの眼から見て、どちらの言い分により歴史的「真実味」があったのかはいうまでもない。そもそも、後進国ロシアに社会主義が実現できたのだとすれば、資本主義が高度に発展することで世界的規模での革命が生じ、その高度な生産力と自由で民主的な諸制度（市民社会）を基礎に社会主義が成立すると予測したマルクスの考えが間違いであったことになり、ソ連の崩壊自体は、マルクスの理論に「忠実に」起きたできごとであったとすらいえる。だが、ここで問うべき問題とは、この二人の判断のどちらがより正しく、より誤っていたかということではない。むしろマルクスのアジア的生産様式論を擁護し、後進国としての「アジア的」社会から社会主義社会へ至るまでの二段階革命論を支持しつつ、思想的にも分かち合っていたはずの二人の絆を断ったものとは、いったい何だったのかということである。それは恐らく、以下のような「アジア的」社会論における前近代的非合理性へと立ち向かうマルクスその人に対する評価、あるいは価値判断の根源的差異であろう。

「われわれは過去の牧歌的な村落共同体がたとえ無害に見えようとも、それがつねに東洋的専制政治の強固な基礎となってきたこと、またそれが人間精神を迷信と無抵抗な道具にし、伝統的規則の奴隷とし、人間精神からすべて雄大さと歴史的勢力を奪ったことを、忘れてはならない。……問題はアジアの社会状態の根本的な革命なしにそれができるのかどうかということである。できないとすれば、イギリスの犯した罪がどんなものであるにせよ、イギリスはこの革命をもたらすことによって、無意識に歴史の役割を果たしたのである★13」。

この記述に見られるように、マルクスにとって「アジア的」なものとは、例えば現代アジアの経済発展の基礎となるエートスとしての「アジア的」価値といった際のポジティブなものではなく、むしろ前近代的非合理性を象徴するネガティブなものである。停滞的な土台としての村落共同体とその上部に聳え立つ東洋的専制主義が長期にわたり存続してきたことが仮に事実であるとしても、マルクスは自らのアジア社会論において、イギリスの資本主義が「アジア的」社会の根底に浸透していく過程で及ぼす「資本の文明化作用」によって、やがてこの前近代的非合理性が内側から突き崩されるだろうと考えていた。ちなみに、ウィットフォーゲルの『中国の経済と社会』の邦訳版

（一九三五年）に、原タイトル（Wirtschaft und Gesellschaft Chinas, 1931）にはなかった「解体過程にある」というサブタイトルが平野義太郎によって付け加えられたのも、本来的には、まさにそういう意味が込められてのことである。だが恐らく平野の中では、このマルクスの前近代的非合理性に対する認識が、もともとウィットフォーゲルほどには徹底されていなかったか、あるいは敗戦直後の「アジア的停滞論」に対する風当たりがそれほど強かったのかのいずれかであろう。平野にとって「解体」されるべきなのは、「（半）封建的」経済制度及びその政治構造としての絶対主義であって、「アジア的」社会の根底に横たわりつつ、その上部構造（＝東洋的専制主義）を支えるエートスとしての「前近代的」非合理性ではなかったのである。そのことは、例えば社会主義建設のための第一段階として克服されるべき前近代的遺制の問題を扱った平野の著書、『ブルジョア民主主義革命』（一九四八年）において、マルクスのアジア社会論がどこにも扱われていないことをみても明らかであろう。

しかし、このアジア的生産様式論については、一つには日本のアジアに対する帝国主義的支配を「正当化」したとされる「アジア的停滞論」に対する戦後歴史学界における批判として、さらにこの約一〇年余りの間には、E・サイードによるオリエンタリズム批判として、いずれも厳しい批判に晒されてきた通りである。まず、後者の原理論・認識論的問題についていえば、マルクスのアジア社会論におけるオリエンタリズムの問題に関連して、今村仁司と三島憲一の二人が『週刊読書人』（二〇〇五年三月）で、「今なぜマルクスなのか」をめぐって対談している。★14

ここで今村は、サイードがマルクスの「イギリスのインド支配」について、西欧人の目から一歩も抜け出ていない「西欧中心主義」であると批判している点を取り上げている。たしかにサイードは、イギリス資本主義によるインド支配が古代以来のインドの経済システムを破壊したというマルクスの「資本の文明化作用」を、オリエンタリズムの典型例として批判している。だが、サイードの批判している箇所についていえば、あたかもマルクスが「西欧の文明を持ち込んで西欧化することはいいことだ」といっているかのように読めてしまう。今村によれば、たしかにマルクスはそういうことにも言及してはいるが、ここで重要なのは、むしろその言説のコンテクストの方である。なぜなら、同じ論説の後方の部分でマルクスは、「民衆がインド支配に抗して立ち上ると、それが導火線となってヨーロッパ全体の労働者が目覚めるという大きな歴史的役割を果していて、その点ではむしろインドから学ぶべきだという逆の結論を引き出している」のであり、「片言隻語」を取り出して議論してもそもそも意味がないからである。

これに対して三島も、それは「サイードの完全な偏見」であり、いわば「被害妄想的オリエンタリズム批判」であると今村に同意している。すなわち、マルクスもいわば「時代の子」であって、今の時代的変化を具体的には予測できなかったように、「要求できないことを要求しても意味がない」。例えば、「資本の文明化作用」も、マルクスがそれにどういう感情をもっていたか、それでいいと思っていたかどうかは、そうした短い文面からはけっしてわからないのである。それゆえ、まずは「資本の文明化作用」という事実そのものを受け入れるべきなのであって、「優越感をもっていたとか、惜別の情をもっていたとか言っても、現代の知識人の思い入れでしかない」。したがって三島は、「一九世紀、二〇世紀の世界を支配したヨーロッパの巨大な力に対するコンプレックス、ルサンチマンから多くのポストコロニアリズムは成り立っていて、そこから発してマルクスも所詮はヨーロッパ中心主義だと決め付けてしまうのはまずい。ヨーロッパ中心主義はもちろん厳然として存在しますが、マルクスなどはその中ではるかに複眼的だった。ヨーロッパが他からどう見えているかを知っていた。『インドにおけるイギリスの支配』の冒頭では、本国では文明の礼儀作法を気取って守っているけれど、その実態がなんであるかは、植民地での行状を見ればすぐ分かる、という趣旨の文章が出てくることも、忘れてはいけません」と結ぶのであった。

この今村と三島による「資本の文明化作用」についての見解は、サイードによるマルクスに対するオリエンタリズム批判の一面性を指摘している点で、きわめて興味深い。東洋的社会の代表的存在である中国との関連でいえば、ここで三島の述べている「被害妄想的オリエンタリズム批判」とは、とりわけ大きな意味を持つものである。というのも、アヘン戦争以降の中国にとって「屈辱的な」歴史的現実がそうさせているとはいえ、中国人一般にしばしば見られる「被害者意識」と、サイードのオリエンタリズム批判とはすこぶる親和的であり、この「被害妄想的オリエンタリズム批判」に容易に転化しがちだからである。本来、オリエンタリズム批判とは、対西洋との関係で「反オリエンタリズム」を主張する背後で、例えば、他のアジアや第三世界、あるいは他民族の諸文化に対して無意識裏に行使される「逆オリエンタリズム」に陥りがちな自己の姿すら映し出す思想的鏡として働くはずなのに、近年見られるオリエンタリズム批判は、対西洋との関係での自己を絶対視（＝優位的主体の獲得）する方向にさえ突き進んでいるように思える。実際、中国でもサイードの『オリエンタリズム』はすでに翻訳され（『東方主義』吉林人民出版社、二〇〇五年）、広く読者を拡大してはいるものの、中国では、自らの文化的権力基盤を相対化するというよりも、逆に中国のナショナリズムをさらに強化する論理としてすら使われはじめているのである。[15]

こうしたマルクスの原理論に対するもう一つの批判としては、そもそもアジア的生産様式論は、マルクスが『ニューヨーク・トリビューン』に寄稿していた一八五〇年代当時の思想であって、一八六〇年代の『資本論』の段階以降ではすでに払拭されているとするドナルド・M・ロウに代表される「不連続性」を主張する立場もあるだろう。[16] しかし、これについて筆者は、このマルクスのアジア社会論の中心概念がこの一時代だけでなく、その生涯を貫くものであるとするウィットフォーゲルやM・ソワーと同じ考え方に立つものである。[17]

3 アジア的停滞論と帝国主義の正当化問題

だが、こうした原理論・認識論的問題よりもはるかに複雑かつやっかいなのは、もう一つの「アジア的」停滞論と帝国主義的侵略の「正当化」という政治的な「結果責任」(M・ウェーバー)の問題であろう。例えば、日本の戦後における歴史学者にとって、日本人一般の中には根強く「アジア蔑視観」が存在しており、その歴史意識として学問的に表象された「アジア的停滞論」の克服とは、戦後歴史学の最大の課題の一つと理解されてきた。戦時期においてこの「アジア的停滞論」は、何よりも日本のアジア侵略を「結果的に」正当化するイデオロギーとして機能していたことはまぎれもない事実である。それは、アジアにおいて唯一近代化に成功し独立を維持しえた日本が、自力では近代国民国家を形成しえない他のアジア諸民族を欧米列強の支配から防衛し、アジアの盟主として彼らを指導、支配すべきとする「東亜新秩序論」や「大東亜共栄圏論」に、一つの強力な理論的根拠を与えたのである。だが戦後、「アジア的停滞論」は、侵略主義、帝国主義のイデオロギーとして厳しい批判の対象となり、これを「アジア蔑視」の歴史観としてとらえる認識が生まれ、やがて定着していくこととなった。

こうした問題を、マルクス主義者の戦争責任とも関連付けて提起したのが、竹内好である。竹内によれば、日本へ輸入されたマルクス主義は、日本人の対中国認識に関する限り、そうした侮蔑感を固定する働きすらした。「なぜならば、それは生産力という単一な物質で歴史を割り切ることで価値を量る決定論として受けいれられたから。学者たちは、中国がいかに日本より近代化に立ちおくれているかを『科学的に』立証した。つまり、素朴侮蔑感にたいして科学的侮蔑感ともいうべきものを確立した。このマルクス主義によって武装された中国観が、客観的に見れば、日本の侵略を理論的側面から助けたことは、否定されない[★18]」。このように、竹内の批判の基本的スタンスには、サイードによるマルクスに対するオリエンタリズム批判に限りなく近いものがある。だが、それを思想の問題としてだけでなく、日本の戦争責任という現実的政治の問題とも結びつけたという点で、竹内はサイードよりも問題の本質により深く踏み込んでいる[★19]。ここで竹内は、「おなじ後進国でも、日本と中国では、近代化の型がちがう。この型のちがいは、歴史を図式に還元する公式主義者の目には見えない。かれらは質を量に変え、日本の近代と中国の近代に、歴史的段階の差をみとめるだけだ。そこで結果としては、中国にたいする侮蔑感を合理化することにおわってしまい、素朴侮蔑感の信奉者である侵略者にさえ利用された」とし、いわばマルクス主義とアジアへの侮蔑感との一体化を厳しく批判したのである。★20

だが、永井和によれば、戦前・戦中のマルクス主義はその理論構成上、アジア的停滞論との強い親和性を本来的に持っていたのであり、むしろここで問うべきなのは、「アジア蔑視」の歴史観として批判の槍玉にあげられかねない歴史認識が、他ならぬ「解放の理論」として広く受入れられたのはいったいなぜなのかということである。そしてそのことは、例えば日本資本主義論争における講座派の代表的存在であった羽仁五郎や服部之総の「アジア的停滞論」に対する基本的姿勢にも典型的に見られるという。

「羽仁や服部にはまずなによりも、半封建的な地主制と後進的な資本制の二重の桎梏にあえぐ日本の労働者・農民、あるいは半封建的な専制と地主支配にくわえて帝国主義の植民地支配に呻吟するアジア人民とその解放という『理念』があった。アジアにおける半封建的圧制とそれを生み出した『アジア的停滞性』を自ら克服しなければ、その解放もまたありえないわけだから、『アジア的停滞性』がいかにアジアに惨めな境遇をもたらしているかを学問的に指摘することは、アジア人民の解放の条件が何であるかを明示する作業となりこそすれ、『アジア蔑視』などにつながるわけはないと、そう考えられていたにちがいない。羽仁や服部にとって、『アジア的停滞性』はアジア人民の悲惨な現在をもたらした歴史的要因として否定・克服すべき遺産にほかならなかったから、アジア社会にはそのような『停滞性』は見られないとするような議論は、否定すべき負の伝統を擁護する反動的な言辞以外の何ものでもなかったはずである」[★21]。

つまり、日本とその周辺アジア諸国における前近代的な政治支配と経済支配という「二重の桎梏」は、本来的に「アジア的停滞」という問題性と深く結びついており、その克服は当時、日本を含むアジア共通の課題と受け入れられていたというのである。これと同じことは恐らく、マルクス、そしてウィットフォーゲルのアジア社会論の根本理念についてもいえるであろう。いずれにせよ、そこには今日の相対主義的価値判断に基づきつつ、「西洋中心主義」や「オリエンタリズム」といった言葉でアジア的停滞論を軽々しく否定できない歴史的課題の重みがあったというべきである。

しかしながら、こうしたアジア的停滞論が帰結させることとなった「帝国主義の正当化」とは、単に宗主国の有する高度な資本主義ウクラード（経済体制）への編入によって遅れた植民地の生産様式がその一部として「連動」することを意味するだけに止まらず、その背後にあった暴力装置の存在とその行使（＝軍事的侵略）をも「正当化」することにならざるを得なかったというきわめて深刻な問題が依然として残されている。その意味でいえば、例えば平野義太郎の戦中と戦後における思想と行動の「変節」についても、仮にそのことを問題とするならば、「転向」や「偽装」といったマルクス主義的倫理観を軸にするよりも、むしろ戦争責任という論理と倫理を軸にして再考すべきなのではないか。この意味において筆者は、戦前・戦中の日本における中国研究の誤りの本質が研究の「結果」に対する「自己責任の自覚の欠如」にこそあり、「中国認識についての誤認や予測の誤りといった『客観的認識』の欠如にあったのではなかった」とする加々美光行の意見にまったく同意する。[★22]

4　戦時期マルクス主義とアジア的生産様式論

このように、ウィットフォーゲルとアジア的生産様式の問題を突き詰めていくと、不可避的に戦前、戦中の問題性へと遡らざるを得なくなる。そもそも、当時の主流であったコミンテルンを中心とするマルクス・レーニン（＝スターリン）主義の民族解放闘争史観とは一線を画す平野義太郎、森谷克己など「アジア派」と呼ばれたマルクス主義は、昭和の戦時体制という全体主義的思想統制の下、「偽装」や「転向」を余儀なくされるという側面を持つとともに、いわば「生産様式としての帝国主義（＝「資本主義の最高度の発展段階」）」を相対的に擁護する側面をもつという両義性を帯びていた。[★23] 戦時期マルクス主義をアジア的生産様式論との関連でみれば、当時コミンテルンを中心とする民族解放闘争を軸としたマルクス・レーニン（＝スターリン）主義を「正統派」とすれば、（半）植民地におけるアジア的停滞と専制政治の克服を先進資本主義の高度に発達した生産力との連繫に求めつつ、相対的に帝国主義の植民地支配を「正当化」したいわゆる「アジア派」マルクス主義者の立場は、原理的には明らかに異端であった。しかしながら、たとえば中国共産党

第六回大会（一九二八年）の採択した「半植民地、半封建」というテーゼにせよ、「アジア的生産様式」の存在を認めるか否かがブルジョア民主主義革命の必要性の有無を分岐させており、ここで民族解放統一戦線を支持したマルクス・レーニン主義は暗黙のうちに、政権奪取直後に社会主義への移行を前提にしていたといえる。そのことは、例えばいわゆる「萌芽的資本主義」の段階にあるに過ぎなかった中国において、新民主主義（一九四九年）から過渡期の総路線（五三年）へのわずか五年にも満たない短期間での移行が、毛沢東による絶対的な権力の下、きわめて単純かつ形式的な論理で正当化されたことにも裏付けられている。

だが、このことは市民社会の成熟を社会主義への移行の前提とする本来のマルクス主義の立場からいえば、逆にその移行にとってマイナスとなる「アジア」（＝正統派のいう「封建」）的な遺制を取り残したまま社会主義建設に突き進むことを意味したのである。ここにロシア経由の実践志向の強いマルクス・レーニン（＝スターリン）主義とドイツ経由のマルクスに忠実な、純粋理論志向の強いマルクス主義との根源的岐路があった。この市民社会と社会主義という問題に関連して、小倉利丸は平野義太郎のケースに言及しつつ、「それが一方で凶暴な資本の搾取の体制であると同時に、封建的な収奪からの解放という側面ももち、理念的には『市民社会』の成立とみなされるから、この積極面を前面に据えれば『暗い資本主義』はいつでも『明るい資本主義』に転向可能なのである」とし、講座派マルクス主義の「明暗の曖昧な癒着」を批判している。[★24] しかしながら、かつてマルクスがヴェラ・ザスーリチに宛てた手紙の中で披瀝していたように、後進国革命の展望は先進資本主義との密なる連繋の下で確保できる高度な生産力とそれに伴う物質的・社会的基礎と連動してのみ可能だったのであり、戦時期における「偽装」、「転向」マルクス主義はむしろ、マルクスに忠実な「解釈」をしていたに過ぎないといえるのではないか。したがってここでは、たとえそれが事実として「明暗の曖昧な癒着」であったとしても、ポスト・ソ連崩壊という今日へと繋がる歴史的価値判断の問題としていえば、そもそもそれが「偽装」や「転向」であったのかという根源的な疑念すら涌いてこざるを得ない。つまり、「アジア的」なものを排除して「(半)封建的」なものを選択したということは、アジア的生産様式論に依拠するマジャールやウィットフォーゲル、あるいは森谷克己、平野義太郎らの立場からすれば、コミンテルンを中心とする民族解放闘争史観が、アジアに特殊な歴史的発展を西欧中心主義的普遍史(=世界史)の発展プロセス上に「恣意的に」載せることを意味したのである。これはとりもなおさず、戦時期の「正統派」マルクス主義こそが、他ならぬ「西欧中心主義的」オリエンタリズムの具体的表れであったことを物語っている。そしてこのオリエンタリズムは、戦後日本の歴史学発展の中でアジア的停滞やアジア的専制主義に関する議論を「帝国主義の正当化理論」としてタブー扱いし、例えばスターリン、毛沢東、金日成といった「唯一の所有者」(マルクス)による社会主義体制下での独裁的(autocratic)支配を根源的に批判する眼を失わせてしまった。★25 たしかに、成瀬治が指摘したように、「『東洋的専制主義』論と『停滞的社会』論を二本の柱とする十九世紀ヨーロッパ的なアジア認識によって裁断する結果、アジアの『近代化』をアジア諸民族の主体的な問題として内部から理解する目が曇らされてしまいかねなかった」のは事実であろう。★26 だが、このアジア的生産様式論を歴史認識の根底から排除した結果、逆に今度はプレハーノフがレーニンら社会主義者による権力奪取の思想を「時期尚早」とし、「潜在的に反動的なものであると烙印を押した」（ウィットフォーゲル）あの根源的歴史批判の観点を、★27つまり帝国主義からの民族の「解放」とは単にかつての専制主義への民族の「隷属」を招いただけなのかもしれないというもう一つの隠れた視点を、まったく欠落させてしまうことになったのである。

さらに、戦前・戦中へと遡りつつ再提起され得るであろうもう一つのウィットフォーゲル批判としては、「東洋的社会」なるものとはそもそも存在しないのではないかとする古くて新しい問題が挙げられる。すなわちそれは、アジア諸国の「風土的契機」の相違や諸民族の「歴史的事情の多様性」ゆえに、「東洋の特殊性」なるものは本来的に存在しないと主張した津田左右吉（『シナ思想と日本』、岩波書店、一九三八年）による批判に代表されている。津田によれば、例えば中国と日本では民族が違い、生活の地盤も環境としての地理的形態や風土が違い、日本の文化は日本に独特のものである。たしかに儒教は中国から伝えられたが、日本では書物の上での知識として存在してきただけで、中国のように生活の中にまでしみ込んではいない。つまり、儒教は日本人の生活とは一致せず、日本人の道徳観念を儒教の用語を借りて表現したものに過ぎないのである。このことに象徴されるように、そもそも東洋史という一つの歴史、東洋文化という一つの文化、つまり西洋に対する意味での「東洋という一つの世界」なるものをけっして形成してはいない、と津田はいう。それは「アジアの解放」という美名の下で、アジアの多様な文化的個性が、東洋＝フィクションとしての同一性に暴力的に併呑されようとしている歴史的現実に対する、一つの抵抗思想として打ち出されたものであることはいうまでもない。

だが、これに対しウィットフォーゲルの紹介者・翻訳者でもあった森谷克己は、『アジア的生産様式論』(育生社、一九三七年)の中で、津田の「東洋文化批判」に対する反批判を展開している。すなわち、森谷の見るところ、東洋の農業文化は灌漑と防水活動が東洋の農業諸国において共通した決定的意義を有しており、まずこの点からして東洋が一体として西洋から区別される。また東洋の農業は、一般に労働集約型であるという共通の特色をもっており、この点においても東洋が西洋とは異なっている。「かように、『生活そのもの』、なかんづく生産的労働生活をみようとすれば、実は、日本、支那、インド等独自なるものよりも、むしろまず西洋に対する意味での『東洋的なるもの』が著しく眼につくのである。津田博士は、『生活そのもの』をみれば、日本人は『人類一般としての生活』をもつ以外は『日本の風土と歴史との特殊性によって』決定された独自の生活のみを営み来ったと決めてかかられるけれども、しかし、生産的労働生活についてみれば、そこに、むしろまず西洋に対する意味での『東洋的なるもの』が際立って眼につくということは何人にも異論があり得ない」[★28]。それゆえに森谷は、仮に諸民族の独自の文化とその特殊性を全面的に認めたとしても、対西洋との関係性において、アジアとしてのある種の「共通性」、「類似性」をそこに多々認めることはなおも可能であるというのである。こうした多様なアジアの中に、対西洋との関係性におけるアジアとしての一定の共通性を見いだすという知的作業は、東アジア共同体が現実的課題となりつつある今日、その意義をけっして失っていないばかりか、むしろその重要性を増しつつあるとすらいえる。しかし、この森谷は戦後、「帝国主義の正当化理論」に加担したマルクス主義者の一人として、他のアジア的生産様式論者らと同様に厳しい批判の対象となり、その言説もウィットフォーゲルのそれとともに長い間封印されることとならざるを得なかった。

5　本書の目的

本書はまさに、こうした戦後長い間タブーにされ、かつ隠蔽されてきたマルクスの「アジア的」視点をめぐり、ウィットフォーゲルのテキストへの内在を通して、その再評価を試みようとするものである。たしかに、湯浅赳男の指摘するように、戦後日本の「進歩的」知識人はウィットフォーゲルという「〈反共〉知識人に対するイデオロギー的ネグレクト」を続けてきたのかもしれない。だが、今日においてはむしろ、一方でその言説に現代的な意義を見出しつつも、他方、ウィットフォーゲルの数々の著作の中でもとりわけ『東洋的専制主義』に典型的にみられる玉石混淆の「何でもあり理論（all-inclusive theory）」が、[★29]その総体としての評価に際して、彼らをいまだに躊躇させているというのがより実際に近いのではないだろうか。というのも、そもそも『東洋的専制主義』でウィットフォーゲルは、自らの一般理論の擁護にあまりにも熱心すぎるがゆえに、そこから外れる歴史的例外までも、この一般理論で半ば強引に解釈しようとする面があることはどうしても否定できないと思われるからである。ある一つのモデルが全体として有効であったとしても、それぞれの範型に対応した個々の具体性の描写に際して、歴史的例外が生じることは避けられず、いわばここで一般理論は具体的事例からの批判にさらされることにならざるを得ない。だが、こうした批判は、つねにウィットフォーゲルに付きまとわざるを得なかったし、そのこと自体は今現在も、どうにも変えようがないのである。しかも、東洋的社会の具体的コンテクストに即した歴史的事実の取り扱いのプロセスで、ウィットフォーゲルといえども、ある種のオリエンタリズムを免れてはいなかったといわざるを得ない。★30 ウィットフォーゲル本人にとって、仮にそれらがみな『東洋的専制主義』以前に蓄積された膨大な実証研究の結果、十分煮詰められた議論（テーゼ）であったとしても、そのあまりに広い領域をカバーしていることに由来した持論の展開の不十分さ、細部における歴史的事実の誤認、あるいはそうした事実に対する価値判断の不適切さなどからまったく自由であると言い切ることは不可能であろう。

だが、その主著がまとめられる以前に準備されていた『東洋的社会』という本来の構想のコンテクストでそれまでの諸著作を読み直していくと、ウィットフォーゲルは、マルクスやウェーバーらのアジア社会論についての古典的著作に忠実で、なおかつ実証的研究に基づいたきわめて説得力のある議論を展開していたことにわれわれは気づくこととなる。なぜなら、ウィットフォーゲルにとってこの『東洋的社会』とは、マルクスの『資本論』に対する『経済学批判要綱』に相当する、とりわけ重要な意味を持つ原初的構想だったからである。★31 ウィットフォーゲルは、本来『東洋的社会』の構想ではそうではなかったにもかかわらず、恐らく一九五〇年代初頭のマッカーシズムに象徴されるアメリカの政治状況がそうさせたのであろうが、『東洋的専制主義』に対しては、あまりにも過剰なまでに反共イデオロギーを注入させてしまったのである。したがって本書では、まず第I部において、実際のウィットフォーゲルが立ち向かった『東洋的社会』論から『東洋的専制主義』論へというプロセスを、逆に『東洋的専制主義』論から『東洋的社会』論へと遡り、この逆行プロセスから意識的に「反共的」イデオロギーを排除しつつ、これまで世界の学界・言論界において幾重にも歪曲されてきたその人物の全体像と言説について、いくつかの角度から再検討し、その本来の姿を取り戻そうと試みる。さらに第Ⅱ部では、現在の東アジアの代表的「東洋的社会」である中国と北朝鮮の現代史とその具体的政治過程の中で、ウィットフォーゲルの東洋的社会論の援用によって、如何なる「解釈」が可能になるのかについて考察する。

［註］

（1）その人物と社会科学体系の全体像については、G.L.Ulmen, *The Science of Society: Towards an Understanding of the Life and Work of Karl August Wittfogel*（Mouton; The Hague, 1978）. 亀井兎夢訳『評伝ウィットフォーゲル』（新評論、一九九五年）、及び湯浅赳男『「東洋的専制主義」論の今日性』（新評論、二〇〇七年）を参照。

（2）G.L.Ulmen, *op. cit.*, p.245. 同『評伝ウィットフォーゲル』、三六五頁、及び同『「東洋的専制主義」論の今日性』、九三頁、二四六頁以下を参照。

（3）この「『アジア的復古』についての草稿」は、スタンフォード大学フーバー研究所のK・A・ウィットフォーゲルペーパーの中に収められている（*Manuscripts on Russia, including "Russia's Asiatic Restoration," originally meant to be published separately but eventually incorporated into Oriental Despotism,* Box Nos. 80-82）。ただし、ここにファイルされている草稿は、一二〇〇頁を越えるとされる全体の原

稿の一部（約五〇〇頁）に過ぎない。ここにない草稿のほとんどは、恐らくその後タイトルを変えて『東洋的専制主義』へと編纂・統合されて実際に出版されたか、あるいは『東洋的専制主義』用の原稿として準備されたものの、結局、実際には出版（＝編纂・統合）されないまま『東洋的専制主義』の草稿として別にファイルされているかのいずれかであろう。したがって、実際にこの草稿の全体像を復元することは、相当の困難を伴うものと思われる。なお、この草稿の概略については、G.L.Ulmen, *op. cit.*, p.352. 前掲『評伝ウィットフォーゲル』、五二〇頁以下、及び前掲『「東洋的専制主義」論の今日性』、二五〇—五一頁を参照。

（4）G.L.Ulmen, *op. cit.*, p.249. 前掲『評伝ウィットフォーゲル』、三七一頁。

（5）*Manuscripts on Russia, including "Russia's Asiatic Restoration," originally meant to be published separately but eventually incorporated into Oriental Despotism*, Box No. 80, Folder No. 6, p. 21, Karl August Wittfogel Papers, Hoover Institution, Stanford University.

（6）Karl August Wittfogel, "Russia and Asia," *World Politics*, vol. 2, no.4, July 1950, p.450.

（7）*Ibid.*, p.454.

（8）「ウィットフォーゲルの平野義太郎宛ての書簡」（一九五〇年一一月一四日）、Box No.22, Folder No.16, Karl August Wittfogel Papers, Hoover Institution, Stanford University.

（9）「平野義太郎のウィットフォーゲル宛ての書簡」（一九五一年三月五日）、*Ibid.*

（10）マッカラン委員会での証言については、G.L.Ulmen, *op. cit.*, p.275. 前掲『評伝ウィットフォーゲル』、四〇八頁、及び前掲『「東洋的専制主義」論の今日性』、二六三頁以下を参照。

（11）こうしたアメリカと日本における中国研究の方法論的相違については、森山昭郎「中国『全体主義』論の二、三の問題――アメリカの現代中国研究史へのアプローチ（二）」、『東京女子大学比較文化研究所紀要』、第四四巻、一九八三年一月を参照。
（12）「ウィットフォーゲルの平野義太郎宛ての書簡」（一九五一年五月七日）、Box No.22, Folder No.16, Karl August Wittfogel Papers, Hoover Institution, Stanford University.
（13）「インドにおけるイギリスの支配」（一八五三年六月二五日）、『マルクス・エンゲルス全集』第九巻（大月書店、一九七八年）、一二六頁。
（14）『週刊読書人』第二五七九号、二〇〇五年三月一八日。
（15）例えば、施愛国『傲慢与偏見――東方主義与美国的「中国脅威論」研究』（中山大学出版社、二〇〇四年）などを参照。
（16）これについては、前掲『「東洋的専制主義」論の今日性』、一五二―五三頁を参照。
（17）Marian Sawer, *Marxism and the Asiatic Mode of Production* (The Hague: Martinus Nijhoff, 1977), p51.
（18）竹内好「日本人の中国観」、『竹内好全集』第四巻（筑摩書房、一九八〇年）、九―一〇頁。
（19）竹内好とオリエンタリズム批判との親和的関係については、加々美光行『鏡の中の日本と中国』（日本評論社、二〇〇七年）、一七五頁以下を参照。
（20）前掲「日本人の中国観」、一二頁。
（21）永井和「戦後マルクス主義史学とアジア認識」、古谷哲夫編『近代日本のアジア認識』（京都大学人文科学研究所、一九九四年所収）、六六三―四頁。
（22）前掲『鏡の中の日本と中国』、四三頁。平野義太郎の転向問題については、同五八頁以下を参照。
（23）これについては拙稿「戦時期マルクス主義と東亜協同体論の隘路」、『情況』、二〇〇六年五―六月号を参照。

(24) 小倉利丸「社会科学者の転向――平野義太郎と宇野弘蔵」、池田浩士・天野恵一共編『転向と翼賛の思想史』(社会評論社、一九八九年所収)、一〇二頁。同様の観点から平野義太郎を含む講座派と大東亜共栄圏の問題を指摘したものとしては、杉山光信「日本社会科学の世界認識――講座派・大塚史学・宇野経済学をめぐって」、『岩波講座・社会科学の方法Ⅲ――日本社会科学の思想』(岩波書店、一九九三年所収)を参照。

(25) これについては、本書第6章を参照。

(26) 成瀬治『世界史の意識と理論』(岩波書店、一九七七年)、五二頁。

(27) K.A.Wittfogel, *Oriental Despotism: A Comparative Study of Total Power* (New Haven: Yale University Press, 1957), p.391. 湯浅赳男訳『オリエンタル・デスポティズム』(新評論、一九九一年)、四八九頁。

(28) 森谷克己『アジア的生産様式論』(育生社、一九三七年)、一三三―四頁。

(29) Peter C. Perdue, *Exhausting the Earth—State and Peasant in Hunan, 1500-1850*, Council on East Asian Studies, Harvard University (Cambridge: Harvard University Press, 1987), pp. 4-7. ここでパーデューは、この「何でもあり理論」ゆえに、ウィットフォーゲルの『東洋的専制主義』論がヨーロッパ、アメリカ、日本のそれぞれではほとんど相手にされなくなったまさにその八〇年代初頭、逆に当の中国では活発に議論され始めるという皮肉な歴史的展開について言及している。ここでパーデューは、この八〇年代の中国における論争(本書第5章参照)で東洋的専制主義論そのものが正当なものと評価されることはなかったものの、この概念によって提起された問題性が、たとえ西側の歴史学者にとってそうではなかったとしても、現代中国の、とりわけ若い世代の人々にとって、当時の中国社会の窮状とその今後のあり方を考える上で重要な意味をもつものであったと指摘している。

(30) これについては、本書第3章を参照。

(31) この構想については、G.L.Ulmen, *op. cit.*, p.343. 前掲『評伝ウィットフォーゲル』、五〇六頁以下を参照。

第I部

ウィットフォーゲルと「東洋的社会」

シカゴ大学で開かれた「パブリック・アフェアーズ・センター」主催の会議にて（1962年5月）。着席者左端がレオ・シュトラウス、起立者左2・ズビグニュー・ブレジンスキー、同5・アーサー・シュレジンガーJr、同9・ウィットフォーゲル。

第1章●——東洋的社会における「第二の自然」

はじめに

K・A・ウィットフォーゲルは、かつて一世を風靡したフランクフルト学派の第一世代に属しながらも、後に世界の思想界を大きくリードする同じシューレの高名な社会科学者たちとは異なり、いまだにその評価が定まっていない渦中の人である。『中国の経済と社会』（一九三一年）、『東洋的専制主義』（一九五七年）などの著作によって東洋的社会の研究に独自な分野を開拓し、かつ中国研究にも大きく寄与した同じ人物が、戦前にはドイツ共産党員として積極的に活動しながらも戦後には亡命先のアメリカでマッカーシズムに対して同調的な姿勢を見せるといったきわめて極端な政治的コミットを経ていることが、その評価を二分させている主な所以とされる。[★1] だが、これまで行なわれてきたウィットフォーゲル批判とは、その多くが彼の政治的スタンスを主な焦点にしつつ、内在的な分析抜きで理論的批判へと延長したものにすぎず、けっして正当な学術的手続きを経て行なわれたものであったとは言い難い。[★2]彼の理論の中心をなす「アジア的生産様式」と「アジア的専制主義」への批判が繰り広げられた一九六〇―七〇年代以降、彼の評価そのものも、この二つの理論をめぐる議論とともに、半ば分裂状態で固着したまま今日に至っている。

こうしたウィットフォーゲル批判は、冷戦体制を背景にした二つのイデオロギー的対立を前提にしたものであり、いいかえれば当時の「時代的」コンテクストに少なからず拘束されていたという事実を否定しきれない。しかし、そうした歴史的前提条件そのものが消滅してしまった現在、かつてのコンテクストの中ですでに固定されているその虚像及び実像を、ウィットフォーゲルその人の理論形成、思想的展開に立ち返って根源的に再検討することは、われわれに与えられた新たな「時代的」要請にもなっているともいえる。したがって本章では、ウィットフォーゲルのその後の世界観を基礎付けた初期(一九二〇―三〇年代)の著作、さらにその主著『東洋的専制主義』(一九五七年)に内在しつつ、彼の自然観と社会観を検討することを主な課題としたい。

そもそも近代的思考とは、ベーコンの人間と自然、デカルトの思惟と存在、カントの認識主体と経験的所与などにみられる人間を主体とし、自然あるいは社会を客体とする二元論として始まった。だが、こうした伝統的思考に対して批判的であったフランクフルト学派には、社民系、コミンテルン系の二つの「正統的」マルクス主義に批判的であるばかりでなく、ルカーチやコルシュらのヘーゲルに依拠した「主客の絶対的同一性」としての「全体知」にも反対するという共通認識があった。[★3]ウィットフォーゲルもまた、例えばルカーチやコルシュらのいう「現実」が「具体的現実」に基づいているというよりも、むしろ純粋な思考への沈潜に基づいたものであることをマルクスの理論への忠実な内在研究を通じて着実に認識していたのである。[★4]こうした中でウィットフォーゲルは、自然と社会との間に築かれたもう一つの自然の存在に気づき、自然の概念を社会に還元するのでなければ、自然そのものを社会的発展に直接結びつけるのでもなく、むしろ自然の内側に築かれた制度的、文化的側面が社会の発展を一定方向へ向わせるように人間に働きかけるという、自然と社会との間の中間項として「第二の自然」を定式化することで伝統的な二元論を超克していった。しかもこの新たな発見は、マルクスへの忠実な沈潜によって成し遂げられたというのが重要なポイントである。フランクフルト社会研究所で本格的な研究生活に入った一九二〇年代当初、ウィットフォーゲルはマルクス的な意味での「理論と実践」の間の密接な相互関係を追究するなかで社会科学へアプローチしていき、やがて中国やアジアについての数々の実証研究を進める中でM・ウェーバー的な意味での「当為と存在」との緊張関係に基づく社会認識の重要性をも力説するようになっていった。たしかに、アメリカへ亡命し反共的な立場を強めたとされる五〇年代以降、この「第二の自然」という新たな定式化がはじめて打ち出されるようになったのかもしれない。だが、そこへと至るウィットフォーゲルの理論的発展のプロセスには、これまで批判の根拠とされたような「逸脱」や「変節」どころか、むしろ思想的な一貫性さえ見出せるという事実をわれわれは知ることになるであろう。

1　労働と自然

ウィットフォーゲルが断片的ながらもはじめて自然と社会について言及したのは、『ブルジョア社会の科学――マルクス主義的考察』（一九二二年）においてであった。ウィットフォーゲルによれば、「生活顧慮の目的への自然ならびに社会における体系的定位手段」[★5]である科学とは、本来「社会的機能」を有しており、生産過程のなかで組織された社会構造としての「歴史的統一態」を形成しているという意味で妥当するものである。それゆえ、「自然科学の発展は生産関係、すなわち所有関係の歴史的地位によって決定される」のである。[★6]また『市民社会史』（一九二四年）でウィットフォーゲルはすでに、ブハーリンの『史的唯物論』を通じて自然も社会もその現象において一定の規則性たる「合法則性」に従っているが、その解釈としては合目的性を問う「目的論」と目的（「何のために」）に対する原因（「何故」）を問う「因果論」という二つの見方が成り立ち、「目的と合目的性とかいう概念は単純に世界一般に適用されるものでないこと、及び諸現象の合目的性とは目的論的合法則性でないこと」（N・ブハーリン）を理解していた。[★7]ここで歴史を支配するのが原因か目的かという根源的な問いを最終的に解消するのは、「意志する人間」であり、「人間の労働」そのものである。[★8]ウィットフォーゲルにとっても、「労働する者はただ自然物を変えるに止まらず、同時に自然物の中に自己の意識せる目的を実現する。そしてこの目的は、法則として彼の行為の種類及び様式を決定し、且つ彼は自己の意志をそれに従属せしめねばならぬところのものである」（マルクス『資本論』）[9]。このように、人間の労働はその意志によって媒介されているとはいえ、主体的な自由意志であっても自然や社会の外に立つのではなく、むしろその内側に立つという意味で、原因に従い、諸前提に結合しており、完全に自由であるとはいえなくなる。まさにここでは、歴史における人間の労働のもつ制約されない目的と制約されうる原因という二つの相対する意味が交錯し合うのである。ウィットフォーゲルはここで、「人間は自分自身の歴史をつくる。だが、思う儘にではない。自分で選んだ環境のもとでではなくて、すぐ目の前にある、与えられ、持越されてきた環境の下でつくるのである」（マルクス『ルイ・ボナパルトのブリュメール十八日』）というマルクスの言葉をそのまま引用しつつ、歴史の厳然たる事実によって示されるのが「自然に制約された労働の生産力」[10]であり、資本主義的生産様式の分析が自然的背景に基づいているという事実を明らかにした。そもそも自然とは、産業発展史上、とりわけ資本主義の端緒においてもっとも決定的な役割を果たしたのであり、土地の「絶対的豊饒差」でなく、その分化や天然物の多様性こそが労働の社会的分業の自然的根底をなし、労働手段や労働方法の多様性へと駆り立てたのである。ウィットフォーゲルによれば、ここでは自然力を社会的に統制し、節約し、それを人間の労働によって大規模に占有又は馴致するという必要性が産業史上もっとも決定的役割を演じたが、そのことはエジプトやロンバルティア、オランダ、あるいはインドやペルシャ、その他の地域での灌漑工事に典型的に示されているのである[11]。

2 地理的唯物論批判

ウィットフォーゲルが政治社会と自然との関連についてまとまった形で、かつ明示的に論じたのは、その論考「風土政治学・地理的唯物論並びにマルクス主義」（一九二九年）においてである。当時ドイツでは、社会民主主義者グラーフ（Gg.F. Graf）らを中心に「地理的政治論」や「風土政治学」が「土地と文化発展との関係」を軽視したマルクス主義の欠陥を補うという名目で盛んに論じられていた。なかでも、リヒトホーフェン（F. von Richthofen）、ラッツェル（F. Razel）、センプル（E.C. Semple）、キェルレン（R. Kjellen）らは、一九二四年以来ドイツで刊行された『地理政治学雑誌』に集い、自らの綱領的立場を築きつつあったが、それによれば地理政治学とは、（1）政治的諸過程の地的拘束性（Erdgebundenheit）に関する理論であり、（2）政治的空間と政治地理学に基礎をおき、（3）地理学の対象とする地理的空間の本質が政治的過程を限界付ける、などとするものであった。[★12] つまりリヒトホーフェンらは、政治的生活をその地的拘束性において、地理学的要因への政治的生活の依存性において把握すべきであるというのである。これに対しウィットフォーゲルは、そうした政治過程が土地に制約されるという「不正確」で「非弁証法的な」固定性に基づいた議論が、地理的要素は「直接」政治的生活圏に作用するのではなくただ「媒介」されて作用することを見落としていると厳しく批判した。「これこそ――もしこれより厳密に観るならば――結局のところ如何なる科学的客観性をも有せず、且つ全然異なれる政治的意味を有せる――古き市民革命家の地理的唯物論の綱領以外の何物でもない」[13]。例えばリヒトホーフェンは、「一定の生活形態への衝動は自然的な地理学的関係から自ら発展し来るものであり、後者の影響の下に一定の類型が形成されるのである」という自らのテーゼに基づいて、「乾燥地帯の清澄なる天空が天体の観察をもたらし天文学を生んだ」という結論を導き出しているが、ウィットフォーゲルによれば、これは経済的領域の意義をまったく無視している。なぜなら、清澄なる天空そのものでなく、乾燥性による経済的必然としての灌漑、つまり乾燥地域で耕作を可能にするための水を供給する灌漑こそが、四季の正確なる計算を必要としたからである[14]。またグラーフは、「経済的中間項」を抜きにして、「気候がすでに国家を全く一定した地理的空間に嵌め込むのであり」、「人口の稠密化と国家の形成とは本来気候の温帯に限られている」としたが[15]、これらは皆、地理的要因を「直接」政治的要因に結びつけるという、モンテスキューに代表されるいわば「風土」論的な機械的唯物論に他ならない。しかしウィットフォーゲルによれば、概して政治的立法形態とは、こうした「抽象的な地理的部分的契機」によってでなく、むしろ「一定の自然的社会的基礎の上に行なわれる生産過程の種類と量によって規定せられる」のであり、「具体的分析は、人工的灌漑の可能性を有する暑い、しかし同時に乾燥する地域こそ多くの人間量を養い、大きな国家形成を可能ならしめたことを示している」のである[16]。

このような「風土（地理）政治学」の基本的な欠陥を乗り越える方法こそ、社会形態のあらゆる変動における社会的生産の発展の中で人間と自然とが実質的生活過程の究極の不可欠根本因子として働く「二つの競演者（**Gegenspiel**）」であるとしたマルクス主義に他ならない[17]。マルクス主義的見解においてはじめて社会生活は、その真実の基礎・物質的生産の仕方にまで還元される、とウィットフォーゲルはいう。そのようにしてこそ、自然の——人間に対する経済的歴史的意義が問題になる限りの——本質把握的分析が可能になる。マルクスにおいて自然的契機は、本質的に物質的生産との連関において把握されており、「一定の発展段階が有する物質的生産諸力は、物質的生活の一定生産内に統一され、又実践的に表現されつつ、社会的・政治的・精神的生活過程を条件づける」[★18]。たしかに人間は自己の歴史を創るのだが、それは自己の選んだ状態の下でなく、あくまでも彼に見いだされた一定の客観的状態の下においてのみである。つまりそこには、人間の活動力は動因であり、自然はその実際的構造によってこの活動力に一定の方向を示す客観的基礎であるという歴史貫通的な基本構造がいつも横たわっている[★19]。したがって、こうした条件下で変革が可能であるとすれば、それは自然が社会的生産力の増大を許容する場合のみである。それ以外の場合にはむしろ、人間の労働では統御しがたい自然関係が先立ち、自然に制約された生産力、例えば乾燥地域であれば灌漑農業形態というように、それに見合った政治的生活形態にとどまることの方が常であった。具体的にいえば、エジプトと中国では、集中された水利灌漑の大きな役割がその国土の孤立ゆえに軍国的封建的任務にとって本質的でなく、文官と僧侶からなる官僚をその支配階級とする「相対的には極めて純粋な形態のアジア的専制政治」(asiatischer Despotie) が生じたのである[★20]。

3　生産様式と自然

さらにウィットフォーゲルは、「経済史の自然的基礎」（一九三二年）において経済史の方法との関連で自然と社会との関係をめぐる理論をさらに精緻化し、より深く、具体的に展開するに至る。ここでも既述のように、人間と自然とを社会的生産の発展において不可欠な「二つの競演者」ととらえた基本的視座がそのまま活かされ、そのうえにさらに理論的肉付がなされていった。

ウィットフォーゲルによれば、社会的に生産する人々の意志方向を制約しているのは、より直接的には人間の生理的性状であり、より間接的にはその時々の到達した発展段階において変化せしめられた客観的基底である。例えばゾンバルトは、自由意志という仮定から歴史分析を出発させたものの、具体的かつ科学的分析にアプローチする際にはそうしたいわば神学的要請が社会科学の認識にとって妨害となることを自ら認めざるを得なかった。その結果彼は、本来自由たるべき意志形成を画一ならしめる要因として、「性格」、「魂と血」、さらには「外的状況」といった「基礎誘因」を想定することで、むしろ「野蛮な地理的唯物論に逆戻りしている」のである。[★21] われわれはむしろ、そうしたゾンバルトの轍を踏まないためにも、まずは自然と社会、自然的及び社会的生産諸力を「二つの互いに原則的に異なった機能を果たす」要因であるとみなすべきであり、さらには労働行為をもつ人間が一方で自然に対する働きかけの契機を担い、自然が他方でその物的な構造如何によってその労働行為を一定方向に導くか導かぬかの契機を担っていることを想起すべきなのである。[22]

ウィットフォーゲルにおける社会的労働過程の発展とはここでも、その様態、活動にしたがって制約する生産諸力の発展である。この過程において、生産されたものと生産されざりしもの、社会的に条件づけられたものと自然的に条件づけられたものという生産諸力の二つの要因は相互に作用し合う。すなわち一方で、あらゆる自然により条件づけられた生産諸力はただ一定の歴史的な状態の下でのみ活動するという一つの歴史的な性質を有し、他方で社会的生産諸力はすべて、その時々の活動的な自然により条件づけられた生産諸力の性質によって制約されるのである。「社会的に労働する人間が、どんな自然により条件づけられた契機に『出会う』か、それを制約するものは、勿論、社会的に発展した生産諸力（労働の技能、科学及びその技術学的適用、労働組織、生産されたる生産手段の範囲及び作用）の全体である。しかし、その社会的形態における労働過程の変化が、如何なる方向に行われ得るか――そして一般に、かかる変化が行われるか否か――これは生産する人間の恣意に由来するのではなくして、社会的にその際『到達し得る』ところの、自然により条件づけられた生産諸力の態様、多様性及び組合せに依存するのである」[23]。こうして一方の生産様式の概念においては、社会的な契機が考慮されるべきであるとはいえ、なによりもそこには社会的に労働する人間の自然に対する関係が前景にある。これに対し他方、生産関係の概念においては、自然に向けられた労働技術的な側面が同時に考えられているとはいえ、なによりも事物の社会的側面がその前景にある。つまり、前者は制約する側面として機能し、後者は制約される側面として機能しているのであり、そこではまず社会的に労働する人間の自然に対する関係が、次にはじめて人間相互の関係が問題になるのである。

ウィットフォーゲルにとってこのように第一次的な重要性を帯びる自然とは、けっして社会と無媒介に存在しつつ二元的にとらえられる抽象的対象などではない。しかもそれは、固定的な所与としてのみではなく、生産関係と生産様式という生産力の織り成す二層のダイナミズムによって生成される新たな対象としてもわれわれの前に立ち現われてくる。「産業と社会状態とは、自然的外界を新たに二様に『生産する』。一つは自然の本質的特性の変形によって、次に、それの現実化によって。この変化の二つの形式の間には差異があるが、この差異はその形式のしばしば起こる（必然の、ではない！）結合を排除するものではない。自然の変形は生産する人間の労働行為の直接結果である」[24]。より具体的にいえば、例えば耕作用高原、人口灌漑の開拓、水路の築造、耕作地・土地産物の利用などに見られる「自然の変形」は、まさに「労働過程の経過の中に生ずる立脚点の変化の結果」に他ならず[25]、それらが結果的に現実化したときにはすでに、「労働過程において、人間にとって重要な自然的契機が、常に同一であるということは、従って、又、全く問題となり得ない」のである[26]。自然それ自体の悠久なる歴史において、自然は相対的にほんのわずか変化するにすぎないのかもしれないが、対人間関係、とりわけ社会的に労働する人間との関係においてそれは、むしろ最も根本的に変化しうる。しかしながらそれは、さしあたり変化「しうる」というにすぎないのであり、自然の「変形」＝人間の自然に対する働きかけとその「現実化」とが必然的に結びつくわけではけっしてない。というのも、「変形」から「現実化」への転化の過程において、ダイナミズムをもたらす「発展」というもう一つの内的要因が不可欠となってくるからである。

4 「第二の自然」の発見

ウィットフォーゲルは一九三〇年代、スターリンの全体主義として展開していたソビエト・マルクス主義の現実を目の当たりにして、主要な生産手段の国有化が政府に対する民主主義的統制と無階級社会の勃興をもたらすかもしれないという希望をしだいに棄てていくことになる。さらにソ連社会の性格についての理解の深化は、官僚的専制主義の構造とイデオロギーに対するさらなる洞察への道を切り開いていった。スターリンがナチスと独ソ不可侵条約を結んだ一九三九年以降、ウィットフォーゲルは「正統派マルクシスト」の立場を離れ、アメリカへの亡命を契機として「反共主義」の立場を強めたとされる。この頃彼は、現実としてのマルクス主義に大きく幻滅しつつも、社会認識の方法としてのマルクス主義そのものを捨て去ることなく、むしろその「アジア的」なものの概念へと沈潜する中で「アジア的生産様式」論に出会い、さらにそこに欠如していたアジア的な「官僚制」を枠組みとした権力論の重要性を認識するに至ったのである。「東洋的社会に対するマルクス・レーニン主義的見解の再検討は、マルクスが『アジア的』概念を創始したどころか、それが古典派経済学者の著作のなかですでに完成していたことを見いだしたにすぎないことを明らかにした。私はさらにマルクスが、古典派の見解を多くの重要な基本点において受け入れていたにもかかわらず、彼自身の理論的立場より不可避であると思われる結論、すなわち、アジア的生産様式の諸条件のもとでは農業管理的官僚制が支配階級を構成するという結論を引き出しそこねていたことに気づいたのである」[★27]。かくしてこの時期に、ウィットフォーゲルの中で、マルクス（「アジア的生産様式」）とウェーバー（「アジア的官僚制」）との方法論的邂逅がなしとげられた。

こうしたウィットフォーゲル自身の政治的立場の変化そのものには何ら影響されることなく、自然と社会をめぐる彼の基本的立場は、『東洋的専制主義』（一九五七年）においてもかつてのままの形で引き継がれていく。ここでも自然は、人間によって働きかけられる対象であると同時に、それが許容する生産力を媒介に社会を一定方向へと向わせるよう人間に働きかける対象である。同一の制度的条件における人間の自然に対する働きかけは、自然的背景の相違が新しい形態の技術・生活・社会管理の発展を可能にするという意味で、たしかに不断に自然を転形し、新しい生産力を現実化している。そうすることによって、「自然は新しい機能を獲得し、それはまた徐々に新しい外観をとってゆくのである」[★28]。しかしながら、それが果たして新しい水準の活動に達しうるかどうか、あるいは達したとしてもどこへ導くかといった変革の可能性は、第一には制度的秩序、第二には人間活動の究極的対象、すなわち「人間が獲得しうる物理的、科学的、生物的世界」のそれぞれに依存している[★29]。つまりウィットフォーゲルは、一方で固定的な所与以上の、人間の働きかけによって変形されうる対象として自然を見ると同時に、他方で労働過程の変化が如何なる方向に行なわれ得るかを決定する客観的基礎としても自然を見ており、ここでも社会に対する自然の第一次性を強調しているのである。ただしここで注意すべきなのは、もはや自然そのものよりも、そのある条件下で獲得された制度的、文化的側面の重要性を強調するようになっているという事実であろう。このことは、ウィットフォーゲルがもはやありのままの自然の概念を離れて、人間がそれに働きかけることですでに獲得された制度、さらには「自然の転形」を経たことではじめて人間の獲得しうる対象となった物理的、科学的、生物的世界、すなわち作為によって自然そのものの内側に創出されたもう一つの自然＝「第二の自然」を問題にしはじめたことを意味しているのである。★30

たしかに人間は、ある技術的条件の下で自然そのものに働きかけることによって自らのコントロール下に置くことのできる、「第二の自然」を獲得できるかもしれない。しかしながらウィットフォーゲルにおいて、いくつかの弾力的な自然的要因は操作したり必要に応じて変化させることが可能であるとしても、他のいくつかの自然的要因は依然としてその社会的発展段階における技術的条件の及ばない人間のコントロールの外側にあるがゆえに、恒常的なもの（constants）とみなされた。★31 具体的に農業との関連で自然の景観についていえば、まず温度と地形は多くの場合顕著な恒常的要素であるし、土地の地形も灌水農業運営との関連で平坦化など多くの小調整は遂行してきたとはいえ、基本的には人間の働きかけを受け入れない。これに対し植物や土壌については、例えば有用な作物をそれがない地方から移植することもできるし、余り効果的でないとはいえ良質の土壌を貧弱な畑へと運び入れることによって改良することも可能であるという。

5　水力と権力

こうした中で、もう一つの自然的必要条件である水は、他の自然の景観とは異なり、特殊な性質をもっていることにわれわれは気づく。「水は大部分の作物よりも重たい。にもかかわらず、より便利に制御することができる。固形物の凝集力にさまたげられることなく、重力の法則にしたがって、水は自動的にその環境の近付き得る最も低いところに流れ込む。与えられた農業景観のうちで、水はすぐれた自然的変数（natural variable）である」[★32]。しかし如何に可変的であるとはいえ、水が欠乏している景観のなかでその巨大な集積を試みようとしたとき人は大きな困難にぶつかった。これに対し、現在の状況と変更後の状況から得られる双方の利益を比較考量した結果十分なメリットがあり、なおかつ自然的かつ技術的条件も許していると見積もられた場合、人はその試みを敢えて行なうこととなる。

このように、乾燥していても潜在的に肥沃である土地を恒久的にかつ収益のあるように耕作することを欲したとき、人は水の確実な供給を確保しなければならなくなった。しかしだからといって、その必要性が新たな自然的機会を利用するように一律に強制するわけではけっしてない。むしろ「状況は開かれており、灌漑農業的コースはいくつかの可能な選択の一つにすぎなかった」のである[★33]。たしかに、「自然環境が与える全ての課題のなかで、人間に社会管理の水力的方法を発展させるよう刺激したのは、不安定な水の状況が与えた課題である」[★34]。しかしながら、「降水」という直接的な自然に依存する農業から、「灌水」という自然への働きかけによって人間の獲得した「第二の自然」に依存する農業に移行することは、全くの「純粋の選択」に属する事柄であるとウィットフォーゲルはいう。というのも、一つには非農耕民集団にとって灌漑農業という選択は、場合によっては近隣の農業国家に対する従属的地位に甘んずることになるかもしれないという限られた魅力しかもたないからであり、もう一つには実際にそれを選択した集団の数は、選択しなかった集団のそれよりも少数であるという事実が、「選択の自由」の存在を如実に物語っているからである。このようにウィットフォーゲルは、かつて自然と社会との関係を論じたときと同様に、水力的社会における「第二の自然」の相対的第一次性を強調した際にも、自然的条件によって社会のあり方が決定されるという「地理的唯物論」を慎重に退けていたのである。★35

しかしながら、水力的農業へ転換するにせよそれを拒否するにせよ、そのこと自体は秩序も指導もなしには行なわれないのであり、すでにしてここから集団的な一つの意思決定が求められるといえる。もしここで灌漑農業を選択したとすれば、決定をめぐる権力の集中は、その水準に応じてさらに二つの道をたどることとなった。すなわち、一つは共同体内的意思決定であり、もう一つは超共同体的意思決定である。たしかに、灌漑農耕が降水農業よりも大量の肉体的努力を要するというのは事実だが、水路を掘ったり、ダムを作ったり、水を分配したりする地方的仕事は、数少ない農民やその家族、近隣の小集団によっても共同体の内部において十分遂行可能であることが予想される。ここで小規模灌漑に依拠した農耕は、たとえ食料供給を増大させたとしても、そのこと自体は水力農業や東洋的専制主義を伴うわけではけっしてない。これに対して、多くの農民によってすでに様々に小規模灌漑の試みられた共同体が相変わらず乾燥状態にあり、しかし潜在的には十分に肥沃であるといった地域において入手可能な水資源が見いだされたとき、人々は共同体の水準を超えてそれを獲得する可能性を追求することとなる。これこそはまさに、自然に対する支配の可能性が社会に対する支配の可能性へと転じ、水力的社会において専制的パターンが生じる瞬間であった。ウィットフォーゲルはこの水の統制と専制権力生成のプロセスを次のように描く。

「灌漑農業が水の大きな供給の効果的な取り扱いに依存しているとすれば、水のもつ独特な性質――その大量に集積する傾向――は制度的に決定的なものになる。大量の水は大量の労働によってのみ水路に流され、また諸境界内に蓄えられることが可能となる。この大量の労働は調整され、規律され、指導されなければならない。かくして、乾燥した低地や平原を征服しようと熱望する多くの農民たちは、機械以前の技術的基礎のもとでは一つの成功のチャンスを提供する組織的な装置に頼ることを余儀なくされる。彼らは仲間たちと一緒に働き、指令する一つの権力に服従しなければならなくなるのである[★36]」。

このように灌漑用水という「第二の自然」は、それが農民たちにとって死活の条件となるがゆえに彼らを大規模労働に決定的に駆り立てたのであり、これを唯一組織できた専制権力はまさにそのことを背景にしつつ、自然の支配を社会の支配へと転じていった。しかしながら、こうした専制的パターンへの条件とは、すでに見たようにあくまでも一つの地理・歴史相対的な機会であって、けっして歴史貫通的・決定論的な必然性ではない。なぜ政府の水管理が必ずしも政治の専制的方法を意味するわけではなかったかといえば、「収奪的な自給自足経済の水準を越え、降水農業の強力な中心部のもつ影響力の外に出たところではじめて、また所有権に基づく産業文明の水準に及ばないところではじめて、人間は水不足の景観に特殊に反応して、特殊な水力的生活秩序へ歩み寄っ

た」にすぎないからである。★37

たしかに表面的には、人間はこの灌漑農業社会において水に規制された諸条件に必然的に従っているように見えるかもしれない。しかしながらそれは、ありのままの状態で自然を支配できたかつての水準を新たな生産力が乗り越えた時、人間がそこにより強大な自然を発見したがゆえにこの自然そのものの支配を暫定的に中断しつつ、むしろこれを利用しながら社会の支配へと向い、結果的にその客観的基礎に自ら適応していったというにすぎないのである。つまり、ここでも既述のように、変形から現実化への転化の過程で、それに見合った発展という新たな高次の要因が加味されているのである。「いくつかの要因は、現存する技術的条件のもとでは、全ての実際的目的にとって人間のコントロールが及ばないので、恒常的なものとみなされねばならない。★38 他の要因はより弾力的であり、人間はそれを操作したり、必要ならば、変化させることもできる」。したがって、このウィットフォーゲルの論理に即していえば、一定段階の水準をも超えてゆく確固たる所有権に基づいた産業社会が出現したとき、人間がこの自然そのものを支配することさえ可能であることを意味している。このように、ウィットフォーゲルの自然―社会論は、あくまでも生産力と生産関係との関係、さらにその発展水準との関係においてとらえられているのであり、そこから導きだされる水力社会論もけっして「超歴史的」に構成されているわけでないことがわかるであろう。

おわりに

これまで見てきたように、ウィットフォーゲルは「地理的決定論」とされた立場を慎重に避けつつも、なおかつ自然を相対的第一次条件として東洋的専制主義の基礎構造に影響を及ぼす対象としてとらえていた。すでに明らかなように、ウィットフォーゲルにとって自然とは、人間によって働きかけられる対象であると同時に、それが許容する生産力を媒介に社会を一定方向へと向わせるよう人間に働きかける客体であるという、いわば両義的存在であった。同一の制度的条件における人間の自然に対する働きかけは、自然的背景の相違が新しい形態の技術・生活・社会管理の発展を可能にするという意味で、たしかに不断に自然を転形し、新しい生産力を現実化している。しかしながら、それが果たして新しい水準の活動に達しうるかどうか、あるいは達したとしてもどこへ導くかといった変革の可能性は、制度的秩序と人間活動の究極的対象に依存しており、ここでも社会に対する自然の第一次性が強調されたのである。ただしここでは、自然そのものよりも、そのある条件下で獲得された制度的、文化的側面の重要性が強調されており、人間がそれに働きかけることですでに獲得した制度、さらには「自然の転形」を経たことではじめて人間の獲得しうる対象となった物理的、科学的、生物的世界、すなわち自然と社会との間の中間項としての「第二の自然」が問題にされたのであった。

かくしてウィットフォーゲルは、自然的必要条件の一つである水が、他の自然の景観とは異なり、特殊な性質をもっているという事実に気づくに至る。それは与えられた農業景観のうちで、すぐれて自然的可変量であるがゆえに、巨大な集積、すなわち灌漑という新たな試みを可能にした。乾燥していても潜在的に肥沃な土地を耕作しようとするとき、人は水の確実な供給を確保する可能性を獲得したのである。しかしだからといって、その必要性が新たな自然的機会を利用するように一律に強制したわけではけっしてなく、むしろ灌漑農業的コースはいくつかの可能な選択の一つにすぎなかった。「降水」という直接的な自然に依存する農業から、「灌水」という自然への働きかけによって獲得された「第二の自然」に依存する灌漑農業に移行することは、全くの「純粋の選択」に属する事柄であるとされたのである。かくしてウィットフォーゲルは、かつて自然と社会との関係を生産力を媒介に論じたときと同様に、水力的社会における「第二の自然」の相対的第一次性を強調した際にも「地理的唯物論」を慎重に退けたのである。

さらに、このように灌漑農業が水の大きな供給に依存していることは、その大量に集積する水の傾向が制度的に決定的であることを意味した。大量の水は大量の労働によってのみ水路に流され、また諸境界内に蓄えられることが可能となる。したがって灌漑用水という「第二の自然」は、専制権力をして大規模労働の組織化へと決定的に駆り立て、その自然の支配を社会の支配へと転じていった。たしかに人間は、ある技術的条件の下で自然そのものに働きかけることによって自らのコントロール下に置くことのできる、「第二の自然」を獲得できるかもしれない。しかしながら、いくつかの弾力的な自然的要因は操作したり必要に応じて変化させることが可能であるとしても、他のいくつかの自然的要因は依然としてその社会的発展段階における技術的条件の及ばない人間のコントロールの外側にあるがゆえに恒常的なものとみなされたのである。だが、ここでもまた、こうした専制的パターンへの条件とはあくまでも一つの地理・歴史相対的な機会であって、けっして歴史貫通的・決定論的な必然性ではなかった。たしかに表面的に人間は、この灌漑農業社会において水に規制された諸条件に必然的に従っているように見えるかもしれない。しかしながらそれは、人間がそこにより強大な自然を発見したがゆえにこの自然そのものの支配を暫定的に中断し、むしろこれを利用しながら社会の支配へと向い、結果的にその客観的基礎に自ら適応していったというにすぎないのである。そのことは逆にいえば、一定段階の水準を越えてゆく確固たる所有権に基づいた産業社会が出現したとき、人間がこの自然そのものを支配する可能性さえあることを示唆している。★39 このようにウィットフォーゲルは、「第二の自然」を歴史における決定因とすることを慎重に避けつつ、自然—社会論を生産力と生産関係とのコンテクスト、さらにその発展に伴って生じる生産様式の変換、その水準との相対関係においてとらえていたのであり、「自然的唯物論」、「機械的唯物論」と同列に扱うことは本来的に不可能なのである。

［註］

（1）L・A・コーザー、荒川幾男訳『亡命知識人とアメリカ』（岩波書店、一九八八年）、一四〇頁以下参照。

（2）例えば、ハンガリーの中国学者フェレンツ・テーケイは、フランスの『ラ・パンセ』が一九六四年四月、一九三一年のレニングラード討論以来はじめて国際的にアジア的生産様式の問題を提起した特集号において、「『地理的な』道をたどって、ウィットフォーゲルは、ついに、すべてのアジア社会を『水利社会』の名で呼ぶにいたり、あまつさえ、官僚制ないし『全体主義的』条件を自分が認める場合には、ヨーロッパ社会をも、そのように呼ぼうとしている」（本田喜代治編訳『アジア的生産様式の問題』、岩波書店、一九六七年、九頁）と、その理論の内在的分析に立ち入らないままに断じている。またフランスのジャン・シェノーもウィットフォーゲルを「マルクスの背教者」と呼びつつ、「一つの社会的な生産様式、つまり生産力発展の一定の水準にある生産の要求との関係において成立している社会的諸関係という原則がないのである。アジア的社会は、ウィットフォーゲルの筆にかかると、一種の呪術的な公式、『水利社会』というものになってしまう。そして、この公式からして、この著者は、現代の社会主義的世界に対する憎悪に満ちた一つの批判を展開する。あんなものは往年のアジア的専制主義の再来だと、幼稚な地理的決定論をもちだして批判するのである」（前掲『アジア的生産様式の問題』、六一頁）と強く非難している。さらにフランスのロジェ・ガロディに至っては、ウィットフォーゲルの『東洋的専制主義』は「粗雑な地理的決定論」に依拠しており、(1)集団所有の基礎のうえには階級社会と専制主義体制が築かれる可能性があった、(2)しかるに社会主義は集団的所有と大公共土木事業のうえに築かれている、(3)したがって社会主義は東洋専制主義およびそれから生ずる搾取の一形態であり国家と官僚が新しい搾取階級を構成するという「単純な三段論法」を出ないうえ、「水利依存社会」という言葉を「馬鹿の一つ覚えのように」持ち出す「無視してもかまわない程度のもの」（ロジェ・ガロディ、野原四郎訳『現代中国とマルクス主義』、大修館書店、一九七〇年、一九頁）とあからさまに罵倒しているのである。

これらほど極端ではないとはいえ、同じことがやはりわが国で影響力をもつ中国研究者についてもいえる。例えば西嶋定生において、東洋的デスポティズムの概念はモンテスキュー以来のヨーロッパ思想の中ではぐくまれ、ヘーゲルやマルクス、ウェーバーへと受け継がれたうえ、「ウィットフォーゲルによる自然的諸条件に基づくアジアの宿命的な体制として措定された」という特殊西欧的なものとして理解されている。だからこそ西嶋によれば、「この概念はヨーロッパにおける近代的自我意識の自覚過程においてその対置概念として設定されたものであり、価値の基準を彼ら自身の世界であるヨーロッパに置くことにより、その価値基準に立脚して自己認識を可能ならしめるための素材である反対概念として設定されたもの」なのである（西嶋定生『中国古代帝国の形成と構造』、東京大学出版会、一九六一年、四九頁）。

たしかにウィットフォーゲルは、ことあるごとに西欧近代市民社会に言及しつつ、それとの対比における中国の国家、社会の特質を、ウェーバー同様にいわば策出論的（heuristisch）に描きだすことが多かった。しかしだからといって、そのこと自体は、『東洋的専制主義』の下敷きともなっている『中国の経済と社会』などの著作の執筆のために蓄積されたあの膨大な実証研究でさえも、「ヨーロッパ人自身は喜ばしくもその中に住んでいなかった外部の世界に関する概念」（同上）を形成するための単なる「素材」に過ぎなかったなどということを意味するわけではないであろう。また西嶋が主張するように、仮に西欧的＝近代的自我意識がウィットフォーゲルに代表される理論的枠組みを「対置概念」として設定したと認めるとしても、そのこと自体は必ずしも理論構築の際の価値基準をヨーロッパだけに置きつつ、外なる中国をヨーロッパの価値基準のみで説明し、「中国史の内部からの発展としてはその説明できない」ということを意味するわけでもないであろう。いずれにせよわれわれにとって、「その中に自己の現在を規定する歴史条件を探索しなければならないわれわれの問題設定とは遠くかけ離れた発想」（同、五〇頁）であるかどうかは、まずはウィットフォーゲルの築いた土俵に立ちつつ、そのうえでなされる具体的な行論に即してはじめて論じ得る問題であると思われるのである。

同様に、戦後中国古代史学の旗手的存在である増淵龍夫は、「ウィットフォーゲル氏が治水灌漑の国家管理を問題としたのは、東洋的社会の停滞性を、生産力の自然的基礎から説明しようとする『自然的環境決定論』の上に立つものであり、それは、彼の東洋的社会停滞論と不可分に結びつくものであるとしたうえで、「治水灌漑の不可欠性とその国家管理が、ウィットフォーゲル氏のように、中国における不変の自然的条件にもとづいて一義的に立論されるならば、それは、そのような自然的条件を打破る何等かの契機が提示されない限り、中国古代デスポティズムの人頭支配は、その歴史的性格を喪失して、いつまでも循環と停滞をつづけねばならない、という矛盾におちいる危険をもっているる」と批判する（増淵龍夫「中国古代デスポティズムの問題史的考察」、『歴史学研究』、第二二七号、一九五九年一月、三四―三五頁）。たしかに、「アジア的停滞論」の克服を重要課題の一つとした戦後日本の歴史学の立場からすれば、こうした増淵の議論も一つの方法として理解できないわけではない。しかし、だからといって、「彼（ウィットフォーゲル――引用者）の『東洋的社会』論をもってしては、今日の中国の変革は、中国史の内部からの発展としては、説明できない」と論断していいものであろうか。そもそも、自然的―地理的要因の第一次性を強調することによって、あたかも「『東洋的社会』に崩壊と変革をもたらす契機は、内部的力からではあり得ず、それは外部からの影響によって始めて与えられる」（同、三三頁）とするような議論を、はたしてウィットフォーゲル自身がしているのであろうか。彼はむしろ逆に、「停滞を云々することは誤りであろう。この停滞という言葉に伴う宿命論的な響きは全く別としても、いったん形成された生産、および社会体制の内部的成熟は、経済的支那並びに精神的支那をも、かなりの程度に、この長い全期間中、活発な活動（及び発展）の状態に置いたのである」（K・ウィットフォーゲル、横川次郎訳編『支那経済史研究』、叢文閣、一九三五年、五五―五六頁）といい、自然・環境・歴史的決定（宿命）論をはじめから退けていたのではなかったのか。さらなる具体的な検討については本論に委ねるとしても、増淵が「停滞社会論と不可分にむすびついた彼の中国研究は、中国の変革を希求し、中国史の中に発展と変革の契機をさがし求めようとする実践的要求に燃える人々からは、大きな不満と批判とをもって迎えられねばならなかった」（増淵龍夫前掲論文、三二―三三頁）と述べる時、われわれはそこにある種の恣意的＝政治主義的な背景の存在を感じとらずにはいられないのである。

（3）清水多吉『一九三〇年代の光と影――フランクフルト学派研究』（河出書房新社、一九七八年）、三一―四一、一六一頁参照。

（4）G.L.Ulmen, *The Science and Society: Towards an Understanding of the Life and Work of Karl August Wittfogel*, The Hague: Mouton, 1978, p.53. 亀井兎夢他訳『評伝ウィットフォーゲル』（新評論、一九九五年）、一一三―四頁参照。

（5）Karl August Wittfogel, *Die Wissenschaft der Burgerlichen Gesellschaft- Eine Marxistische Untersuchung*, Berlin: Dermalik-Verlag, 1922, S. 9. 北村奎之介訳『ブルジョア社会の科学――マルクス主義的考察』（叢文閣、一九二八年）、八頁。

（6）*Ibid.*, S. 21. 同二〇頁。

（7）Karl August Wittfogel, *Geschichte der Burgerlichen Gesellschaft*, Wien: Malik-Verlag, 1924, S. 171-72. 新島

繁訳『市民社会史』（叢文閣、一九三六年）、四一五―七頁参照。
（8）*Ibid.*, S. 177. 同四二七頁。
（9）*Ibid.*, 同。
（10）*Ibid.*, S. 183. 同四三九頁。
（11）*Ibid.*, 同四三九―四〇頁。
（12）Karl August Wittfogel, Geopolitik, Geographicher Materialismus und Marxismus, *Unter dem Banner des Marxismus*, III. Jahrgang, 1929, S. 21, 川西正鑑訳『地理学批判』（有恒社、一九三三年）、一一―一二頁参照。
（13）*Ibid.*, S. 22. 同一四頁。
（14）*Ibid.*, S. 24. 同一九頁。
（15）*Ibid.*, S. 43. 同六七頁。
（16）*Ibid.*, S. 44. 同六八頁。
（17）*Ibid.*, S. 714. 同二一三頁。
（18）*Ibid.*, S. 718. 同二二三頁。
（19）*Ibid.*, S. 723. 同二三二―二三三頁。
（20）*Ibid.*, S. 727. 同二四〇頁。
（21）K・A・ウィットフォーゲル「経済史の自然的基礎」（平野義太郎訳『東洋的社会の理論』、原書房、一九七六年所収）、二三二頁。
（22）同二二四頁。
（23）同。

(24) 同二三〇―三一頁。
(25) 同二三一頁。
(26) 同。
(27) Karl August Wittfogel, *Oriental Despotism : A Comparative Study of Total Power*, (以下*OD*と略記) Yale University Press, New Haven, 1957, p.6. 湯浅赳男訳『オリエンタル・デスポティズム』(新評論、一九九一年)、二五頁。
(28) *Ibid.*, p.12. 前掲『オリエンタル・デスポティズム』、三三頁。
(29) *Ibid.*, p.11. 同三二頁。
(30) この「第二の自然」とは筆者自身の呼称であり、ウィットフォーゲルが『東洋的専制主義』の中で使っている言葉ではない。「風土政治学・地理的唯物論並びにマルクス主義」(一九二九年)では、「人間の二次的自然」(die sekundare Natur des Menschen) という言葉で同じような状況に言及されているが、それは単に人間の労働という自然への働きかけによって「変化され」、本来の姿からは「区別された」自然という程度の抽象的意味合いしか持っていなかった (前掲『地理学批判』、一五五―五六頁)。しかし、『東洋的専制主義』におけるウィットフォーゲル自身による説明によれば、こうした定式化は「制度的」ならびに「文化的」要因の第一次的重要性を強調している点で、同論文や「経済史の自然的諸基礎」(前掲『東洋的社会理論』所収) で「自然そのもの」の第一次性が強調された時とはもはや異なっている。「この前提から (中略) 歴史的に開かれた状況における純粋の選択をする人間の自由に関する認識が導かれることになるのである」。たしかにこうした彼の思想的変化は、「以前受け入れていたマルクスの若干の思想に対する私の批判にとって重要である」かもしれない。しかしだからといって、そこから彼の思想の抜本的な変更が派生してくるというわけではけっしてなく、ウィットフォーゲルは「これらの訂正を除いて私はなお初期の見解の重要な点を保持し続けている」と自ら付け加えている（*OD.*, p.11. 同 四三頁参照）。

（31）E・バラーシュも、「停滞」という言葉の代わりに「恒常」という価値中立的な表現で中国社会をとらえている。彼は、ウィットフォーゲルの水力社会論を「官人によって遂行される多くの諸機能の中から、唯一つだけ、すなわち水利建設に関する機能だけを選びだす」と批判しつつも、その官人国家の「全体主義的」側面の評価については、「中国の国家は管理者的国家、干渉者的国家であった。（中略）交易も、採掘も、建築も、儀式も、学校も、事実上公共生活の全体と、私生活の大部分とは、ともに国家の規格化と編成の下にあった」とし、ウィットフォーゲルと同じ立場をとった。そのうえでバラーシュは、「帝制下の諸制度の永続性や、特定の事象、例えば儒教主義の恒常性を否定することもできない。それは次々に変貌はしながらも、しかもずっとつづいてきた」とし、官人国家がたとえ「停滞的」でなくても、「恒常的」であることに何ら変わりはないと主張したのである（村松祐次訳『中国文明と官僚制』、みすず書房、一九七一年、一〇頁以下参照）。

なお、個人的な交友関係を含むウィットフォーゲルとバラーシュとの思想的距離関係については、G.L.Ulmen, *op. cit.*, p.410. 前掲『評伝ウィットフォーゲル』、六〇一頁を参照。

（32）*OD.*, p.15. 前掲『オリエンタル・デスポティズム』、三六—三七頁。

（33）*Ibid.*, p.16. 同三八頁。

（34）*Ibid.*, p.13. 同三四頁。

（35）例えば『東洋的専制主義』がマルクス主義的「経済決定論」に依拠しているとするA・トインビー

の批判に対して、ウィットフォーゲルは次のように反批判している。「頑固な経済的決定論をとるどころか、私は経済的なものの生態学的（ecological）要因への依存を、さらに開かれた歴史的状況において様々な選択を提供する文化的諸条件への後者の依存を示したのである。偶然性、イエス、決定論、ノー。それが私の立場である」（K.A.Wittfogel, "Reply to Arnold Toynbee," *The American Political Science Review*, Vol. 52, No.2, June 1958）。この発言はまた、ウィットフォーゲルにおいて制度や文化という「第二の自然」が、自然そのものの内側で重層的にとらえられていることを示唆している点でも重要であろう。

（36）*OD*., p.18. 同四〇頁。

（37）*Ibid*., p.12. 同三四頁。

（38）*Ibid*., p.13. 同三五頁。

（39）但し、人間が社会的発展によって自然の支配をもたらしうる論理的可能性とは、コルシュやルカーチのように「主観的能動性（voluntarism）」に傾いた一つの解釈であって、けっしてウィットフォーゲル自身がそのように明示的に語っているわけではない。M・ベイシンによれば、こうしたワイマール期における自然と社会との関係の「漠然とした（vague）」定式化こそが、地理政治学との関連で自然と社会との関係を論じたウィットフォーゲルをはじめとする「正しい解釈による（correct）」マルクシストの特徴であるとともに、「マルクス主義的学説のもつ本来的な多元主義（pluralism）」を示唆するものであった。そのことはまた、自然と社会との関係を再考するうえでの「生態学的」意味をも有しており、環境と社会という今日的なコンテクストでマルクス主義の再評価が可能であることを示している（Mark Bassin, *Nature, Geopolitics and Marxism: ecological contestations in Weimar Germany*, WWW:

Royal Geographical Society, 1996）。なお、ウィットフォーゲルと生態史観については、上山春平「歴史観の模索」（『上山春平著作集』、第二巻：「歴史の方法」、法蔵館、一九九六年所収）を参照。

第2章●——東洋的社会における国家と社会

はじめに

K・A・ウィットフォーゲルは、その主著『東洋的専制主義』（一九五七年）を纏め上げるまでの約三〇年間、アジアにおける特殊な権力形態としての専制主義を成立せしめている制度的背景の研究に従事するなかで、イギリスの古典派経済学者たちのように近東、インド、中国の諸文明という近代ヨーロッパには存在しないこれらの社会を「東洋的社会」と呼びつつ、これら諸地域に共通する「制度的特徴の複合」を概念化していた。[★1] しかし、やがてこの研究を進める過程で、小規模灌漑を伴なう農業経済（灌漑農業）と大規模な政府管理の治水事業を伴なう農業経済（水力農業）を区別すべき重大な差異に気づき、一六―一七世紀以来の伝統的な用語よりもむしろ「水力社会」、「水力文明」という名称の方がより適切であると信じるに至った。[★2]「東洋的社会」においてもヨーロッパ同様に、資本主義の勃興は絶対主義のそれと時を同じくしていたにもかかわらず、東洋の絶対主義は西洋のそれに比較すれば、「決定的により包括的で抑圧的」であり、古典派経済学者たちがとらえた「東洋的」という概念ではウィットフォーゲルには不十分であると感じられたのである。★3

こうしたウィットフォーゲルにとって、その作業を強力に推し進めた先行社会科学者とは、「理論と実践」の具体的経験としてアジアに立ち向かったK・マルクスであり、「当為と存在との緊張」の中でそれと格闘したM・ウェーバーであった。とりわけ、イギリスによる植民地インドの支配を背景にスミスからR・ジョーンズ、H・メイン、そしてマルクスへといたる古典派経済学の発展過程で形成された伝統的東洋社会の概念は、官僚制を論じることでさらに深い洞察の眼を「アジア的」社会に対して向けたウェーバーによって最終的に引き継がれたといえる。こうしたことから、ウィットフォーゲルは、このマルクスとウェーバーという相互に交差するアジア社会論を自らの社会科学的言説構成の基本的な導きの糸としつつ、アジア（とりわけ彼の専門領域である中国）研究に着手し、深化させていった。この間の事情をウィットフォーゲルは次のように述懐する。

「私は一九二二年—二三年の冬に、マックス・ウェーバーの影響の下に水力的な社会と政治の特殊性について研究し始めたとき、全面的権力の比較研究のもつ政治的意味合いについて気づいていなかった。私が一九二四年に、今度はマルクスとウェーバーに言及しながら官僚的専制国家に支配された『アジア的』社会に注目したときも、それに気付いてはいなかった。私は一九二六年にマルクス自らの社会経済的基準を用いて、紀元前一千年後半における中国の発展が『絶対主義皇帝を長とした行政官僚という支配階級』を創出し、中国のみならずエジプトやインドにおけるこの種の支配階級が『強力な水力的官僚制』であると書いたときも、そのことに気付いていなかったのである。私は一九二六年、一九二七年、一九二九年、そして一九三一年に真理に対する偏見のない追究というマルクスの姿勢に感動して、この命題を練り上げたのである。一九三二年、私の『中国の経済と社会』に対するソ連の批判者は科学の客観性についての私の信念を糾弾した。まさにこの時、ソ連の出版者は、全般的にはアジア的社会、中でも中国社会に関する私の分析の刊行を中止したのである★4」。

このように、ウィットフォーゲルが「アジア的」概念の深化の過程で見いだしたものは水力的社会とその政治形態との特殊性であったが、それは官僚的かつ全面的権力の具体的なあり方の中にすでにして表現されているものであった。たしかに古典派経済学者は、東洋的社会における灌漑や巨大水力事業の存在の重要性に気付いていたし、アジアでは政府が最大の土地所有者であるという事実も明らかにしていた。そのことによって、とりわけウェーバー以降、西欧近代の地主制、資本主義、ジェントリー、ギルドといった諸現象について新たな解釈がなされ、西欧近代において発展したそれらとは全く異質の官僚地主制、官僚資本主義、官僚ジェントリーの東洋的社会における存在が説明されたのである。だが、古典派経済学者をその最後の段階で引継ぎ、アジア社会論をより体系的に打ち出したマルクスは、アジア的生産様式論という自らが独自に展開した理論的立場より導き出されるべき結論、すなわち「農業管理的官僚制が支配階級を構成する★5」という政治学的テーゼを引き出し損ねたというのがウィットフォーゲルの考えである。ウィットフォーゲルの成し遂げた最大の理論的貢献とは、いうまでもなくマルクスでさえ見落としていたそれを発見したことにあったが、同時にそのことは、当時のソ連の官製マルクス主義とは根本的に衝突することにならざるを得なかった。なぜなら、アジア的生産様式論の承認は、いわゆる五段階発展説によって「公式」マルクス主義から完全に「アジア的」なものを排除するのに成功したスターリンの史的唯物論を根本から覆すことを意味したからである。しかもこの「アジア的」なものこそが、社会主義の成立によって専制主義最後の痕跡を拭い去るどころか、「全面的権力の最も苛酷な形態」★6として の専制主義を「悪性の伝染病のように拡げてしまった」根本原因であると主張したのだから、なおさらである。★7以後、ウィットフォーゲルが思想的には依然として「非正統派」マルクス主義に依拠しつつも、政治的には「反共的」立場を強めざるを得なかったという悲劇も、直接的にはこの理論的背景に由来しているといえる。

いずれにせよ、『東洋的専制主義』の研究、執筆に取りかかる頃までにウィットフォーゲルは、アジア的特殊性をさらに明確化すべく「水力社会」、「農業管理社会」、「東洋的専制主義」といった用語を互換的に用いるようになっていた。このことは社会的諸要因が国家による水の管理という政治権力概念と深く結びついていることを示していると同時に、社会と国家という通常の二元論的区分法がアジアの政治・社会の特殊性を示すためには不十分であることを意味した。だが、このことを逆にいえば、ウィットフォーゲルの根本意想は、アジアにおける国家と社会との未分化かつ不可分な関係を明らかにすることによってこそ説明可能になるともいえる。したがって本章では、ウィットフォーゲルの主著『東洋的専制主義』に内在しつつ、国家と社会をめぐる彼の言説を辿り、「アジア的」なものの特殊性の内実を探ることとしたい。

1 水力社会と労働力の組織化

ウィットフォーゲルのみるところ、水力経済のもつ一般的ダイナミズムを分業（division of labour）、集約（intensity）、協業（cooperation）という組織的労働に関する三つの異なった機能から成り立っている。[★8] これらの機能はそれぞれ、水力農業において特殊な型の分業が伴い、耕作が集約化されるとともに、大規模な協業が必要とされるというきわめて密接な関係にある。このうち協業や集約化についてはは少なからぬアジア農学者によってその内実が論じられてきたものの、それが伝統農業よりもむしろ近代工業にとっての必要条件と一般的にはみなされていることもあり、分業についてはほとんど等閑に付されてきた。だが実際は、そうした人々の常識に反して、水力的農業生産のプロパーはむしろ近代工業においてと同様に、「準備的作業」（preparatory operations）と「防御的作業」（protective operations）という二つの分業に基づいている。「近代工業にとっての事実――生産プロパーは様々な準備的ならびに防護的な作業に依存するという事実――は水力農業についてもその初発よりあてはまる。[★9] 水力的な準備的、防護的作業の特殊性は、水力農業の特殊性のもつ本質的な側面である」。つまり水力農業は、耕作の集約化、および大規模な協業を必要とするばかりでなく、そこでは本来の農耕作業からは区別された現場での溝掘り、ダム作り、給水といった灌漑のための準備的な作業と、その収穫物を周期的な過度の氾濫から守るための防御的作業という二つの分業形態を含んでいたのである。このようにウィットフォーゲルはまず、本来古典派経済学的用語である分業という概念を、労働力の組織的配分という政治学的コンテクトにおいても理解していく。しかしながら、ここで問うべき問題は、こうした労働力の組織化が社会的要請によって「下から」動員されたものなのか、それとも国家的要請によって「上から」動員されたものなのか、ということであろう。しかし当面の間、準備的作業と防御的作業の総量の多寡によってそれが社会的動員か国家的動員かを見分けることは難しい。

このうち準備的作業についてウィットフォーゲルは、中国の農村においてその労働時間の二〇―五〇％が灌漑に消費され、またインドの農村における作業計画の中で最も長い時間が灌漑に消費されていることに言及しつつ、灌漑農民が降水農民よりも労働時間を農耕作業以外の部分で費やしているという事実を指摘する。こうした中国やインドで顕著に見られる国家主導型の大規模灌漑農業と異なり、それ以外の比較的小規模な灌水農業においてたとえ灌漑農地や非灌漑農地での耕作における高度な労働の集約化が伴うことがあっても、小規模集団のレベルを越えて求められる準備的作業としての分業は、社会的要請によって「下から」行なわれると人は思うかもしれない。しかしながら、きわめて大量に及ぶ水の管理が必要とされる条件下においては、当該地域の灌漑形態が大規模であるか小規模であるかにかかわらず、農民は共同体レベル、地域レベル、全国レベルのいずれかにおいて、既述の分業構造に否応なく巻き込まれるという意味でほぼ例外なく国家的動員である。「こうした労働のパターンは大量の水が操作されなければならないときはじめて生まれる。前工業文明においては、人間が大規模に水を集中し、貯水し、管理するところではどこでも、われわれは水力農業の特徴である準備（給水）的労働と究極的労働とのあいだの顕著な区分を見いだすのである」[10]。なぜそれが国家的動員たらざるを得ないかといえば、この「水の管理」をよくなしうるのは、唯一、国家権力だからである[11]。かくしてウィットフォーゲルは、分業化されうる準備的労働と集約化されうる究極的労働との二つの異なった労働形態によって水力国家の農業が支えられているという事実を見いだした。

ところで、この準備的作業がもっぱら水の過少地域における灌漑を主な目的にしているとするならば、逆に水の過多地域における洪水制御を主な目的とする防御的作業もまた、もう一つの水力社会特有の労働パターンである。この防御的作業についても、例えば中国北部、北部メソポタミア、メキシコ湖沼地帯のような半乾燥地域において、降雨も過度に集中しかつ不規則である場合、氾濫の危険性が増すという事実によってその必要性が確認できる。しかも、ウィットフォーゲルにおいて、「水の生産的利用を防衛するための準備的労働に依存する水力的共同体はまた、その収穫物を周期的かつ過度の氾濫から守るための防御的な労働に依存せねばならない」とされたように[12]、この二つの労働パターンは切っても切れない関係にある。その限りにおいて、国家的動員とは無縁でいられなかった準備的作業と同様に、たとえそれが自らの共同体を守るためであってもなくても、防御的作業もまた、社会的要請によって自発的に組織されているというよりも、むしろ国家的要請によって強制される動員である。つまりウィットフォーゲルはここで、灌漑目的のための準備的活動が洪水制御目的のための防御的活動によって補足、連結されていることに、これら二つの分業形態が相互補完関係にあり、水力的国家の管理的役割に決定的に作用しあっているという事実をみてとったのである。まさしくこの水力経済における分業形態の発見こそは、「小規模灌漑を伴う農業経済（灌水農業――hydroagriculture）と、大規模な政府管理の灌漑および治水事業を伴う農業経済（水力農業――hydrolic agriculture）を区別した上で、私は伝統的用語よりも『水力社会』の名称の方がより適切に、問題となっている秩序の特殊性を表現していると信ずるに至った」としたウィットフォーゲルの理論的出発点でもあった。★13 しかしながら「水力社会」とは、国家の管理する灌漑・治水事業からは切り離すことができないという意味で、「水力国家」と言い換えることすらできる、いわば国家と社会とが自ずとオーバーラップした概念である。

これら水力経済が必要とする諸作業を最終的に国家へと収斂させているのは、統括や指揮、さらに指導といった段階的組織化の基礎となる協業（cooperation）という統合概念である。既述の準備的作業と防御的作業という分業を前提にしてはじめて、この協業の規模と性格をよりリアルに測定することができるようになる。とりわけウィットフォーゲルは、協業の対象となる集団が共同体や部族という社会的水準を越えるときにそのことの必要性もまた大きくなるとした。ここで水力農業計画者は、灌漑の掘削、築堤などの労働力の選定とその割り当ての基準を決めるなどの統括的活動にあたった。これによって、統括された集団的労働力は、現場指揮者、訓練者のほかに総体的な組織者と計画者による指揮活動を必要とした。さらに、事業の効果的な運営のために、その国の人口全体を包括する組織網が設けられ、かくしてこのネットワークを管理する者が至高の政治権力を行使する絶好の条件が整うこととなったのである。ウィットフォーゲルのみるところ、こうしたプロセスの具体例は、中国、インド、トルキスタン、メソポタミア、エジプト、中央アメリカそれぞれの水力パターンに認めることができる。[★14]このようにして、地域的具体例を考察した結果彼がたどりついたのが、「伝統的に非水力的指導者が端緒的な水力『機構』を創始あるいは掌握したかどうか、あるいはまたこの機構の支配者があらゆる重要な公的機能の背後にある原動力となったかどうかにかかわりなく、これら全ての事例において、その結果生まれた政体が水力農業の求める指導と社会的統制によって決定的に形成されたことに何の疑いの余地もない」という確信に他ならない。[★15]つまり、たとえ非水力的指導者が社会的要請に基づいてこの水力機構を創始したとしても、それが国家的指導による社会的統制によってのみ形成されたという意味で、やはり「国家的」にしかなり得ないのである。

さらにウィットフォーゲルは、水力国家の支配者がそうした協業のもたらすノウハウを農業に直接関連する事柄に限らずに、例えば飲料用の水道や貯水池、さらに水運用運河等、非農業的水力事業にも適用し、その活動を拡げていったという事実にも水力社会の特質を見る。その基本的性格は、中世ヨーロッパの降水農民や封建的支配者がそもそも水路にほとんど注意を払わず、追加的な運河建設の必要性を感じなかったのに対し、水力社会の人々が肥沃さをもたらす河川にできるだけ接近し、河堤を強化し、改造することを迫られたという事実に由来している。例えば中国では、春秋戦国以前にまで水運用運河の発端は遡り、秦朝統一から最初の数世紀は灌漑用、貯水池、防護用河川堤防の建設ばかりでなく、徴税目的のための長距離運河の掘削においても大きな前進をみた。

すなわち、ここでもウィットフォーゲルは、水力社会の支配権力と水力機構とは深く結びついており、「水運用運河の政治的必要をいちじるしく増大させた中国の地理的、行政的統一はまた、これらを建設する国家の組織力を増大させた」として、水力機構と国家権力との相互不可分の関係に注目しているのである[★16]。

同じことはまた、巨大防衛用建造物、道路、宮殿等の非水力的大建設にもあてはまる。例えば中国では、秦朝成立直後から国が徴発した賦役労働者の「協業的努力」によって巨大な公道網が建設され、首都と北部中心地域の全ての重要な中心地とが結びつけられた。また徴発された同じ労働集団によって、北方の遊牧民から自己を防衛するために万里の長城が、さらに皇帝の個人的に利用する宮殿、その死後のための巨大な陵墓がそれぞれ建設されている。かくして、政府管理の重治水事業は農業のための大規模な給水機構を政府の手中におく。「政府管理の建設事業は、国家を大規模産業の最も包括的なセクターでの異論のない支配者とする。生産のこの二つの主要領域において国家は作業統括と組織管理の無敵の地位を占めたのである[★17]」。しかもその際に、使用された労働力が、近代資本主義の諸条件のもとでの慣習的方法とは全く異なった強制的方法によって徴発され、管理されたという事実にこそ、水力社会の他に見られない大きな特質があった。さらに水力農業において十分なコントロール力をもった指導者は、その他の非水力的な機構をも同時に創設することとなる。というのも、水の供給システムへの依存ゆえに、例えば家や畑の周囲に強力な防護物の設置を迫られた際、国家によってのみ指導される水力農業こそが、材料の組織的な操作を行なううえでの有効な訓練をそこに与えることができたからである。そのうえで水力―非水力的建設に長けた指導者は、端緒としてはじめた水力農業という機構を土台に、それ以外の鉱業、採石、塩などの「採取」(feeding) 産業、さらに武器、織物、戦車などの「加工」(finishing) 産業へというように、他産業の経営、管理にも参画していくこととなる。★18

このように水力国家は、多くの場合に死活の重要性をもつ水力事業を維持し、農業の領域では大規模な準備的、防護的作業の唯一の運営者としてあらわれた。さらに通常水力国家は、その社会に顕著であるこれら二つの分業を運営するばかりでなく、主要な非水力産業的工事、特に大規模な建設、さらには農業以外の周辺諸産業をも管理した。かくしてウィットフォーゲルは、当初部族や共同体といった集団「内」的水準を超えた領域における要請によって進められた水治が、次第に社会の発展とともに共同体的要請を超えて、間―共同体、地域という集団「外」的要請に基づく周辺領域での支配へと突き進み、いわば社会が国家へと浸透し、埋没していくプロセスの只中で国家全体の統治へ至るという東洋的専制権力の成立過程を描きだしたのである。

2　水力社会と水力国家

既述のようにウィットフォーゲルは、水力国家が各種の管理者的機能をみたし、自らにとって死活の重要性をもった水利事業を維持し、農業の領域では大規模な準備的、防御的作業の唯一の国家的運営者として現われるというプロセスを明らかにした。たしかにその限りで、ガロディの指摘するような「国家と官僚が新しい搾取階級を構成する」という全体主義的側面を水力社会に見ていたといえるかもしれない。[19] しかしながら、その一方でウィットフォーゲルは、「水力国家はそれが農業に基礎を置き、その国の経済の一部しか操作していない点において、近代の全体的管理国家とは異なっている」とし、二〇世紀に入って顕著に見られた全体主義的統治概念との差異を指摘しており、ガロディの批判はけっして十全とはいえない。[20] むしろ、B・クリックがウィットフォーゲルの東洋的専制主義論について述べたように、「そこにあったのはたぶん全体権力であったろうが、この権力ははなはだしく不可謬で無答責という重要だが限られた意味でだけ、権力と言えた。だからといって、その権力は——自称『全体主義』体制が二〇世紀に試みたような——社会の大変革をもたらしうる力という意味での権力ではなかった」のである。[21] この意味では、ウィットフォーゲルの水力社会論が「官僚制的ないし『全体主義的』条件を自分が認める場合には、そのようなヨーロッパ社会をも、すべてそのように呼ぼうとしている」[22] としたF・テーケイの批判は、明らかに近代的な全体主義の概念とは区別されているウィットフォーゲルの専制主義概念には当てはまらない。

ウィットフォーゲルはこのように、水力社会論において集中（集約）の中にも分散（分業）の契機を読み取り、あるいは全体（全産業）の中で部分（農業）の意味合いを見出すといった、いわば「アジア的」政治権力に内在する多面的構造を見ていたことが分かる。しかも彼の東洋的専制主義論は、たしかに「絶対主義権力の極度に苛烈な形態」と定義されているとはいえ、その全面的権力に対する効果的なチェックが存在するか否かによってその内容自体も変化しうるという意味で、けっして一義的に決定されているわけではなく、むしろきわめて相対的かつ可変的な概念である。[23]だからこそこの権力の内実は、憲法などの実定法の他、慣習や信仰などに基づく自然法、さらに最も有力なことには、社会的勢力の内容によって少なからず制限されるという可能性が残されているのである。しかしながら、たしかに東洋的専制権力が相対的に構成されていること自体は事実であるとはいえ、政府の行政、司法、軍事、財政それぞれの権限を制限すべき憲法のような実定的諸規範は、絶対主義政体では実際には独裁的立法者によって自由に変更されうるという厳然たる限界をもつ。また自然法にしても、支配者の行動自体が文化的環境によって影響されているがゆえに、結局それは支配者の意のままに被支配者を決定するように方向づけられており、効果的なチェックたりえていない。さらに、この全面的権力が周囲の条件によって制限されうるということは、その外的条件の内容次第ではそれが制限されるどころか、むしろ本来の権力以上にもなりうることを意味していた。なぜなら「政府は、その支配が非政府的勢力（nongovernmental forces）によって有効にチェックされていないとき絶対主義となり、絶対主義政体の支配者が政府内勢力によってチェックされないとき独裁者となる」という可変的存在だからである。[24]しかしながらウィットフォーゲルは、一見すると一枚岩的な「水利依存社会」論としてとらえられがちなその理論構成においても、「独裁制権力の勃興は大規模国家事業の存在以上のものに依拠している」として、その専制権力形成過程に大きな影響を及ぼし得るもう一つの側面を描くこととなる。[25]ウィットフォーゲルはその際に、東洋的専制主義論を成立させる条件となっている広範な社会的意味合い（societal implication）を重要なキーコンセプトとした。

ウィットフォーゲルが水力国家の管理者的性格における社会的側面の重要性を指摘したとき、そこで問題とされているのは、なによりも自治的宗教組織、軍事的集団、ある種の財産所有者などによって構成される既述の非政府的勢力のことであった。例えば絶対主義期のヨーロッパにおいて、その政体は実定法規範としての正式の憲法よりも、土地貴族、教会、都市の現実的な社会的諸勢力によって制約されていた。そうした全ての非政府勢力は、まさにウェーバーが『儒教と道教』に★26おいて示したように、ヨーロッパでは一つの政治的団体にまで結実していたのである。たしかに、これらの集団のうちいくつかは、東洋においても貧弱ではあるが発展していたかもしれない。しかしそのいずれも、水力的政体を制約できる政治的団体にまで発達することがないという点で西欧におけるそれらとは決定的に異なっていた。対内的かつ対外的秩序維持という権力のもつ決定的な二つの機能がいかに展開されるかは、ひとえに非政府的勢力という専制権力を取り巻く外的条件にかかっているといえる。したがって、「あらゆる政府は（軍事行動の組織を通じて）外部の敵に対するコモンウェルスの防衛に、また（司法と何らかの警察的措置を通じて）内部秩序の維持に気遣うこととなる。政府がこれらや他の任務をどの程度遂行するかは、社会秩序が一方では政府の活動を、他方では敵対する非政府的勢力の発達を、鼓舞あるいは制約するその仕方によるのである」[★27]。

このようにして水力政府は、自らの権力の存立基盤を脅かすこうした非政府的勢力が、独立した中間団体として結実しないよう断固として阻止することとなるが、そのことは『東洋的社会の理論』（一九三八年）において、生産主体の領域が公圏と私圏とに区分され、公圏の縮小が国家権力の衰退である一方、私圏の存在が国家権力にとって敵対的であり、その拡大は極力排除されなければならないと理解されたのと相即的である。★28 もちろん、いくつかのケースでは、強力な氏族長や宗教団体、あるいは半独立的指導者が水力専制主義の勃興を阻止すべく挑んだこともあったかもしれない。しかし、古代ギリシャ、ローマや中世ヨーロッパにおいて非政府的勢力を防衛していた財産的、組織的力が、東洋においては決定的に欠如していたのであり、だからこそ水力文明において国家は「社会よりも強力に」なりえたといえる。★29 ウィットフォーゲルはここで、西欧封建国家において主権者が彼自身の部隊に対してだけ完全な支配権をもつにすぎなかったのに対し、水力国家の軍隊はいかなる民主的抑制も封建的契約にも拘束されず、統治者の欲するままに徴集可能であったという事実を指摘する。そのために水力政府は、人間の労働力、軍事的潜在力、租税支払い能力を効果的に組織することを求められたが、その前提として人民の数を計算し、記録するための手段をすでに確立していたのである。例えば中国の周王朝では、徴収可能な兵士と労働者を決定し、収入と支出を計算するために戸籍台帳が使用されたし、晋や斉では民衆が戸籍に登録されていた。この意味でいえば、水力農業と水力政治の開拓者はまさに、「計算と記録の合理的なシステムを発展させた最初の者」でもあった。★30

こうした水力社会(=国家)だけの持つ巨大な組織力が、着実で膨大な政府歳入を得るための収取(acquisition)活動においても同様に見られることは容易に想像できる。ウィットフォーゲルによれば、水力国家における収取活動は、それが地方的規模を越えるやいなや組織的、官僚制的作業を必要としはじめ、さらにそれらを強力に進めるための行政的、管理的装置が多数の官吏によって担われるようになるときとりわけ求められる。それに伴って水力国家の支配者は、水力的、交通的、防衛的任務に対してと同様、収取活動に対してもより積極的になるのである。とくにそれは水力社会において、暴力や掠奪といった概念との関連で、徴発（confiscation）という行動形態として顕著になるとウィットフォーゲルはいう。[★31]すなわち、農村において効果的な徴税力をみせた水力国家は、手工業者、商人、特別な特権で保護されていない動産所有者、官吏に対して、脱税、資産隠匿、陰謀、反逆などを理由に、無制約な課税、没収という「恣意的な」徴発を行なった。とりわけ水力社会の徴発様式は、他の高度農業文明で冒される恣意的暴力行為とは量的にも質的にも異なっている。例えば古典ギリシャには圧倒的に強力な政府は存在しなかったものの、市民共同体は潜在的に過大な権力を持つ指導者を効果的にチェックし、彼を国外に追放することも、その資産を押収することもできた。また中世ヨーロッパでは、そもそも支配者の擁した官吏の数自体が少数だったため、東洋に顕著な官僚間の闘争が発展する機会もほとんどなかった。たしかに、ヨーロッパ絶対主義の支配者も陰謀を企て、無慈悲に人を殺すといったことがあったかもしれない。しかしその迫害、収奪の力は、たとえ規制はできてもけっして破壊されることのない土地所有貴族、教会といった非政府的社会勢力によって確実に制約されていたのである。しかも、そうした恣意的権力が制約されることによって都市資本家の振興がもたらされ、結果的にそのことが支配者の利益ともなったとして、ウィットフォーゲルは次のように水力社会と比較する。

「水力的方法では決して管理したり、搾取したりすることはできない農業秩序から生まれた西洋の独裁者たち（autocrats）は、生まれたばかりの商工業資本家を快く保護したのであるが、ここで資本家たちのますますの繁栄はますますその保護者たちの利益ともなったのである。これと対照的に、水力社会の支配者は彼らの国の農業経済の上に確固たる徴税の網をひろげた。彼らは封建以後の西洋の支配者がそうしたようには都市資本家を育成する必要を感じなかった。最善の場合でも、彼らはたまたまそこにあった資本家企業を有益な果樹園（gardens）のように取り扱った。最悪の場合には、資本制企業というやぶ（bushes）を茎になるまで刈りこみ、はぎとってしまったのである★32」。

西欧近代市民社会において絶対主義的独裁者は、商工業資本家を保護することで逆に自らの富を獲得し、支配の基盤を固めたのに対し、水力社会で資本制企業は、自己成長を遂げる以前に徴税＝公的収奪の対象としか見なされないという決定的差異がそこにはあった。ここでもウィットフォーゲルが念頭においているであろうと思われるのは、ウェーバーによる近代市民社会と「アジア的」社会との比較論である。その両者のちがいは、ウィットフォーゲルにおいてもウェーバーにおいてもともに、国家権力と非政府的諸勢力との関係性の相違として説明されている。すなわち、中国の都市には政治的な特性である軍事的＝自主防衛的誓約団体が欠如しているとしたウェーバーによる指摘に重ね合わせつつ、ウィットフォーゲルは「絶対主義権力の極度に苛烈な形態」としての東洋的専制主義が、水力権力をコントロールし得る効果的な社会的抑制の欠如ゆえに形成され得たのだと考えた。後に多元的国家論の基礎となったヨーロッパにおける分封貴族、教会、職業団体などの「非政府的諸勢力」が、国家権力に対する社会的抑制作用を効果的に及ぼしていたにもかかわらず、水力社会における土地財産、宗教、ギルドのいずれもが専制権力に併存する独立の権威とはなりえず、ウェーバーのいう対抗的な「自治団体」(Gemeinde)に集約されることはなかったのである。[★33] さらにウェーバーのアジア社会論に従って、専制権力の拠って立つ社会的基礎構造を明らかにしようという試みは、次のような表現のなかにも顕著に示される。

「武装した、偏在的に組織された勢力として、水力政体は不動産の主要な領域である農村のみならず、動産の戦略的所在地である都市においても優位を占めた。その都市は政府の行政と軍事の拠点であって、手工業者と商人は重要な政治的競争者となる機会を持たなかった。彼らの職業団体は国家に直接に結びつけられる必要はなかったが、中世ヨーロッパの大部分で勃興したようなギルド的市民権力の強力かつ独立した中心地を創造することにはたしかに失敗したのである」[★34]。

ここでウィットフォーゲルは明らかに、都市において絶対的権力の介入を許すことのなかった中世ヨーロッパの勃興期(=初期)市民社会を反対概念に置いて、逆に農村ばかりでなく、都市にまで国家権力の浸透していた「アジア的」社会の脆弱さをみている。これはまさに、中国の都市には「西洋古代におけるような、自弁で武装する都市在住の軍事身分という意味での市民階級といったものは存在しなかった」がゆえに固有の政治的諸権利をもつ「自治団体」たりえなかったとしたウェーバーの議論を、もっぱらアジア的専制権力の側から言い換えたものに他ならない。[★35] ウェーバーにおいて中国の都市が軍事的、行政的に国家へ依存するとされたことの根拠も、広大な領土の自然条件にその統治の基礎を置く官僚制的「運河構築行政」（Stromverwaltung）に依存していたからだとされていた。[★36] しかしウィットフォーゲルは、こうしたウェーバーの立場をさらに一歩踏み込んで、アジア的都市の非政治性に対する究極的な原因を国家権力に結びつける以前に、非政府的社会勢力内部における権力構造の問題として扱った。すなわちウィットフォーゲルは、非政府的社会勢力という中間団体の長がそれぞれの権力で均衡を保っている場合はともかくとしても、そうでない場合にはただ抑制されない権力の累積傾向（cumulative tendency）が生じてくるという政治構造の内的メカニズムを明らかにするのである。

ウィットフォーゲルによれば、非政府的社会勢力の均衡という「外部コントロール」の喪失は、政府内の「内部バランス」という権力力学の破壊によって拍車がかけられることとなる。「この傾向は権威の各部分が多少とも均等な力をもっているあいだは、抑制されている。それは公共事業、軍隊、諜報サービス、徴税組織の長たちが組織力、情報力、強制力において多少とも均等な力をもっているならば抑制されうる。このような場合、絶対主義政体は均衡のとれた寡頭制、いわば『ポリトビューロー』（政治局）の下にあるが、そのメンバーは実際、多かれ少なかれ平等に最高権力の行使に参画することになる。しかしながら、いずれかの政府の主要部門の組織力、情報力、強制力がそのように均衡していることは、あったとしても稀である」[★37]。こうした中で、制約されない権力の累積傾向は、いよいよもって組織と意思決定の単一の独裁制的な中心へと収斂することにならざるを得ない。だからこそウィットフォーゲルは、権力構造内部における運動力学の両極端に位置づけられる二つのモメントを「絶対主義」と「独裁制」に求めつつ、「その支配が非政府的勢力によって有効にチェックされていないとき絶対主義となり、絶対主義政体の支配者がその意思決定を政府内勢力によって有効にチェックされないとき独裁者になる」と定式化したのだった。[★38]

ここでは、ロックが反専制を正当化すべく同意に基づいた抵抗権を擁護したのとは全く対照的に、政府に抵抗する合法的手段が存立し得る余地はもはやなく、ただ「反乱」（revellion）だけが全面的な破壊のリスクをおかしてはじめて行使し得る唯一の対抗権利となるにすぎない。政府に抵抗する合法的手段が欠如しているがゆえに、人は政府転覆を目指して場合によっては武器さえもとることとなるが、そうした武力行為を彼らは「自らの義挙の価値と前政権の無価値とを並列することによって正当化」するのである。[★39]こうした「反乱権」はつねに、法律的問題と道徳的問題を混同しつつ、それを主張するものの全面的破壊の危険をかけて行使されることとなる。もちろんその権利が、一般的に憲法などの法規定に組み入れられなかったことはいうまでもないが、いわゆる「易姓革命」の論理が伝統的に体制内にシステム化されていることから、われわれは中国だけはその例外と思うかもしれない。しかしながらウィットフォーゲルは、それとは全く逆に、「中国において反乱の権利が儒教の古典で定式化されていた事実は全面的権力をチェックするのにほとんど役に立たなかった」として、[★40]その「下から」の社会的なチェック機能として働いているかに見える対抗システムの本質的欠陥を見抜いていた。[★41]しかも、こうした周期的に勃発する政治的危機に際して専制権力は、ここでもその原因如何にかかわらず結局は軍事的形態をとり、即座に軍事的手段によって対応することにならざるを得ないのである。「下から」の社会的な抵抗原理が、国家的な全体価値に埋没してしまっているがゆえに、ここでも社会の自律性が本来的に機能していないという国家と社会との未分化状態における同一性原理が存在した。

3 水力社会と村落共同体

前節で見たように水力政府は、西欧近代市民社会とは根本的に異なり数々の非政府的社会勢力がその政体の諸活動を制約する政治的団体に結実することを慎重に阻止していた。実際、その軍隊徴収、徴税活動などにみられる巨大な組織力は、およそ非政府的社会勢力の欠如した水力社会においてのみ成立可能だったのであり、だからこそ既述のように国家が決定的に「社会よりも強力に」なり得たのだといえる。このことからわれわれは、こうした専制権力が地方における末端の組織や団体、さらに諸個人の隅々にまで当然降りかかってくるものとみなすかもしれない。しかしながら、たしかに水力的専制の権力は基本的に無制約的（全面的）であるとはいえ、大部分の個人や集団の生活は実際には国家によって日常的にかつ完全に管理されているわけではけっしてなく、むしろ意外なことにそこには専制権力によって全く管理されることのない権力の空白領域が存在しているのである。ウィットフォーゲルがこのコンテクストで取り上げるのも、専制権力によって全体的にコントロールされることのない、いわば第二の領域における村落共同体である。村落共同体といえば、日本では旧満州での「華北農村慣行調査」を契機に、戦中—戦後にかけて繰り広げられた論争を経て、その存在の論拠はほぼ否定しつくされたように一般に受け取られている。だが、ウェーバーにせよ、ウィットフォーゲルにせよ、彼らにとって共同体とは中国の農村社会にみられるある一定の空間的秩序、あるいはまとまりを示しているのであり、現在でもそれを問うことの意義は大きいといえる。★42

ウィットフォーゲルによれば、水力政府は「行政収益逓減の法則」(the law of diminishing administrative returns)という純財政的理由に基づいて運営されるがゆえに、生活のあらゆる分野にまでその権限を及ぼすことを差し控えることによって、権力の空白領域をその都度形成している。「行政収益逓減の法則が水力国家をして、諸個人や第二次的組織(secondary organizations)を全面的に統制しようとする試みをあきらめさせるということは、政府がそうする基本的な必要性を感じていないということの別の言い方にすぎない。もしそうでなければ、すなわち、全面的統制が専制政体の永続のために至上命令であるとすれば、支配者はその収入の全てを費やしてでも安全であることをはからねばならなかったであろう。明らかに、こうした権力システムは実行不可能なものであった★43」。つまり、ここで全面的統制の必要性を感じないというのは、言い換えれば過度の費用のかかる措置に訴える必要のない支配者にとって「正常な」条件が存在しているということに他ならず、まさにそれゆえ第二次的組織は結果的に自らの自由を得ることになった。だが、このことを逆にいえば、水力政府を脅かす不穏な動きが生じるといった異常事態には、日常的全体統制よりはコストがかからないとはいえ、非日常的集中統制というその限りで高いコストを払いつつ、あらゆる手段を用いてでもこれを封殺することが求められたことを意味している。「行政収益逓減の法則にしたがって、農業的機構国家の支配者は時々起きる蜂起の危険を冒すのであり、近代工業社会での彼らの後継者がする必要のなかったことをしなければならない。すなわち彼らは、大部分の個人や若干の第二次的組織に一定の自由を与えなければならないのである」[★44]。つまり蜂起を生じさせない状況を作り出すためには、それ相当の財政的な負担を強いられるが、そのコストを背負いきれない水力政府は、第二次的領域に一定の「自由」を与えることでその危険性を回避、あるいは軽減した。このようにウィットフォーゲルは、水力社会における代表的な第二次的組織である村落共同体の存立する領域を、純財政的基礎をもつ専制権力との空間的な相対関係として描いたのである。

ところで、ウィットフォーゲルにおいてこうした権力空白の第二の領域は、以下のようないくつかの段階を経て形成される政治的空間としてとらえられている。まずはじめに、潜在的に肥沃な完全乾燥の土地に水を供給することで恒常的農業が可能となったとき、一連の運動の出発点である「行政的創出点」がそこに生じた。ここで十分な灌漑の見通しがつくと、水力社会は公共的コントロールの国家的形態を確立する傾向を持ちはじめ、やがて経済の運営は一方的となり、計画は大胆になる。「新しい計画がますます大規模に施行され、必要であれば、庶民に対する譲歩なしにおこなわれる」[★45]。ここで水力事業が比較的わずかな追加費用で著しい追加収益が望める場合、あきらかにこれらの行政収益は逓増傾向にあり、権力の行使においてもそれに見合った際立った特徴が見られることとなる。すなわちこの段階において、「住民に対する有無を言わせぬ軍事的、警察的管理を維持しようとする水力政体の努力は、一切の独立した強制力をもった中心が破壊されるまでは、ますますそうするだけの価値のあることがわかるのである」[46]。こうした状況下では、あらゆる第二次的組織が直接的干渉を受けたり、最悪の場合には破壊されることとの方がむしろ一般的であり、独立した村落共同体が存立し得る状況とは完全に対極にあることはいうまでもない。しかしながら、こうした政治指導の水力事業は、行政費用がその収益に近づくにつれて鈍化しはじめ、両者が最終的に等しくなるとき「上昇飽和点」に到達し、水力政体もかつてのような恣意的な権力行使が通常範囲内では不可能となる。たしかにこの場合も、それ以上の拡大が追加的な行政努力を与えることで可能となり、それに比例した形で行政報酬を及ぼしうるかもしれない。しかしこの時点では、かつてのようなわずかなコストで大きな収益を望めるといった可能性はもはや残されていない。さらに水の供給、土壌、立地といった巨大な潜在力が枯渇し始めるとき「下降飽和点」に到達し、それまでの上昇運動は一転して下降運動に移行し、増大した行政コストがそれによってもたらされる収益以上に漸次上回っていく。そして最後に、この下降運動は、追加経費がいかなる追加報酬をももたらさなくなったとき、絶対的な「行政的挫折点」に至るのである。ここにおいてはじめて、水力政府の全く介入することのない専制権力の空白領域が成立することとなった。

このようにして形成された、中央政府の専制権力から相対的に自由な第二の領域において成立したのが村落共同体である。それは内容や性格が異なったにもかかわらず、一定の相対的自律性が結果的に承認されていたという点では、いずれも共通している。「これらの各種タイプの組織はその分布、構成、性格、目的において大きく相違している。しかしそれら組織には一つの共通点がある。このいずれもが専制政体により許容されていたものであることである。多くの査察的措置にもかかわらず、それらは全面的統制に服していないのである」[47]。つまり、上からの国家権力が共同体のレベルにまで降りてきたとしても、その外枠を突き破り、末端の農民諸個人にまで達することで全面的統制への服従を強制しているわけではなく、むしろ国家と共同体とは相対的に切り離されており、村落共同体はそれとしての自律的な原理と領域をもって成り立っていると考えるべきである。まさにその限りにおいては、マルクスがそうしたように、ウィットフォーゲルも自給自足的「村落共同体」とその上部に聳え立つ「専制権力」というアジアにおける共同体と国家との二元論の立場をとっていたといえるかもしれない[48]。しかしながらウィットフォーゲルは、それが西欧近代市民社会システムのように権力との対抗関係の中から獲得された「民主的制度」とは程遠く、実際には「水力世界を通じて、政府の権威と家族の権威は相互に結びついており、政治的統制手段は大部分の村落、ギルド、第二次的宗教組織に影響を及ぼしている」[49]がゆえに、本来的な意味で自律的かつ独立的であったわけではないと強調していることに注意すべきであろう。というのも、例えば伝統的中国において、家長の権威はもっぱら専制的国家権力に裏付けられており、村落の長と地方行政官の責任もまた国家に従属させられていたからである。すなわち、「家長の命令に対する不服従は政府により罰せられた。一方、その家族員が法律に背くことを阻止できない家長は、地方役人によって家長を鞭打ち、投獄することができたのである」[50]。このようにウィットフォーゲルにおいて、村落共同体は国家から相対的に自立しているとはいえ、そこでの家長の権威は国家の権威そのものと直接結びつくこととなったが、逆にこの「結びつき」こそが社会の国家への拡大をもたらしていたのだといえる。

ウィットフォーゲルはここで、基本的にはウェーバーの議論に依拠して共同体と国家との関係を家長のもつ特殊な権力機能に注目することで両者の切り結び方について考察している。ウェーバーは『儒教と道教』において、「国家装置が本来考慮に入れておかなければならなかった勢力は、村落行政の背後にいた宗族（Sippe）の長老たちであるが、彼らは場合によっては秘密裁判風な働きをし、いざこざの場合には危険な存在となる人々であった」[★51]とし、村落共同体内部における実権を常に宗族とその長老たちが握っていたことに着目していた。ウェーバーがみるところ、たしかに村落共同体の内部には、中央政府から派遣された官僚の雇った下級官吏が存在したが、事実上の権力はその背後にいた長老に握られていた。つまりここで国家は、自らの行政手段では彼らが治めきれない存在であったことを最初から考慮に入れておかねばならなかったのである。したがって中央政府当局は、伝統的な公租の引き上げやその他の改変の場合でも、村落内部で国家の官吏と対立していた名望家たちとの間である種の協定を結ぶ必要にせまられることとなった。ウェーバー曰く、「さもなければ頑強な抵抗にあうことを官吏は確認していたからである。そのさまは例えば、同様の場合に、地主や家主や雇用主など、総じて宗族の外に立つすべての『上長』がそういう目にあうことを確信していたのと同じであった」[★52]。だからこそウェーバーにおいて国家は、多くの場合村落共同体に対して「自由放任」の立場をとらざるをえなかったのであり、逆に村落共同体は、相対的自律性を維持する社会領域として描かれていたのである。

ウィットフォーゲルも、村落共同体がその財産に基礎を置くことでさらに国家から独立した存在になりつつあった中国清朝末期でさえ、大規模な村落共同体の大部分に少なくとも二人の役人、一人の村長と一人の地区保安官が存在したという歴史的事実を踏まえつつ、ウェーバー同様に国家と村落共同体との政治的結びつきを強調している。すなわち、「ふつう村民により選出される村長は、村政の管理的機能を執行し、ふつう政府に任命される保安官は抑圧的機能を執行していた。彼らはその公務――税金や公共建造物の資材の徴発、賦役奉仕の組織と指揮（『政府のための輸送……堤防での作業、帝国公道での巡回』等）、諜報活動報告書の作成――において協力した」[★53]。ここで村長の活動の一切は、制度的には国家官僚システムからは完全に外部に位置付けられているにもかかわらず、ウェーバーと同様に中央政府に結びつけられている。「村長が地区の行政官とのコミュニケーションを独占していたから、村民たちは正当な理由があってさえ、村長に対する苦情をもちだすことは困難であった。保安官は県の官吏に統制されていた。官吏たちは保安官を地方諜報工作者としての義務を怠ったという理由で『人をさんざん打ちのめす』（beaten to a jelly）こともできたのである」[★54]。だが、ウェーバーにおいて、村落共同体内部における家長と下級官吏は相互に微妙な緊張関係に置かれつつ、より間接的に国家権力と結びつけられているのに対し、ウィットフォーゲルにおいて両者はより対等に近い関係にあって、直接国家権力に結びつけられている。だからこそウィットフォーゲルは、「中華帝国の村落は征服以前のペルー、インド、大部分の近東文明よりはゆるやかに統制されていたが、それでさえ自治権は持っていなかった。選挙されたものであれ、政府に任命されたものであれ、村落の主要な役人は村民の利害よりも政府の利害に奉仕する運営システムに逃れがたく結びつけられていた」とし、村落共同体においてさえ貫徹している国家権力の第一次性を強調したのである[★55]。

しかしながら、ウィットフォーゲルにおいて、村落共同体がどの程度まで自治権をもっており、どの程度まで民主主義や自由を確保していたのかを制度的に決定するのは、ここでもまた既述の「行政収益逓減の法則」に他ならない。たしかに、現代の全体主義国家において、収容所や強制キャンプの被収容者は時折グループで集って、気ままに語りあうことも許されており、彼らの中には小さな監督的仕事を与えられることさえある。「行政収益逓減の法則によれば、こうした『自由』は十分ひきあうのである。人員を節約する一方で、それは指揮官やその護衛兵の権力をおびやかすものではないのである[56]」。だが、それがわれわれの考えるような国家権力の外的強制から免れ、法的に保障された自由に結びつけられていたかというと、けっして事態は楽観を許さない。「これらの自由は――ときには相当な程度にまでなったが――完全な自治権をついにもたらさなかった。せいぜい一種の乞食の民主主義（Beggars' Democracy）を確立しただけである[57]」。つまり、ここでいう「自由」とは、権力との対抗関係の中で獲得された西洋起源の自然権としての自由ではなく、むしろ専制国家によって許容され、与えられ、かつそれによって専制権力そのものの存在が補完されたところの「自由」である。さらにいえば、こうした表現の背後にも、やはりウェーバーの姿が見え隠れしている。すなわち、この「乞食の民主主義」論は、村落共同体内部で問題とされる「民主主義」が、「1、封建的な身分形成が廃止されたこと、2、家産官僚制的行政が粗放的であること、3、他方では家父長的宗族が破壊されることがなくて全能であったことの表現であったにすぎず、『近代的』民主主義とは全く共通項をもたないものであった」とウェーバーによって指摘されたことにそのまま対応しているのである[58]。

一方、伝統的な中国の宗族は、その家長が特に顕著な地位を法的に享受してきたがゆえに、近代の機構国家の場合のように家族員を相互に対立させるよう政治的、警察的圧力によって強制されることはなかった。ウィットフォーゲルにおいても、村落に対する政府の統制は非常に独特なものであるが、ここでもまた明確に限定されている。「村落の官吏が多くの権力をふるう場合でも、彼らの近くで生活する農民たちは共同体の日常問題について彼らの意見を出す多くの機会を持っていた。そしていったん政府の要求が満たされれば、村長とその補佐人たちは通常、上からの介入をあったにせよわずかしか受けずに、村の問題を処理することができたのである」[59]。しかも伝統的中国の村落共同体においては、その内部にいる地方官たちは官職のない村民にも近接した地位にあったので、村の名望家たちはむしろ彼らを利用し、その背後で様々な政治的活動に従事することさえ可能であった。「この官職のない仲間たちは、富裕な家族や郷紳（gentry）の家族である場合は特に、村政に大きな影響を及ぼしえるのである」[60]。まさにウィットフォーゲルは、「中央から派遣される地方官の威令のもとに整然と地方行政が遂行されていたというよりは、むしろ地方の名士たる『紳士』、『郷紳』が地方官と比肩しうる権威をもって地方社会にならびたち、地方官をも含めた彼ら威信ある人物相互の連携あるいは対立という力のバランスの中で地方政治が行われていた」（岸本美緒）[61]という事実をそこに見いだしていたのである。その意味では、こうした村落共同体内部における微妙な権力関係の存在を指摘したウィットフォーゲルの立場は、既述のような国家と村落共同体との関係を二元論的に切り離してとらえたマルクスのアジア社会論よりも、むしろ広大な領土を統治する現実的要請にもかかわらず、中国の統治が国家的財政の制約のため地方の実権掌握まで手の廻らないとした粗放的行政（extensive Verwaltung）論を基礎にして両者を相互に連関させたウェーバーのそれにより近いといえる。そもそもウィットフォーゲルの「行政収益逓減の法則」こそは、ウェーバーのいう粗放的行政の出来を、古典派経済学のターミノロジーによってより理論的かつ具体的に言い換えたものに他ならなかった。だがこのことは、ウィットフォーゲルが力のバランスで変動する国家と村落共同体との相互連関を見て取っていたことを意味するに過ぎず、両者の関係性そのものが変化する（あるいはしない）ある局面では、マルクスの二元論的な解釈の有効性を排除するものではけっしてない。

おわりに

これまで見てきたように、ウィットフォーゲルは水力社会の支配権力と水力機構との深い結びつきに注目しつつ、水運用運河の政治的必要性がこれらを建設する国家の組織力を増大させたとして、水力機構と国家権力との相互不可分の関係について論じていた。そして、当初部族や共同体といった集団内的水準を超えた空間領域における要請によって進められた水治が、次第に社会の発展とともに共同体的要請を超えて、間―共同体、間―地域といった集団外的要請に基づく周辺領域での支配へと突き進み、いわば社会が国家へと浸透、埋没していくプロセスの最後の段階で、国家全体の統治へ至るという東洋的専制主義の成立過程を描きだしていたのである。つまり国家と社会という伝統的な二分法は、ここでは社会が国家に対して自立した非政府的領域を維持できず、従属的な地位に甘んじるかすでにして編入されていたという意味で、基本的には有意性（relevancy）をもたなかったといえる。

このようにウィットフォーゲルは、水力社会が各種の管理者的機能をみたし、自らにとって死活的重要性をもった水利事業を維持し、農業の領域では大規模な準備的、防御的作業の唯一の国家的運営者として現われるというプロセスを明らかにした。しかし、その一方で彼は、水力国家は農業に基礎を置き、その国の経済の一部しか操作していない点で、現代の全体的管理国家とは基本的性格を異にしていることを指摘していた。しかも彼の東洋的専制主義論は、その全面的権力に対する効果的なチェックが存在するか否かによってその内容自体も変化しうるという意味で、きわめて相対的かつ可変的な概念を形成していた。この権力の内実は、憲法などの実定法の他、慣習や信仰などに基づく自然法、さらに最も有力には社会的勢力の内容によって少なからず制限されるという可能性が残されていたのである。

だが、その一方で水力政府は、自らの権力の存立基盤を脅かす非政府的勢力が独立した中間団体として結実しないよう断固として阻止することとなった。実際、その軍隊徴収、徴税活動などにみられる巨大な組織力は、およそ非政府的社会勢力の欠如した水力社会においてのみ成立可能だったのであり、ここでわれわれは、専制権力が地方における末端の組織や団体、さらに部族、家族、諸個人の隅々にまで直接降りかかってくるものとみなすかもしれない。だが、意外なことにそこには、専制権力によって全く管理されることのない権力の空白領域＝村落共同体が、既述の「行政収益逓減の法則」を媒介にしつつ存立していたのである。伝統的な国家と社会という二元論的な構図が成立したとすれば、それは一切のコストをかけずに統治できた平常時の、だが確実に限定された、時間と空間においてのみであったといえる。しかしながら、制度的には国家官僚システムからは完全に外部に位置付けられているとはいえ、ここでも村長の活動の一切はウェーバーと同様、やはり中央政府の監督に結びつけられていたという意味で、根本的に国家から自立的ではありえなかった。つまりウェーバーにおいて、村落共同体内部における家長と下級官吏が相互に微妙な緊張関係に置かれつつ、より間接的に国家権力と結びつけられているのに対し、ウィットフォーゲルにおいて両者は、より対等に近い立場にあって、直接国家権力に結びつけられていたのである。

尾形勇によれば、ウィットフォーゲルはマルクスに代表される国家と共同体との二元論（「遊離論」）をとっておらず、むしろモンテスキュー、ヘーゲル、ウェーバーという系譜で引き継がれた欧米の伝統的中国社会論である「家父長的家族国家観」に基づいていたという。[★62] たしかに、この「遊離論」とは、散在している個々の村落共同体の内部、および村落共同体の相互の関係である「社会」と皇帝と官人との関係である「国家」とを、それぞれ家父長制的秩序で律してはいるものの、両者の関係を「疎遠」なものとして扱っていたかもしれない。その意味において、「両者を繋ぐものは、すなわち皇帝と人民、または官人と人民との間の紐帯は、せいぜい拡大応用されたところの家父長制的観念であった」ともいえるのかもしれない。[★63] だが、マルクスについてこの典型的な「遊離論」が当てはまったのはいうまでもないにせよ、ウィットフォーゲルについても、その「行政収益逓減の法則」に裏打ちされながら、国家と村落共同体の関係が「疎遠」にも「密接」

にも扱われてきたという意味で、やはり部分的には「遊離論」をとっていたといえるであろう。たしかにウィットフォーゲルにおいて、村落共同体における家長の権威は、間―共同体という地域空間へと拡大応用されるどころか、国家のそれと直接的に結び付けられていた。だが、村落共同体に内在する国家権力は、むしろ平常時においては潜在的にのみ存在したのであり、ウェーバーの「粗放的行政」論のように権力の空白領域において相対的自律性が確保されていたという点では、後者の二元論をとっていたとも考えられる。つまりウィットフォーゲルの東洋的専制国家論は、「行政収益逓減の法則」を媒介にしつつ、マルクスの二元論（遊離論）とウェーバーの家父長的家族国家論とを、一つの政治構造においてみごとに総合しているといえるのである。したがって、ウィットフォーゲルの専制国家論を「遊離論」とは異なる「家父長的家族国家観」に分類するのは、国家と共同体との切り結び方の具体的レベルでの変数（あるいは力のバランスの均衡としての「恒常性（constants）」）を考慮に入れていないという意味で不十分である。こうしたコンテクストでいえば、ウィットフォーゲルの東洋的専制国家論とは、西洋との比較において中国伝統国家の特色を指摘する際に強調される「国家権力の強さ」という形でも、逆に「民間権力の強さ」という形でもいい表わせないものであり、むしろ行政収益逓減の法則に基づく具体的な局面によってどちらの様相をも示すものであるといえるであろう。★64

[註]

（1）Karl August Wittfogel, *Oriental Despotism : A Comparative Study of Total Power*,（以下 *OD* と略記）Yale University Press, New Haven, 1957, p.1. 湯浅赳男訳『オリエンタル・デスポティズム』（新評論、一九九一年）、一九頁。

（2）*Ibid.*, pp. 2-3. 同二一頁。

（3）*Ibid.*, p. 1. 同一九頁。

（4）*Ibid.*, pp. 5-6. 同二四―二五頁。

（5）*Ibid.*, p. 6. 同二五頁。

（6）*Ibid.*, p.101. 同一三九頁。

（7）*Ibid.*, p.2. 同二一頁。

（8）*Ibid.*, p.22. 同四六頁以下を参照。このうち労働の組織的配分としての「分業」は『東洋的専制主義』（一九五三年）においてはじめて提出された概念とみられるが、労働のもつ統合的機能である「集約」と「協業」についてウィットフォーゲルはすでに、『中国の経済と社会』（一九三一年）において若干の考察を試みている。まず「集約」とは、まさに「労働集約化」のことをさし、その労働形態の本質は「一定面積の土地に対し、高度の生身の、およそ死せる労働が作用することにある」（K.A. Wittfogel, *Wirtschaft und Gesellschaft Chinas, Erster Teil, Produktivkräfte, Produktion- und Zirkulationsprozess*, Leipzig, 1931, S.340. 平野義太郎監訳『解体過程にある中国の経済と社会（上）』、三五六頁）。さらに、中国の貧弱経営もまた、ヨーロッパの粗放的農業から根本的に区別され、しかもアジアにおける諸灌漑経営からも全く特殊な集約的諸要因のために、さらに一段と顕著な一つの農業労働様式が存立しているとされる。これに対し「協業」とは、『資本論』におけるマルクスによる労働過程での六つの「空間的に連動した対象」、すなわち土地の干拓、築堤、灌漑工事、運河の開鑿、道路、鉄道工事という労働客体を必要とする労働形態である。「マルクスが引用した六つの協業を必要としている労働客体のうち、鉄道工事だけが、中国の『アジア的』時代には、未だ現実的でなかったのであって、他のすべての五つの任務の範囲は、中国の経済的発展において重要な役割を演じ、治水工事と全体的に連関しているところの最初の四つの任務は、決定的な役割をすら演じてきたのである」(*Ibid.*, S. 126, 同一三六―七頁)。こうした「計画的に協力する大衆労働」によってのみ、中国社会はその治水流域における農業労働過程の基礎を作ることができたとウィットフォーゲルはいう。

(9) *OD*, p.23. 前掲『オリエンタル・デスポティズム』、四六頁。
(10) *Ibid.* 同四七頁。
(11) 水と権力との関係については、本書第1章を参照。
(12) *Ibid.* 同四八頁。
(13) *Ibid.*, p.3. 同二一頁。
(14) これら各地の具体例については、同四六頁(*OD*, p.22)以下、第二章「水力経済――管理者的で政治的な経済」を参照。
(15) *Ibid.*, p.27. 同五一―五二頁。
(16) *Ibid.*, p.33. 同五七―五八頁。
(17) *Ibid.*, p.47. 同七一頁。
(18) こうした産業振興の基盤としての治水事業を重んじるウィットフォーゲルの基本的視点は、『東洋的専制主義』においてはじめて提出されたわけではなく、すでに前掲『中国の経済と社会』において農業生産の関与機関としての国家との関係で、しかもきわめて柔軟に示されている。すなわち中国東北地方では、水の統制・調節がその防御工事を前提にしてはじめて可能となり、また北部・中部および南部地方では、治水こそが人口灌漑の形態において集約的工作を可能とした。「この水の統制・調節なるものが、その完成のためには大規模の労働を必要とし、その大規模の労働が、大部分、地方および村落の能力の限界を遥かに――最低生産単位としての農家の能力がもつ限界は全然論究しない――超えるのである」（K.A. Wittfogel, *Wirtschaft und Gesellschaft Chinas*, S. 410. 前掲『解体過程にある中国の経済と社会（下）』、三頁）。だからといって、全ての水利工事が必ずしも超地方的な力の干渉を必要としたわけではないことは、運河灌漑の完成を阻止する要因ともなりうる井戸の存在に着目したときに明らかとなる。例えば今世紀はじめのインドにおける国家的設備による灌漑地がわずか四二・二%にとどまったのは、人々の多くが灌水を井戸からとっていたためであり、黄土の泥土によってしばしば水流の塞がれる中国北部において灌漑が発達しなかったのも、一つには井戸の持つ役割がきわめて重要なものであったからに他ならない。とはいえこれらのことは、村落の能力の限界を越えるところで水利工事が必要とされる既述の大前提を覆すものではない。むしろウィットフォーゲルは、インドで実証的に示された運河灌漑の促進を阻止する要因を確認することが、以下の三つの理由により重要であるという。すなわち、「第一に、その時々の自然的基礎に対する水利工事の形式の従属を最も明白に認識せしめ、したがって中国の水利工事状態の観察者に、その質疑に対する基準を与えるから。第二には、現出する特殊性（かかるものとしての比較のみが認識せしめるところの）が、科学的研究者に対して、軽率な一般化をしないように警告するから。第三には、しかしながらまたインドの例は、たとえ個人的の水利事業形式の著しい出現があっても、それは、大規模の灌漑ならびに排水に基礎をおく農業社会の『アジア的』特性を揚棄しないことを示すからである」(*Ibid*., S. 415. 前掲書、七頁)。このようにウィットフォーゲルは、しばしば地理的決定論と批判される自らの水力社会論を展開するにあたり、専制主義の基礎をなす超地域的な水利工事が中国全体で繰り広げられているといった安易な一般化をインドとの比較によって避けながらも、その灌漑中心的な南部によって代表される中国全般として見た場合にはなおも「アジア的特性」として現われざるをえないことを、治水と専制権力形成との相互関係において描きだしていた。まさにウルメンが指摘したように、「彼(ウィットフォーゲル――引用者)がいったのは、灌漑はある中心的地域において支配的であり、生産のための大規模公共工事に対するコントロールによって得た権力ゆえに、管制当局がこれらの地域をはるかに越えて、軍事的かつ政治的コントロールを拡張することができた、ということなのである」(G.L.Ulmen, *The Science of Society: Towards an Understanding of the Life and Work of Karl August Wittfogel*, Mouton; The Hague, 1978, p.299)。このことはまた、『中国経済史の基礎と段階』(一九三五年)と題されたウィットフォーゲルの論考において、「中国という国家の揚子江流域における発展は、新しい規模の公共工事を企てる事を余儀なくさせた。揚子江沿岸に位置する広大な米作地域は、治水工事における非常に大規模な国家の活動を必要とした。大平原に建設された巨大な運河は、単に農業生産に役立ったのみならず、拡大された生産地域の全ての重要な中心である官僚国家によって、経済的及び軍事的、即ち政治的な支配を助けたのである」(K.A. Wittfogel, "The Foundations and Stages of Chinese Economic History," *Zeitschrift für Sozialforschung*, vol.4, no. 1, 1935, p.51)と整理されていることからも確認できるであろう。その限りにおいて、中国東北部が灌漑農法に依存していないことを根拠にしつつ、村松祐次が「よく知られているウィットフォーゲルの『水の理論』なども、中国現存の事態と考え合わせると、甚だ疑うべきだと思われる」（村松祐次『中国経済の社会態制』、東洋経済新報社、一九七五年、三九頁）としたのは、ウィットフォーゲルに対する理解不足によるものといわねばなるまい。村松はここで、「少なくとも現在の事態について見れば、華北の黄土（それについてこそリヒトホーフェンやワグナーの土壌誌的研究を援用して、ウィットフォーゲルが水の限界生産因子としての重要性、したがって灌漑の大規模な敢行の『必然性』——実は単に可能性——を強調する黄土）地帯は、菜園等の場合を除けば一般に灌漑せられない麦―粟、もしくは麦―高粱というような、乾燥に耐える作物の輪作せられる畑作地帯である。中国の農民が水の不充分な華北の自然条件に適応するために取った処置は、灌漑農法の細緻化によるものであって、決して黄土平原に灌漑網を形成することでなかったことだけは、明らかなように思われる」（同）としている。しかしながら、既述のように井戸の存在に着目していたウィットフォーゲルは、インドとの実証的比較研究において村松が指摘するような中国東北の特殊事情を十分認識しており、だからこそ水利社会の根拠とする灌漑が全国的に繰り広げられているといった単純な一般化を自ら戒めていたといえる。さらにいえば、自然的条件が要請する「必然性」として灌漑の重要性を主張したとされているワグナー（およびそのよって立つリヒトホーフェン）の地政学についても、ウィットフォーゲルは「粗雑な地理的唯物論」として批判していたことを想起すべきであろう。

(19) ロジェ・ガロディ、野原四郎訳『現代中国とマルクス主義』（大修館書店、一九七〇年）、一九頁。

(20) *OD*, p.48. 前掲『オリエンタル・デスポティズム』、七三頁。

(21) バーナード・クリック、小林昭三、石田光義訳『政府論の歴史とモデル』（早稲田大学出版部、一九七七年)、五〇頁。
(22) 本田喜代治編訳『アジア的生産様式の問題』(岩波書店、一九六七年)、九頁。
(23) *OD*, p.101. 前掲『オリエンタル・デスポティズム』、一三九頁。
(24) *Ibid.*, p.106. 同一四四頁。
(25) *Ibid.* 同一四五頁。
(26) ウェーバーは『儒教と道教』において、「中国およびすべてのオリエントの都市形態は古代的意味における『ポリス』ではなかったし、また西欧中世のように『都市法』を知っていなかった。というのも、それは固有の政治的諸権利をもつ『自治団体』ではなかったからである。西洋古代におけるような、自弁で武装する都市在住の軍事身分にという意味での市民階級といったものは、これまで存在したことがなかった」としている(Max Weber, *Gesammelte Aufsätze zur Religionssoziologie* ——以下 *GAzRS* と略記—— 1, Tübingen: J.C.B. Mohr, 1920, S.291. 木全徳雄訳『儒教と道教』、創文社、一九八四年、一八頁)。もっともウィットフォーゲルによれば、こうしたアジアとヨーロッパにおける諸都市の性質の根本的相違に関する指摘は、ウェーバー独自の業績であるというより、むしろ「マルクスの竊かなる援用に負う」ものである(新島繁訳『市民社会史』叢文閣、一九三六年、二七七頁)。
(27) *OD*, p.49. 前掲『オリエンタル・デスポティズム』、七八頁。
(28) Karl August Wittfogel, "Die Theorie der orientalischen Gesellschaft," *Zeitschrift fur Sozialforschung*, 1938, VII: S. 105. 平野義太郎監訳『東洋的社会の理論』(原書房、一九七六年、二八頁)。ちなみに、このウィットフォーゲルの議論に基づいて、生産主体の領域を公圏と私圏と分けて国家権力との関係を分析したのが松本善海である(「旧中国国家特質論への反省」〈初出『東洋文化研究』一九四九年一〇号〉、

『アジアの変革（下）』、校倉書房、一九八〇年所収、一八―一九頁)。
(29) *Ibid*., p.50. 同七九頁。
(30) *Ibid*. 同八〇頁。
(31) このようにウィットフォーゲルにおいて徴発は、基本的には収取の下位概念の一つとしてとらえられているものの、後者が政府歳入を得るための手段として利用される点で経済的であるのに対し、前者が暴力的な強制力を伴う手段として機能している点で政治的であるという微妙な質的差異を内包している。例えば彼は、前掲『中国の経済と社会』において、こうした政治権力と経済、さらに徴発との関係を、古代における徴発と清朝末期におけるそれとの実例の比較で考察する際にも、その政治的な権力要因が経済的根拠を持つものとして描いている。すなわち、万里の長城の築造に七〇万人の労働が使われたとされたり、『北史』では煬帝が国民的規模での賦役徴収に七〇〇万人という数の労働力を徴発したとされたのに対し、一八九〇年一〇月の『北京新報』では、清朝末期の一八七二年春、黄河で繰り広げられた運河開削で政府は、二〇日間で六千人の労働者を徴発したと伝えられている。後者の数が前者に比べ不自然なほど少ないことから人は、古代の事業も実はこの程度の小規模であったのに故意に誇張されたか、あるいは昨今の治水工事がかつてのような経済的な意義を失ったのだとみなすかもしれない。だが、ウィットフォーゲルによれば、それらはいずれも誤りである。「清朝の没落の最も重要な表徴の一つは、清朝がもはや、その政府のなすべき（労働力の徴発という――引用者）任務の経済的部分を、たとえ僅かばかりなりとも履行することができない状態にあったということであった」(K.A. Wittfogel, *Wirtschaft und Gesellschaft Chinas*, S. 129. 前掲『中国の経済と社会（上）』、一三九頁)。つまり、ここでもウィットフォーゲルは、かつてマルクスがそうしたのと同様に、純粋に政治概念ととらえられがちな収取としての徴発行動でさえ、究極的には経済的基礎に立ち返りつつ、「同じコインの表裏」として描きだしているのである。

（32）*OD.*, p.78. 前掲『オリエンタル・デスポティズム』、一〇九頁。

（33）ウィットフォーゲルは都市の東西比較論について、基本的にはウェーバーの議論を踏襲しているが、「中国経済史の諸問題」（"Probleme der chinesichen Wirtschaftsgeschichte," *Archiv für Sozialwissenschaft und Sozialpolitik*, vol. 58, no. 2, 1927）においては例外的に、中国古代封建制の時代にヨーロッパのそれに近い性質を都市に見いだしている。すなわち、李炳華著『中国経済史』に対する批判の中で、ウィットフォーゲルは次のようにいう。「吾々は支那に於いて、封建貴族が自己の諸都市を所有し、それの助力を得て中央政権に対する独立的政策を行おうとするのを見出すのであるが、それは明らかにヨーロッパ中世の社会発達の早期形態に似通っているのである。例えば、書経の中には大高官羲及び和（夏朝）が、君主に抗って、彼等の都市に引退し、軍事的強制を受けなければならなかったということが報ぜられて居り、また同じ典拠から、諸都市に対する中央政権の断固たる処置について聞き、〈夏の国王は……夏の諸都市を抑圧した〉。最後に、孔子や孟子の時代にも絶えず、諸都市を奪取しようとしているこれらの貴族等が登場しているのを見る時、どうしてもそれにはそれだけの一定した背景とそれだけの明らかな社会的意義とがなければならない筈である」（前掲『支那経済史』、四七—四八頁）。ウィットフォーゲルはこのように述べ、古代封建都市がヨーロッパ中世の都市に近い性格を帯びていたことを指摘している。とはいえ、ここでウィットフォーゲルは、こうした自立した「封建貴族」の存在を裏付ける「一定した背景」とそのしかるべき「社会的意義」を示唆するにとどめ、歴史的事実として西欧近代的な「都市ゲマインデ」が存在したのかどうかについては触れていない。しかしながら、ここではさしあたり、近代資本主義の萌芽が中国にも存在したが、市民階級がけっして完全な形で発展することはなかったとしたウェーバーの議論（*GAzRS* 1, S.390.『儒教と道教』、一七二頁）と同じ事態をウィットフォーゲルが見ていたことまでは確認できるであろう。

（34）*OD*, p.85. 前掲『オリエンタル・デスポティズム』、一一八頁。ちなみに、前掲『中国の経済と社会』においてウィットフォーゲルは、こうした中国のギルドが政治的権力を欠いていたことの「政治的」原因をやはり経済的基礎に求めている。彼によれば、ヨーロッパのギルドとは異なり中国のそれが政治的権力を欠いていたことは、中国の都市ブルジョアジーの、全く特殊の政治的脆弱さの中に現われているところの「アジア的」生産様式（"asiatischen" Produktionsweise）の特性である。「たとえ中国の官人専制支配の国家の役人たちには、商人の同業組合および手工業者の同職組合を非常に顧慮してはいたが――西洋における同様な諸組織が、大多数の場合、長かれ短かれある一定の期間獲得することができたような公然たる法律的地歩を、中国の手工業者たちや商人らは獲得することができなかった」（*Wirtschaft und Gesellschaft Chinas*, S.510. 同、下九九頁）。つまり、こうしたアジア的生産様式という地域的―経済的特性ゆえに、中国のギルドが政治的諸権利をもつ独立した自治団体たり得えなかったというのである。

（35）Max Weber, *GAzRS* 1, S. 291. 前掲『儒教と道教』、一八頁。

（36）*Ibid.*, S. 294. 同一二一頁。

（37）*OD*, p.106. 前掲『オリエンタル・デスポティズム』、一四五頁。

（38）*Ibid.*, p.106. 同一四四頁。

（39）*Ibid.*, p.103. 同一四一頁。

（40） *Ibid.* 同一四二頁。

（41） これと同じことはウェーバーにおいても議論されている。すなわちウェーバーは、支配者といえども権力の伝統的な制限を無視した場合、この伝統の名において起きる革命を「伝統主義的革命」（Traditionalistische Revolution）と呼んで、通常の「下から」の構造的な体制変革につながる革命概念とは区別している。ウェーバーによれば、「この抵抗はそれが生じるとき、権力の伝統的な制限を無視した支配者（またはしもべ）の人に向けられるのであり、体制そのものに向けられるのではない」（*GAzRS* 1, S. 131-2. 前掲『儒教と道教』、三四頁）のであり、つまり旧い上部構造が新しい上部構造に取って替わることを意味するに過ぎなかった。まさにこれこそは、中国における歴代の易姓革命がその名とは裏腹に、ついに「革命なき革命」に終わったと指摘されるゆえんである（根本誠『専制社会における抵抗精神』、創元社、一九五二年、二四二頁）。

（42） 中国村落共同体論争については、ここでその詳細に立ち入る余裕はないが（さしあたり、旗田巍『中国村落と共同体理論』、岩波書店、一九七三年、第三章「中国村落の研究方法」を参照）、現在でも問題が全て解決したわけでないことは、以下のような古島和雄の言葉に代表的に示されている通りである。すなわち、「かつて、わが国の学界では、旧中国社会における村落共同体的性格の根強い残存と、そこにあらわれる村落社会の閉鎖性に、中国社会の特徴を認めようとする見解が強い影響力をもっていた。戦前から戦後にかけての多くの研究の成果は、中国農村の共同体的性格の把握の問題にたいして、実証的な研究調査の諸資料をふまえて、戦前の一時期に提起された、この共同体論の論拠を、ほとんど否定し去ったわけであるが、しかし、他面では否定し去るわけにはいかないこのような村の結合の強固さという現象を含めて、これをどう統一的に把握すべきかという点については、なお、改めて検討を加える必要があるように思われる」（古島和雄「旧中国における土地所有とその性格」、『中国革命の展開』、アジア経済研究所、一九七二年所収）。この古島の観点は、いまもなお中国農村社会論の指針たるを失っておらず、今日われわれがウィットフォーゲルの議論からなおも学び取れるなにかがあるとすれば、まさにこの意味においてである。

（43） *OD*, pp.112-3. 前掲『オリエンタル・デスポティズム』、一五二頁。

（44） *Ibid.*, p.113. 同一五三頁。

（45） *Ibid.*, p.109. 同一四八―九頁。

（46） *Ibid.*, p.111. 同一五〇―一頁。

（47） *Ibid.*, p.116. 同一五六頁。

（48） たしかにウィットフォーゲルは、マルクスの「インドにおけるイギリスの支配」（一八五三年）における論述にほぼそのまま依拠しつつ、次のように述べている。「われわれがその経済的背景を明らかにした東洋的社会の諸動乱は、この社会を超脱することはない。というのも、『公共諸事業』を中枢とする国家秩序は、市民及び農民をして新たなる一社会秩序に突進させられないからである。最初は主として、又、後代になってもなお部分的に、農村経済的な生産形態、すなわち小農民経営と家内工業との緊密なる結合は、一方において都市からの村落の比較的な孤立封鎖性を増進し、他方では、全体としての組織に対して一つの堅固なる経済的な背面援護を与える。それ故に、アジア的諸社会は、外部から物理的に圧し潰されないかぎり、一切の循環的なる崩壊にも拘わらず、途方もなく最大の荒廃の後に原理において再建され得たのである。一つの進歩するのでなく再生産される社会、すなわち一つの停滞的な社会の古典的タイプが作り出されたのである」（"Die Theorie der orientalischen

Gesellschaft," *Zeitschrift fur Sozialforschung*, 1938, VII: S.118. 前掲『東洋的社会の理論』、四八頁)。
(49) *OD*, p.116. 前掲『オリエンタル・デスポティズム』、一五六頁。
(50) *Ibid*. 同。
(51) *GAzRS* 1, S. 384. 前掲『儒教と道教』、一六三頁。
(52) *Ibid*., S. 385. 同一六五頁。
(53) *OD*, p.119. 同一五九頁。
(54) *Ibid*., p.119. 同一五九頁。
(55) *Ibid*., p.120. 同一六〇頁。
(56) *Ibid*., p.126. 同一六六頁。
(57) *Ibid*. 同。
(58) *GAzRS* 1, S. 386. 前掲『儒教と道教』、一六六頁。
(59) *OD*, p.123. 前掲『オリエンタル・デスポティズム』、一六三頁。
(60) *Ibid*. 同。
(61) 岸本美緒、「明清時代の郷紳」、小谷汪之他、シリーズ世界史への問い、第七巻『権威と権力』(岩波書店、一九九〇年所収)、四一頁。
(62) 尾形勇『中国古代の「家」と国家』(岩波書店、一九九一年)、一四頁。尾形がウィットフォーゲルの立場を「家父長的家族国家観」としている根拠は、ウィットフォーゲルの以下のようないくつかの論述にある。「農民家族の権威編成の中では、支那の社会秩序は計画的に評価がなし遂げられ政治的倫理の原理にまで高められた。世界中何処にも、妻と子供を、父と年長の家族成員の権威の下に完全に従属せしむるための教育が、孔夫子の支那におけるほどそれ程徹底した・分化した形体をとったところはなかった」（前掲『東洋的社会の理論』、一八二頁）。「家族は公的制度たるに高められた。家族権威の把持者は道徳的および宗教的に正当と認められた官職担当者たるの特権を得た」（同一八七頁）のであり、また「領主と臣下の如き政治的主従関係、並びに朋友と朋友との関係との如き最も重要な非家族的私的関係も、それ（家族的権威関係――引用者）から導き出せる」。「かれ（中国の工匠――引用者）は親方家族の家父長制（**Partriarchalismus**）の中に引き入れられる。……蓋し、専制主義的支那の立法は、外ならぬ家父長に、かれの家族に対する強大な絶対権力を与えているからである」（前掲『解体過程にある中国の経済と社会（下）』、一九〇―一九一頁）。たしかにこれらの記述には、いわゆる「家族的国家観」に共通してみられる私的なもの（私圏）の公的なもの（公圏）への発展、つまり家族内の私的関係が国家という公的な政治的諸関係へと拡大される過程が描かれているという意味で、ウィットフォーゲルを「家父長的家族国家観」の系譜に位置付けること自体は正しい。

(63) 前掲『中国古代の「家」と国家』、二二一頁。

(64) こうした中国の伝統国家における権力構造の二面性については、岸本美緒によっても同じ指摘がなされている（前掲『権威と権力』、五八頁）。

第3章●――東洋的専制主義の位相

はじめに

メルヴィン・リクター（Melvin Richter）は、その論考『専制政治』（Despotism）においてデスポティズムの概念的変遷を考察する際、古代ギリシャから中世、そしてボダンを嚆矢とする一六、一七世紀をへて、ピークを迎えた一七、一八世紀フランス、そしてヘーゲルとマルクス、さらにトクヴィルへと至る一連の思想史としてそれを描き出した。[★1] しかし奇妙なことに、現代において専制主義を論じたほとんど唯一の社会科学者であるK・A・ウィットフォーゲルについて、リクターはその主著『東洋的専制主義』（一九五七年）を参考文献として挙げるだけにとどめ、いっさい本論での言及を避けている。これはいったい何を意味するのか。もちろん「東洋的専制主義」という概念とは、けっしてウィットフォーゲルの独創や逸脱であったわけでなければ、彼によってこの概念史そのものが不当に歪められたというわけでもあるまい。むしろその概念は、アリストテレスとモンテスキューによって代表されるように、本来的にアジアという地理的・空間的限定の下で語られてきたという意味では、政治政体をめぐる根本概念の一つとして政治学の歴史とともに古い定式であったとすらいえる。[★2]ウィットフォーゲル自身もこの概念史を踏まえつつ、現代政治社会の統治概念の一つとして再構成していることはいうまでもない。

そもそもアリストテレスは、バルバロイに対するヘラスの支配を正当化するために、アジアの諸国すべてを自由によらない政体とみなしていた。北ヨーロッパの人々は気概に富み自由を維持することに長けているが、それとは逆にアジアの人民は、知能を働かせ技術を工夫する精神を持っているが、気概を欠き、専制君主に支配され、隷従の生活を送っている。[★3]ここでアジアの専制は自然そのものに根ざしており、いわば自然が人々に与えた運命にも合致しているとされた。しかしアリストテレスはその一方で、アジア的専制政治が力にではなく、暗黙の同意に基づいており、それゆえモンテスキューのように恐怖がその動機としての力になるとする立場をとらなかった。[★4]専制政治は、王の専断的意志の単なる主張というよりも、王による現行法の遵守にもとづく立憲君主政の一形態なのである。したがって、リベラル・デモクラシーというコンテクストで見た場合、こうしたアジアの専制主義は同意に基づいている限りで多かれ少なかれ民主的であるといえ、仮にそれが自由の対立物であったとしてもデモクラシーの対立物ではないことになる。

アリストテレスにおいてアジアの専制政治は、支配者の判断にしたがって専断的に統治される故に、僭主政（tyranny）の性質を兼ね備えているものとしてとらえられた。[★5]やがて唯一者がその意志と気紛れによって統治することであるとしたモンテスキューによる定式化を経るなかで、専制政治が暴政（tyranny）に代わり、支配者による権力の例外的濫用とは区別されるようになると、専制政治という言葉は暴政という言葉と融合することとなった。[★6] そしてその統治原理は、名誉（君主政体）や徳性（共和政体）でなく、君主の常に振りあげた拳固としての恐怖であるとされたのである。だが、近代社会論のコンテクストにおいて専制権力について考察したトクヴィルは、フランス革命以降の民主的社会を理解するに際しては、これらのいずれの概念でも十分に表せないとして、多数者による「専制政治」と「暴政」という二つの言葉を互換的に用いるに至る。[★7] しかも、トクヴィルがそのことを多数の全能に対する防壁としての宗教との関係で論じる際、もはやアリストテレスやモンテスキューのような地理的な経験として自らの理論を根拠付けようとする積極的な姿勢はそこには見られない。こうしたことからウィットフォーゲルは、トクヴィルによって東洋的専制政治という不変性（unchangeability）が取り扱われる際に、この現象に関する宗教的解釈もモンテスキューの政治社会的解釈もどちらも正当に評価されていないと批判する。

「彼（トクヴィル――引用者）は、宗教的かつ世俗的な民主主義の条件に関する自分の観点を試す際に、わざわざ自らの宗教的テーゼを経験的に試そうとまではしなかった。しかも彼は、モンテスキューがなぜ東洋的専制政治の自己永続性を説明できたのかについての政治社会的理由を、読者に知らせるという労も取らなかったのである。全体権力という自己永続的システム（アリストテレスの『専制政治（despotism）』）と全体権力の一時的なシステム（アリストテレスの『僭主政（tyrannies）』）との間の差異に対して関心を払いそこねたために、彼はこれらの用語を混同し、そこに横たわる制度的多様性を覆い隠してしまったのである。マキアヴェリ、ボダン、モンテスキュー、さらにはそれに続くイギリスの古典派経済学者（とりわけスミス）やドイツの古典哲学者（とりわけヘーゲル）らによって作り上げられたアジア的社会という古典的概念に無関心であったがゆえに、トクヴィルは自由と民主主義との間の究極的二者択一についての洞察に、マルクスのロシアに対するアジア的な解釈やレーニンのロシア革命に対する解釈の意味をその追随者に知らしめるうえでの具体的な像を与えなかったのである」★8。

ウィットフォーゲルが東洋的専制主義について論じる際、そこで課題としていることの一つはここでいう「制度的な多様性」の明示化であり、それが「東洋的社会」の内在的分析を通してはじめて可能になることは彼にとって自明のことであった。したがって、ウィットフォーゲルのみるところ、その作業を推し進めた直近の先行社会科学者とは、「理論と実践」の実例としてアジアに立ち向かったマルクスであり、「当為と存在との緊張」においてそれと格闘したウェーバーであっても、アジアに無関心のまま「徳性」と「名誉」を媒介とした反専制のリベラリズムへ回帰することでヨーロッパ社会を擁護していったトクヴィルではない。つまり、ここではリベラル・デモクラシーの評価をめぐって、「自由の反対物」とされたそれまでの伝統的専制の概念が、イギリスによるインドの支配を背景にしつつ、スミスからR・ジョーンズ、H・メイン、そしてマルクスへと至る過程で形成されたアジア的生産様式とアジア的専制主義という「停滞論」に関する対概念を経由して、「進歩の反対物」としての専制というもう一つの座標軸に分岐したのである★9。ウィットフォーゲルはまさにこの二つの概念的枠組みの狭間で、マルクスとウェーバーによる相互に交差するアジア社会論を自らの社会科学的言説構成の基本的な導きの糸としつつ、マルクスが一九世紀に置き去りにし、ウェーバーが二〇世紀の初頭に置き去りにしていったところから研究に取りかかった。しかもその際ウィットフォーゲルは、ウェーバーの経験しなかった全体主義という二〇世紀の問題を専制主義との密接な関係において論じたが、それは彼にとって東洋的専制主義の研究そのものが、「専制的な類型としての共産主義的全体主義の解釈を確立する試み」[★10]であったからに他ならない。

したがって本章では、自然―社会観という社会哲学にはじまり、東洋的専制主義という政治経済学へと至るウィットフォーゲルの理論形成と展開について、おもに主著『東洋的専制主義』に内在しつつ、とりわけ中国という具体的経験に即した政治社会論を中心にその論理構成をたどり、専制主義の位相を「アジア的」リベラル・デモクラシーという枠組みの中で考察することにしたい。

1　東洋的専制主義の自然的基礎

(1) 自然と社会

ウィットフォーゲルが政治・社会と自然との関連について明確な形で論じたのは、その論考「風土政治学・地理的唯物論並びにマルクス主義」（一九二九年）においてである。当時ドイツでは、社会民主主義者グラーフ（Gg.F.Graf）らを中心に「地理的政治論」や「風土政治学」が、土地と文化発展との関係を軽視したマルクス主義の欠陥を補うという名目で盛んに論じられていた。これに対しウィットフォーゲルは、そうした政治過程の土地への被拘束性という「不正確」で「非弁証法的な」固定性に基づいた議論において、地理的要素が「直接」政治的生活圏に作用するのではなくただ「媒介」されて作用することを見落としたと厳しく批判した。こうした「風土政治学」の基本的な欠陥を乗り越える方法論こそ、人間と自然とが社会形態のあらゆる変動における社会的生産の発展に伴う実質的生活過程の究極的な根本因子として働くマルクス主義に他ならない。「マルクス主義的見解においてはじめて社会生活はその真実の基礎・物質的生産の仕方にまで還元される。かくしてこそはじめて自然の――人間に対する経済的歴史的意義が問題になるかぎりの――本質把握的分析が可能になる。マルクスにおいては自然は本質的にすなわち物質的生産との連関において把握されている。[★11]たしかに人間は自己の歴史を創るのだが、それは自己の選んだ状態の下でなく、あくまでも彼に見いだされた一定の客観的状態の下においてのみである。つまりそこには、「人間の活動力は動因であり、自然はその実際的構造によってこの活動力に一定の方向を示す客観的基礎である」という歴史貫通的な基本構造がいつも存在しているのである。[★12]したがって、こうした条件下で変革が可能であるとすれば、それは自然が社会的生産力の増大を許容する場合のみであり、それ以外の場合にはむしろ、人間の労働では統御しがたい自然関係が先立ち、自然に制約された生産力によって、灌漑地域の諸種の農業形態とそれに見合った政治的生活形態にとどまるのが常であった。例えばエジプトと中国では、集中された水利灌漑の大きな役割がその国土の孤立ゆえに軍国的封建的任務にとって本質的でなく、文官と僧侶からなる官僚をその支配階級とする比較的純粋なアジア的専制の形式が生じた。ウィットフォーゲルにとってそれはまさに、灌漑地域における様々な農業生産様式という経済的な土台に対応した上部構造としての政治形態なのであった。★13

(2)「第二の自然」の発見

自然と社会をめぐるウィットフォーゲルの基本的立場は、主著『東洋的専制主義』(一九五七年)においても、かつてのままの形で引き継がれていく。ここでも自然は、人間によって働きかけられる対象であると同時に、それが許容する生産力を媒介に社会を一定方向へと向わせるよう人間に働きかける客観的基礎である。人間の自然に対する働きかけは、たしかに不断に自然を転形し、新しい生産力を現実化しているが、同時に自然的背景の相違が人間の新しい形態の技術・生活・社会管理の発展を基礎づけている。こうしたプロセスのなかで、「自然は新しい機能を獲得し、それはまた徐々に新しい外観をとってゆくのである」。★14 しかしながら、それが果たして新しい水準の活動に達しうるかどうか、あるいは達したとしてもどこへ導くのかといった変革の可能性は、第一には制度的秩序、第二には人間活動の究極的対象、すなわち「人間が獲得しうる物理的、化学的、生物的世界」のそれぞれに依存している。★15 つまりウィットフォーゲルは、一方で固定的な所与以上の、人間の働きかけによって変形されうる対象として自然を見ると同時に、他方で労働過程の変化が如何なる方向に行なわれ得るかを方向づける客観的基礎としても自然を見ており、ここでも社会に対する自然の第一次性を強調していたのである。ただしここでは、もはや自然そのものよりも、ある条件下で獲得された制度的、文化的側面の重要性が強調されるようになっている。このことは、ウィットフォーゲルがもはやありのままの自然の概念を離れて、人間がそれに働きかけることですでに獲得された制度、さらには「自然の転形」を経たことではじめて人間の獲得しうる対象となった物理的、化学的、生物的世界、つまり作為によって自然そのものの内側に創出されたもう一つの自然、すなわち「第二の自然」を問題にしはじめているといえる。たしかに人間は、ある技術的条件の下で自然そのものに働きかけることによって自らのコントロール下に置くことのできる「第二の自然」を獲得できるかもしれない。しかしながらウィットフォーゲルにおいて、いくつかの弾力的な自然的要因は操作したり必要に応じて変化させることが可能であるとしても、他のいくつかの自然的要因は依然としてその社会的発展段階における技術的条件の及ばない人間のコントロールの外側にあるがゆえに、停滞論とは区別されつつも、恒常的なもの（constants）とみなされた。★16

(3) 水力と権力

こうした中で、もう一つの自然的必要条件である水は、他の自然の景観とは異なり、特殊な性質をもっていることにわれわれは気づく。水は大部分の作物よりも重たいが、より便利に制御することができる。水は重力に則しつつ、自動的にその環境の近付き得る最も低いところに流れ込むという意味で、「与えられた農業景観のうちで、すぐれた自然的変数（natural variable）である」★17。しかし如何に可変的であるとはいえ、水が欠乏している景観のなかでその巨大な集積を試みようとしたとき、人は大きな困難に直面した。これに対し、現在の状況と変更後の状況から得られる双方の利益を比較考量した結果十分なメリットがあり、なおかつ自然的かつ技術的条件も許していると見積もられた場合、人はその巨大な水の利用を敢えて試みることとなる。

　このように、乾燥していても潜在的に肥沃である土地を恒久的にかつ収益のあるように耕作することを欲したとき、人は水の確実な供給を確保しなければならなくなった。たしかに、古代メソポタミア、エジプト、インド、南アメリカ、中国、いずれも乾燥地帯を含む地域であるが、だからといって、これらの地域で水の必要性が新たな自然的機会を利用するように一律に強制するわけではけっしてない。むしろ、湿潤地帯との農業技術の伝播や相互作用によって具体的状況が異なってくるという意味で、「状況は開かれており、灌漑農業的コースはいくつかの可能な選択の一つにすぎなかった」のである。[★18] たしかに、「自然環境が与える全ての課題のなかで、人間に社会管理の水力的方法を発展させるよう刺激したのは、不安定な水の状況が与えた課題である[★19]」。しかし「降水」という直接的な自然に依存する農業から、「灌水」という自然への働きかけによって人間の獲得した「第二の自然」に依存する農業に移行することは、全くの「純粋の選択」に属する事柄であるとウィットフォーゲルはいう。なぜなら、一つには非農耕民集団にとって灌漑農業という選択は、場合によっては近隣の農業国家に対する従属的地位に甘んずることになるかもしれないからである。そもそも、実際にそれを選択した集団の数が、選択しなかった集団のそれよりも少数であるという事実は、「選択の自由」の存在を如実に物語っているといえる。このようにウィットフォーゲルは、かつて自然と社会との関係を論じたときと同様に、かつての自然—社会観にはなかった水力的社会における「第二の自然」の相対的第一次性を強調した際にも、自然的条件によって社会のあり方が決定されるというモンテスキューらによる「地理的唯物論」を慎重に退けていた。

しかしながら、水力的農業へ転換するにせよ拒否するにせよ、それは秩序も指導もなしには行なわれないのであり、すでにしてここから集団的な一つの意思決定が求められることとなる。もしここで灌漑農業を選択したとすれば、決定をめぐる権力の集中は、その水準に応じて、(1)共同体内的意思決定、及び(2)超共同体的意思決定という二つの道をたどることとなった。たしかに、灌漑農耕が降水農業よりも大量の肉体的努力を要するというのは事実とはいえ、水路を掘ったり、ダムを作ったり、水を分配したりする地方的仕事は、数少ない農民やその家族、近隣の小集団によってても共同体の内部において十分遂行可能であることが予想される。ここで小規模灌漑に依拠した農耕は、たとえ食料供給を増大させたとしても、そのこと自体は水力農業や東洋的専制主義を伴うわけではけっしてない。これに対して、多くの農民によってすでに様々に小規模灌漑の試みられた共同体が相変わらず乾燥状態にあり、しかし潜在的には十分に肥沃な地域において入手可能な水資源が見いだされたとき、人々は共同体の水準を超えてそれを獲得する可能性を追求することとなる。「灌漑農業が水の大きな供給の効果的な取り扱いに依存しているとすれば、水のもつ独特な性質——その大量に集積する傾向——は制度的に決定的なものになる。大量の水は大量の労働によってのみ水路に流され、また諸境界内に蓄えられることが可能となる。この大量の労働は調整され、規律され、指導されなければならない。かくして、乾燥した低地や平原を征服しようと熱望する多くの農民たちは、機械以前の技術的基礎のもとでは一つの成功のチャンスを提供する組織的な装置に頼ることをよぎなくされる。彼らは仲間たちと一緒に働き、指令する一つの権力に服従しなければばならなくなるのである」[20]。これこそはまさに、自然に対する支配の可能性が社会に対する支配の可能性へと転じ、水力的社会において専制的パターンが生じる瞬間であり、水の統制によって専制権力が生成されていくプロセスそのものであった。

このように灌漑用水という「第二の自然」は、農民たちにとって生産手段の確保という死活の条件となるがゆえに彼らを大規模労働に決定的に駆り立てたのであり、これを唯一組織できた専制権力はまさにそのことを背景にしつつ、自然の支配を社会の支配へと転じていったのである。だが、こうした専制的パターンへと転成していく条件とは、あくまでも一つの地理・歴史相対的な機会であって、けっして歴史貫通的・決定論的な必然性ではない。なぜ政府の水管理が必ずしも政治の専制的方法を意味するわけではなかったかといえば、「収奪的な自給自足経済の水準を越え、降水農業の強力な中心部のもつ影響力の外に出たところではじめて、また所有権に基づく産業文明の水準に及ばないところではじめて、人間は水不足の景観に特殊に反応して、特殊な水力的生活秩序へ歩み寄った」にすぎないからであり、逆にこの水力社会の経済水準を越えた確たる所有権に基づく産業社会が成立したとすれば、そこではもはや既述のような自然的条件に従属する必要性もなくなるからである[21]。このようにウィットフォーゲルは、「第二の自然」の第一次性をあくまでも社会経済発展の水準との相対性における非決定論として扱っていたことが分かる。

2　東洋的専制主義の社会的基礎

(1)水治から国治へ

ウィットフォーゲルが見るところ、水力経済のもつダイナミズムとは、分業（division of labour）、集約（intensity）、協業（cooperation）という組織的労働に関する三つの異なった機能から成り立っている。これらの機能はそれぞれ、アジア的農業形態において特殊な型の分業が伴い、耕作が集約化されるとともに、大規模な協業が必要とされるというきわめて密接な関係にある。とはいえ、これら農業経済の要請する諸作業を最終的に収斂させているのは、統括や指揮、さらに指導といった段階的組織化の基礎となる協業（cooperation）という概念である。ウィットフォーゲルは、アジア的国家の支配者が協業のもたらすノウハウを農業に直接関連する事柄に限らずに、例えば飲料用の水道や貯水池、さらに水運用運河等、非農業的水力事業にも適用し、その活動を拡げていったという事実にもこの社会の特質を見る。それは、中世ヨーロッパの降水農民や封建的支配者がそもそも水路にほとんど注意を払わず、追加的な運河建設の必要性を感じなかったのに対し、アジア社会の人々が肥沃をもたらす河川にできるだけ接近し、河堤を強化し、改造することを迫られたという事実に由来している。中国では、春秋戦国以前にまで水運用運河の発端は遡り、秦朝統一から最初の数世紀は灌漑用、貯水池、防護用河川堤防の建設だけでなく、徴税目的のための長距離運河の掘削においても大きな前進をみた。このように水力社会の支配権力と水力機構とは深く結びついており、「水運用運河の政治的必要をいちじるしく増大させた中国の地理的、行政的統一はまた、これらを建設する国家の組織力を増大させた」という相互不可分の関係にある。[★22] すなわち水力農業は、耕作の集約化、および大規模な協業を必要とするばかりでなく、そこでは本来の農耕作業からは区別された現場での溝掘り、ダム作り、給水といった灌漑のための準備的な作業と、その収穫物を周期的な過度の氾濫から守るための防御的作業という二つの分業形態を含んでいたのである。まさしくこの水力経済における分業形態の発見こそは、「小規模灌漑を伴う農業経済（灌水農業—hydroagriculture）と、大規模な政府管理の灌漑および治水事業を伴う農業経済（水力農業—hydrolic agriculture）を区別した上で、私は伝統的用語よりも『水力社会』の名称の方がより適切に、問題となっている秩序の特殊性を表現していると信ずるに至った」としたウィットフォーゲルの理論的出発点であった。★23 つまりここでは、本来的には経済学的カテゴリーである分業という概念が、労働力の組織的配分という政治学的カテゴリーに置き換えられた。その上でウィットフォーゲルは、当初部族や共同体といった集団「内」的水準を超えた部分における要請によって進められた水治が、次第に社会の発展とともに共同体的要請を超えて、間—共同体、間—地域といった集団「外」的要請に基づく周辺領域での支配へと突き進み、その結果最終的に国家全体の統治へ至るという東洋的専制権力の成立過程を描きだしていくのである。

(2) 社会よりも強力な国家

ウィットフォーゲルが水力国家の管理者的性格における「社会的側面」の重要性を指摘したとき、そこで問題にされているのは、なによりも自治的宗教組織、軍事的集団、ある種の財産所有者などによって構成される非政府的勢力のことであった。絶対主義期のヨーロッパにおいて、その政体は憲法などの法規範よりも、土地貴族、教会、都市の現実的な諸勢力によって制約されていた。そうした全ての非政府的勢力は、M・ウェーバーによって示されたように、ヨーロッパでは一つの政治的団体にまで結実していたのである。たしかに、これらの集団のうちいくつかは、東洋においても貧弱ではあるが継続的に発展していたかもしれない。しかしそのいずれも、水力的政体を制約できる政治的団体に結晶することがないという点で西欧におけるそれらとは決定的に異なっていた。ウィットフォーゲルにとって、対内的かつ対外的秩序維持という権力のもつ決定的な二つの機能がいかに展開されるかは、ひとえに非政府的勢力という専制権力を取り巻く外的条件にかかっているのである。したがって、「あらゆる政府は（軍事行動の組織を通じて）外部の敵に対するコモンウェルスの防衛に、また（司法と何らかの警察的措置を通じて）内部秩序の維持に気遣うこととなる。政府がこれらや他の任務をどの程度遂行するかは、社会秩序が一方では政府の活動を、他方では敵対する非政府的勢力の発達を、鼓舞あるいは制約するその仕方によるのである★24」。

水力政府は、モンテスキューによってそう理解されたように、自らの権力の存立基盤を脅かすこうした非政府的勢力が、独立した中間団体（corps intermediares）として結実しないよう直接的または間接的に阻止することとなる。もちろん、いくつかのケースでは、強力な氏族の長や宗教団体、あるいは半独立的指導者が水力専制主義の勃興を阻止すべく挑んだことがあったかもしれない。しかし、古代ギリシャ、ローマや中世ヨーロッパにおいて非政府勢力を防衛していた財産的、組織的力が、東洋においては決定的に欠如していたのであり、だからこそ水力文明において国家は「社会よりも強力に」なりえたのである。

このように東洋的専制主義は、水力権力をコントロールし得る効果的な社会的抑制が欠如しているがゆえにこそ形成され得たといえる。ヨーロッパにおける分封貴族、教会、職業団体などの「非政府的諸勢力」は、国家権力に対する社会的抑制作用を効果的に及ぼしていたにもかかわらず、水力社会における土地財産、宗教、ギルドのいずれもが専制権力に併存する独立した権威とはなりえず、ウェーバーのいう対抗的「自治団体」（Gemeinde）に集約されることはなかったのである。ウィットフォーゲルはいう。

「武装した、偏在的に組織された勢力として、水力政体は不動産の主要な領域である農村のみならず、動産の戦略的所在地である都市においても優位を占めた。その都市は政府の行政と軍事の拠点であって、手工業者と商人は重要な政治的競争者となる機会を持たなかった。彼らの職業団体は国家に直接に結びつけられる必要はなかったが、中世ヨーロッパの大部分で勃興したようなギルド的市民権力の強力かつ独立した中心地を創造することにはたしかに失敗したのである[★25]」。

周知のようにウェーバーは、中国の都市には西洋古代におけるような自弁で武装する都市在住の軍事身分という意味での市民階級が存在しなかったがゆえに、固有の政治的諸権利をもつ自治団体たりえなかったとしたが[★26]、ここでウィットフォーゲルは、同じことを水力社会との関係で言い換えている。ウェーバーにおいて中国の都市が軍事的、行政的に国家へ依存するとされたことの根拠は、広大な領土の自然条件にその統治の基礎を置く官僚制的運河構築行政（Stromverwaltung）への依存にあるとされたが、[27] ウィットフォーゲルも「アジア的」国家に対する対抗権力としての都市が存立し得なかった根拠を、水と権力との関係で説明していたのである。だが、ウェーバーは、既述のように「アジア的」な政治権力のあり方を条件づける非政府勢力の活動する社会的枠組みについて議論しても、限られた条件の下でのみ成立する専制権力との関係については明らかにしていない。そもそも、彼にとってアジア社会での政治権力とは、近代（＝合法）的支配とは区別された前近代的支配形態である伝統的支配とカリスマ的支配との二つにおいてのみ成立したのであり、このうち伝統的支配の下位概念として想定されている家産制（Patrimonialismus）こそが、中国をはじめとするアジア社会に共通した支配形態であった。このうち家産制が家父長制化するという権力のベクトルの行く末にあるのがスルタン制であり、とりわけここで支配者の恣意（Willkür）が極限化してはじめて専制政治（Despotie）が行なわれると理解された。[28] したがってウェーバーにとっては、アジアにおける中間団体としての非政府的勢力の欠如が必ずしも専制権力の存立そのものを基礎づけていたわけではなかったのである。

これに対しウィットフォーゲルは、こうしたアジアの歴史的経験にもとづく間接的な段取りはとらずに、専制権力の存立を二〇世紀的な全体主義的な権力との関係においてより直接的、原理的に説明している。彼によれば、アジア的都市の非政治性に対する究極的な原因とは、国家権力に直接求める以前に、非政府的勢力内部における権力構造に求められる。すなわち、非政府勢力という中間団体の長がそれぞれの権力で均衡を保っている場合はともかくとして、そうでない場合にはただ抑制されない権力の累積傾向（cumulative tendency）が生じてくるという政治構造の内的メカニズムがそこには横たわっているのである。しかも、非政府勢力の均衡という「外部コントロール」の喪失は、政府内の「内部バランス」という政治力学の破壊によって拍車がかけられることとなった。「この傾向は権威の各部分が多少とも均等な力をもっているあいだは、抑制されている。それは公共事業、軍隊、諜報サービス、徴税組織の長たちが組織力、情報力、強制力において多少とも均等な力をもっているならば抑制されうる。このような場合、絶対主義政体は均衡のとれた寡頭制、いわば『ポリトビューロー』（政治局）の下にあるのだが、そのメンバーは実際、多かれ少なかれ平等に最高権力の行使に参画することになるであろう。しかしながら、いずれかの政府の主要部門の組織力、情報力、強制力がそのように均衡していることは、あったとしても稀である」[★29]。つまり、寡頭制内部での権力のバランスは見かけ上安定しているが、実際は外部コントロールによって抑制されているに過ぎず、したがってそれが消失すれば遅かれ早かれ権力のバランス維持による安定を失いつつ、制約されない権力の累積傾向はいよいよもって組織と意思決定の単一の独裁制的な中心へと向うことにならざるを得ない。だからこそウィットフォーゲルは、権力構造内部へと影響を与えている「外部コントロール」と「内部バランス」という二つの政治力学的モメントの行く末を、「絶対主義」（absolutism）と「独裁制」（autocracy）に求めつつ、「その支配が非政府的勢力によって有効にチェックされていないとき絶対主義となり、絶対主義政体の支配者がその意思決定を政府内勢力によって有効にチェックされないとき独裁者（autocrat）になる」と定式化したのだった[★30]。ここで専制主義は、「絶対主義の極度に苛烈な形態」と定義され、autocracy へと向う同じベクトルの延長線上に位置づけられることとなった[★31]。いずれにせよウィットフォーゲルには、ウェーバーのように専制権力の存立を伝統的支配―家産官僚制―家父長制といった「アジア的」支配の諸類型を通して引き出すという視点はなく、むしろその専制権力は、「ポリトビューロー」という言葉が暗に示すように、スターリニズムという二〇世紀の全体主義的権力のあり方との関連で基礎づけられているといえる。

(3) 村落共同体

水力的専制主義の権力は基本的に無制約的（全面的）であるとはいえ、大部分の個人や集団の生活は実際には国家によって日常的にかつ完全に管理されているわけではけっしてなく、むしろ逆にそこには専制権力によって全く管理されることのない、H・アーレントが「専制の砂漠」と呼んだ権力の空白領域が存在している。ウィットフォーゲルがこのコンテクストで取り上げるのも、専制権力によって全体的にコントロールされることのない、いわば国家と諸個人との間に横たわる村落共同体である。

ウィットフォーゲルによれば、水力政府はコストが高くなりすぎると末端までコントロールしようとする努力をそれ以上しなくなるという「行政収益逓減の法則」（the law of diminishing administrative returns）に基づいて運営されるがゆえに、生活のあらゆる分野にまでその権限を及ぼすことを意図的に差し控えることによって、権力の空白領域をその都度形成している。「行政収益逓減の法則が水力国家をして、諸個人や第二次的組織（secondary organizations）を全面的に統制しようとする試みをあきらめさせるということは、政府がそうする基本的な必要性を感じていないということの別の言い方にすぎない。もしそうでなければ、すなわち、全面的統制が専制政体の永続のために至上命令であるとすれば、支配者はその収入の全てを費やしてでも安全であることをはからねばならなかったであろう。明らかに、こうした権力システムは実行不可能なものであった」[★32]。ここで全面的統制の必要性を感じないというのは、言い換えれば過度の費用のかかる措置に訴える必要のない支配者にとって「正常な」条件が存在しているということに他ならず、まさにそれゆえ第二次的組織は、結果的に自らの自由を得ることになったのである。このことは逆にいえば、水力政府を脅かす不穏な動きが生じるといった異常事態には、日常的全体統制よりはコストがかからないとはいえ、非日常的集中統制というその限りで高いコストを支払いつつ、あらゆる手段を用いてでもこれを封殺することが求められたことを意味している。「行政収益逓減の法則にしたがって、農業的機構国家の支配者は時々起きる蜂起の危険を冒すのであり、近代工業社会での彼らの後継者がする必要のなかったことをしなければならない。すなわち彼らは、大部分の個人や若干の第二次的組織に一定の自由を与えなければならないのである」[★33]。だが、ここでいう自由とは、権力との対抗関係の中で獲得された「専制の反対物」としての自由ではなく、むしろ専制によって許容され、与えられ、かつそれによって専制そのものが維持されたところの自由である。H・アーレントが指摘したように、人間を「鉄の箍」でぎゅうぎゅうと締めつけるのが二〇世紀の全体主義であるとすれば、専制君主たちの「恣意」によってその支配領域を「砂漠」と化し、人間の「自由」が自己を実現するために必要な「空間の痕跡」をとどめておくのが専制主義なのである[★34]。かくしてウィットフォーゲルは、水力社会における代表的な第二次的組織である村落共同体の存立する領域を、純財政的基礎をもつ専制権力との空間的な相対関係として描き出した。

しかしながらウィットフォーゲルは、こうした権力の空白領域において成立した民主主義を「乞食の民主主義」(Beggars' Democracy)とよび[35]、それが権力との対抗関係の中から獲得された「民主的制度」とは程遠く、実際には「水力世界を通じて、政府の権威と家族の権威は相互に結びついており、政治的統制手段は大部分の村落、ギルド、第二次的宗教組織に影響を及ぼしている」がゆえに、本来的な意味で自律的かつ独立的であったわけではないとしている[36]。というのも、例えば伝統的中国において、家長の権威はもっぱら専制的国家権力に裏付けられており、村落の長と地方行政官の責任もまた国家に従属させられていたからである。すなわち、「家長の命令に対する不服従は政府により罰せられた。一方、その家族員が法律に背くことを阻止できない家長は、地方役人によって家長を鞭打ち、投獄することができたのである[37]」。かくして村落共同体は、国家から相対的に自立しているとはいえ、そこでの家長の権威は国家の権威そのものと直接結びつくこととなった。このようにウィットフォーゲルは、共同体と国家との関係をマルクスのような土台—上部構造論という二元論をとらずに、ウェーバーと同様に、家長のもつ特殊な権力機能に注目することでその切り結び方について考察した。こうしたウィットフォーゲルの立場は、マルクスのアジア社会論よりも、むしろ中国の統治が国家的財政の制約のため地方の実権掌握まで手の廻らないとした「粗放的行政」(extensive Verwaltung)論によって国家と社会を相互に連関させたウェーバーのそれに近く、ウィットフォーゲルの「行政収益逓減の法則」は、まさにウェーバーによる「粗放的行政」論を古典派経済学のターミノロジーによって言い換えたものであるといえる。

3　東洋的専制主義の支配原理

(1) 恐怖と専制権力

ウィットフォーゲルは、水力社会における全面的権力が支配者の築いた上からの制度的側面と被支配者の抱く下からの心理的側面との二重構造によって成り立ち、社会的諸勢力の発展を阻止する制度が外面的権力として統治すると同時に、威嚇による反応として内面的服従がもたらされることで成立するとした。そこでは、さらに水力的権力の統治下にある人々は、全体的テロの脅威に適応した思慮ある行動を求められることとなる。ウィットフォーゲルは、それがコモンセンスとしての「服従」であり、この消極的態度こそが「良き市民の徳性（citizenship）の基礎」になるとし、モンテスキューが共和政体の原理とした徳性を逆説的に専制政体の統治原理として置き換えた[★38]。例えば、孔子にとって、親と教師への絶対的服従を要求する教育は、社会の支配者への絶対的服従の基礎となるべきものである。「庶民は何らの選択の余地を与えられなかった。彼らは問題の所在を理解することができなかったから、お上の権威と識見が命ずるところに『従うべきもの』とされていたのである。インドや近東の同類社会においてと同様に、良き孔子の社会における良き臣民とは、服従する臣民のことを意味した[★39]」。もちろん、儒教の場合がそうであったように、それが水力的であるか否かを問わず、およそ社会的生活がある程度の調整と服従を必要とすることはいうまでもない。だが、水力社会における服従が他のそれと決定的に異なることは、共和制の統治原理とされた徳性との比較において鮮明となる。古代ギリシャの民主的都市国家でよき市民の徳性となったのは、軍事的勇気、宗教的献身、市民的責任、均衡のとれた判断であり、中世の騎士が主君に捧げた忠誠も、全面的服従をもたらすことはなかった[40]。まさに制限政体においてテロルの行使が一定範囲内に限定されていたように、服従という社会的行為も均衡のとれた市民的徳性の下で同様に限定されていたのであり、それこそが専制政体とも君主政体とも区別された共和政体の統治原理となったのである。

しかしながら、全面的な服従が全面的権力に対する唯一の思慮ある行動になるという事実を認めるとしても、必ずしもそうすることが上級者の尊敬を勝ち取ることに結びつくわけではない。「水力社会のように権力が偏っているところでは、人間関係もまた同様に偏る。その政府を制御できない人たちが、支配者との衝突によって粉砕されることを恐れるのは全く当然のことなのである」[41]。この歪んだ権力偏在の結果として招来されるのは、庶民、官吏、統治者それぞれのレベルで展開する破壊的な不安、相互不信、そしてモンテスキューによって定式化された恐怖である。庶民にとってこの偏った権力は、課税、賦役、裁判の分野で限りない苦境に庶民を引きずり込むかもしれないという恐怖となり、高官にとってそれは部下に地位を危うくされるかもしれないという恐怖となり、部下にとっては上役に解任されないかという恐怖となる。ここではまさに、ヘーゲルが東洋的専制主義の中に一つの政治体制が存続し得ないとした「否定の感情」を見いだしつつ[42]、この感情こそが恐怖という統治カテゴリーを機能させるとしたことと同じ事態が看取されている。そしてウィットフォーゲルは、これらとの相対関係においてとりわけ重要性を増すとみられる統治者にとっての恐怖のリアリズムに迫る。「支配者は最も華やかな存在であるが、同時に最も羨望されている。彼に近しい人たちの中には、彼にとってかわることを望むものがつねに複数は存在している。そして憲政的、平和的変化が問題外であるがゆえに、交替は通常一つのこと、ただ一つのことだけを意味する。肉体的抹殺、すなわちこれである。だからこそ、聡明な支配者は何人も信じないのである」[★43]。

かくして、自らの地位や利益が侵されるという部分的「否定の感情」は、やがてそれらの権利主体の「生殺与奪の権」を究極的に握る支配者に対する全面的＝肉体的否定にまで昇りつめる。しかし、ここでウィットフォーゲルが注意を喚起しているのは、周囲の取り巻きという「横から」、さらには完全に被支配側に置かれた庶民という「下から」向けられる潜在的反権力に対する恐怖である。モンテスキューやヘーゲルと同様、ウィットフォーゲルが多くを依拠するウェーバーにおいても恐怖（Furcht）という言葉は、恣意（Willkür）＝気紛れとともに前近代的＝伝統的支配の統治概念として用いられていた。しかしモンテスキューが、「君主の常に振り上げた腕」として機能する「恐怖」という統治概念が、専制主義の風土化したアジアではより一般的だったとして「上から下へ」と一方向に移される「恐怖」のみをそこに見ていたのに対し、ウェーバーは「家長の抱くもっともな恐怖心（Befürchtung）、すなわち、義務と権利の伝統的な分配関係に不正と感ぜられるような理由のない干渉を加えることによって、伝統的な恭順感情をつよく動揺させるときは、彼自身の利益、とりわけ彼の経済的利益も、手ひどい報いを受けるかもしれないという恐怖心が働く」とし、なによりも支配者側の主観的な恐怖について述べていたという点で、モンテスキューやヘーゲルとは立場を異にしている。[★44] ここでは被支配者に対する事実上の無力さに由来する支配者側の恐怖が問題にされても、被支配者が支配者に服従するうえで一つの重要な契機となる「上から」の恐怖については問題にされなかった。さらにウェーバーは、皇帝の軍事力の支配に対する意義づけをする際にも、「家産君主の政治的支配者権力が、もっぱら彼の家産制的軍事力に対する臣民の恐怖（Furcht）にもとづいているというような例は、ほとんどどこにも存在しない」とし、「上から」向けられる恐怖がもつ権力の存在そのものを否定しており、支配者が自らの権力基盤の脆弱さゆえに恐怖し、それゆえ恣意とともに支配者側の恐怖が専制に対する主要な制約になるとしたのである。[★45]

たしかにウィットフォーゲルは、「恐怖」を被支配者の抱く「上から」の統治概念としてだけでなく、ウェーバーがそうしたように支配者が自らの権力基盤の脆弱さゆえに被支配者に対して恐怖するという「下から」の反権力の契機としても理解していたのかもしれない。しかし彼は、全面的権力において現実化し得る独裁的、官僚的、制度的なテロルよりも、むしろ支配者個人によって専断的に行使される日常的テロルの重要性の方をより強調していた。ウィットフォーゲルにとって、非政府的勢力によって制御されることのない専制権力は、日常的に「自由に動きまわる虎」として「上から下へ」と行使されていたのであり、この点ではむしろ、既述のようなウェーバーの理解とは異なっている。[★46] しかもこの専制権力は、恣意的に動きまわることによって容赦なく一般庶民を巻き込んでしまい、さらに制御することも予測することもできない政治の巻きぞえになることに対する恐怖（fear）が、思慮深い臣民を自分の狭い個人的、職業的営みの世界に閉じ込め、外部の地域社会における他の構成員から効果的に引き離してしまうとされた。[★47] こうしたウィットフォーゲルの立場は、「下から」の契機を重視するアリストテレスやウェーバーの専制政治論よりも、むしろ専制権力が「上から」強権的に行使される面を強調するモンテスキューやヘーゲルのそれの方に大きく傾いているが、そうした苛酷な認識をウィットフォーゲルにもたらしていたのは、テロルが非政府勢力によって抑制されずに日常化するという側面をもった二〇世紀全体主義の経験であったと思われる。

(2) 所有と専制権力

所有とは特定の物を処分する個人に認められた権利であり、本来的に物と人との関係を定める権利であることはいうまでもないが、ウィットフォーゲルはそれだけではなく、「その物を処分することにより排除される他の諸個人との関係を含んでいる」として、そこに人と人との関係、つまり根源的な人間の支配─被支配関係を見いだしている。★48 それはマルクスの社会理論の基本的カテゴリーを援用しつつも、所有論を権力論へ結びつけているという点でウェーバーにもなかった新たな境位である。ウィットフォーゲルの見るところ、所有と権力とは、水力社会のように権力が異常なまでに強い場合には私的所有もそれにつれて弱いものとなり、逆に西洋近代社会のように均衡のある権力のもとではそれにしたがって強い所有権が発達するという相互依存関係にある。★49 さまざまに異なった所有形態は、さまざまな社会的発展段階において展開するのであり、ウィットフォーゲルは国家的所有が共同体所有、さらに私的所有へと段階的に委譲されてゆく過程を財産という所有形態を媒介に論じていくと同時に、弱い所有権が支配的である水力社会における唯一の例外を動産的積極的財産（mobile and active property）の領域に求め、これを工業や商業において積極的かつ独立的に使用する場合には制度的にきわめて重要な意味を持つとした。なぜなら手工業者や商人たちは、その財産を既述のような公的領域で積極的に運用するとき、官僚の下での従属的立場から抜け出て、新たに独立した階級として立ち現われうるという可能性をもったという意味で、「アジア的」な支配―被支配関係から脱却する大きな契機としても描かれているからである。しかしこの段階では、可能性はまだ現実性には至っていない。「こうした前進も、職業的手工業者や商人たちが政府の官吏階級内の一つの新たな従属的部分を構成する限りは、大きな社会的変化をもたらすことはない。彼らの財産を職業的かつ独立的に運用するときはじめて、彼らは新しい階級として立ち現われるのである」[★50]。かくして動産的積極財産は、あくまでも「職業的かつ独立的に」運用されることによってのみ、新たな独立的積極的財産（independent active property）となったのである[★51]。いわばここでウィットフォーゲルは、社会的発展にともなって新たな階級形成が促進される背景に、所有概念の積極的転換という一つの歴史的契機を発見していたといえる。

さらにウィットフォーゲルは、動産と不動産両方の分野で不均等に発展させるこうした独立的積極的財産を、工業、商業および農業というそれぞれの産業間の相互関係における進展度合に応じて、単純、半複雑、複雑という三つの水力的所有形態に分けた。ウィットフォーゲルの見るところ、財産と社会的諸条件によって「複雑」パターンに位置づけられるようになった中国、すなわち伝統的に規制された農地制度が廃止された秦朝以降の中国では、マルクス主義者によって通常そう理解されるのとは逆に、私的土地所有は一般的に優勢となっていた[★52]。しかしながらここでの私的所有とは、単純あるいは半複雑水力社会においてそうであったように、けっして真に私的なものとして獲得されているわけではなかった。「支配階級内における官職をもっている部分ともっていない部分（郷紳：gentry）との関係を大きく変化させる地主制の拡大は、土地所有権の強化ないし土地所有者の独立的組織化に結果しなかった。私的土地所有は、財政的、法律的、政治的観点から見れば、その誕生に際してそうであったように、伝統的中国の最終的崩壊に際しても脆弱であった」[★53]。このことは結局、商人のような中間グループの取引から利益を引き出すにせよ、または官職地や名誉職地などの割当地から収入あるいは給与そのものを受け取るにせよ、あらゆる統治階級内部の収入が政府の権力に根源を発していることを意味する。つまり政府の公的収入であったものが、同時に官僚的私有財産ともなり得たのである[★54]。ここで官僚は、けっして永久に職にあるわけではなく、場合によってはその受動的財産を積極的財産に変えることも必要となるがゆえに、最も贅沢を好む場合でさえその収入の一部を貯蓄し、その結果、官僚的地主、あるいは官僚資本家となる[★55]。たしかに、こうした地主と官僚が重なり合っていたという例は、東洋においてばかりでなく西洋の専制主義においても基本的には同じように見られた。だが、「アジア的」社会の官僚地主は、その政治権力を本質的に絶対主義政府から引き出していたという点で、西洋の専制主義におけるそれとは根本的に異なっている。というのも、封建以後のヨーロッパや日本では、貴族地主の有する土地財産は私的レベルでの相続によっていかなる官僚も手をつけられなくなっており、水力社会でのように土地収入のために政府の官職を保持する必要もなかったからである。したがって、ここで導かれる結論は、次のような所有と権力をめぐる東洋と西洋との決定的な差異である。

「官僚的（東洋的）郷紳（gentry）の土地は、そのあるメンバーのために政府の官職につくことを助け、かくして再度権力に近づくことを可能にしたのであろう。しかし本質的にこの土地は、収入を生みだすだけの財産だった。それとは逆に、封建的（西洋的）ジェントリーは、国家権力から独立し、時には公然とこれと衝突する組織された政治権力の永続性をもたらしていたのである。水力的（官僚的その他の）財産には比肩できない方法で、収益を産みだす土地であることに付け加えて、封建財産はきわだってかつ意味深長なことに権力を産みだす財産だったのである★56」。

このように、中国において私的土地所有がかなりの程度認められていたという事実は、ウィットフォーゲルにとってはむしろ例外であり、大多数の水力社会においては専制権力が私的土地所有を従属的な地位に押しとどめてきた。しかもその私有財産は、もともと統治階級内部から引き出されたものであるがゆえに、その保持者が財産に基礎をおいた組織と行動を通じて国家権力をコントロールするということはありえない。それはあくまでも、権力からもたらされた消極的な「収益財産」（revenue property）であり、けっしてそれへと結実する積極的な「権力財産」（power property）ではなかったのである。つまり、水力政府にとって私有財産を自らの設定したある限度以上に容認するということは、それが積極的な「権力財産」へと質的に転換し、その既得権益としての「収益財産」を危険に曝すことを意味した。したがって結局のところ、「全ての水力社会において専制政体は、それが存在を許容した私的土地所有の自由を制限する」ことにならざるをえないのであり、ここでも根源的に問題にすべき「自由」とは、「専制の反対物」でなく、むしろ国家によって許容され、与えられ、それによって専制権力そのものが補完されるところの限定的自由と理解されたのである。[★57]

(3) 自由と専制権力

既述のように、「自由と専制」という伝統的座標軸は、イギリス古典派経済学者らによるアジア的農村共同体─東洋的専制主義論に貫かれた「進歩と停滞」という一九世紀の西欧的アジア観を経由することによって「進歩と専制」というもう一つの座標軸へと分岐したが、これに伴ってリベラリズム擁護の視点は徐々に後景へと退いていくこととなった。その結果、アリストテレス的な「暗黙の同意」という視点が再度蘇ってきたが、この下からの「暗黙の同意」の許容範囲を定めるのは依然として支配者の「恣意」であるとはいえ、より合理的かつ制度的には、純粋に財政的な理由によってその政治判断の基本的枠組みが与えられるとされた。すなわち、ウィットフォーゲルの見るところ、村落共同体がどの程度まで自治権をもち、どの程度まで民主主義や自由を確保するのかを決めるのは、第一義的には支配者による「恣意」ではなく、むしろ支配者による価値の権威的配分を方向付ける「行政収益逓減の法則」なのであった。この法則に従えば、農業的機構国家の支配者は時々起きる蜂起の危険を冒さないためにも、大部分の個人や若干の第二次的組織に一定の自由を与えなければならなかったのである。たしかに、二〇世紀の全体主義国家において、収容所や強制キャンプの被収容者は時折グループで集って、気ままに語りあうことも許されており、彼らの中には小さな監督的仕事を与えられることさえあった。しかしながら、それは単に支配者側にとって、監督業務を必要以上に行なうことが、不必要な財政的コストをかけることとなるため、それを避けるべく許容したというのにすぎない。つまり、その高いコストを払わなければ自らの支配の基盤が脅かされるならともかく、そうでないならば、むしろ一定の自由を与えた方がコストをかけずに政治的安定を得られるという一石二鳥が可能になる。「行政収益逓減の法則によれば、こうした『自由』は十分ひきあうのである。人員を節約する一方で、それは指揮官やその護衛兵の権力をおびやかすものではないのである」[★58]。かつてI・バーリンが指摘したように、支配・統制の「範囲」のみが問題にされ、そのよってきたる「源泉」が問題にされない限り、自由の概念は必ずしも専制主義と両立しないものではなく、例えば、「デモクラシーが個々の市民から、他の形態の社会においてならもちえたかもしれぬ数多くの自由を奪うものであるように、自由主義的な専制君主がその臣下にかなりの程度の個人的自由を許すということもじゅうぶんに考えられる」ことなのである[★59]。だが、その自由とは、国家権力の外的強制から免れ、市民諸個人に権力の源泉があることを法的に保障した積極的自由とは結びついておらず、結局は「下から」の完全な自治権をもたらすことのない、つまり権力の源泉を市民諸個人の内には置かない「乞食の民主主義」の下で「恩恵」として国家によって与えられ、支配者の恣意によって制限された(=本来の意味とは異なる)消極的自由であったことはいうまでもない。

このようにウィットフォーゲルは、アジアにおける限定的自由の実像を行政収益逓減の法則によって描き出すのに一応は成功したといえるかもしれない。だが彼は、専制主義の権力論を分析する際には、ほとんど無意識のうちに「自由と専制」というヨーロッパの伝統的座標軸に立ち返ってしまっている。つまりウィットフォーゲルは、アジアの、とりわけ彼の専門領域とする中国の具体的な歴史的過程において扱われた専制主義論によって自らの理論的営みを検証、相対化しておらず、その意味でアジアの内側からその専制主義論を概念化する努力を怠っていた。例えば二〇世紀初頭、「恐怖」を媒介とするモンテスキューの専制主義論は、梁啓超においても君主政体と結びついた「君主専制政体」論として理解され、中国の現実そのものを浮き彫りにする政治理論として受け入れられていた。[★60] そこでは君主が賢明で民衆の要求にいち早く譲歩する場合、イギリスのような立憲君主制となり、専制の抑圧が強烈でしかも民衆の要求に譲歩しない場合、フランスのように君主制が打倒され共和制が成立するとされた。だが、中国では専制に対する抵抗勢力としての貴族制を欠いた君主専制が長期的に持続してきたがゆえに、例えば陳天華らの革命派も旧守派の梁啓超と同様に共和制を究極目標としたものの、革命派がこの君主専制を革命によって打倒し即座に共和制を実現すべきとしたのに対し、梁啓超はその中間に立憲君主制を介在させつつ、開明専制をおこなうことの意義を強調するなかで革命よりも改革を主張したのである。[★61] 梁啓超によれば、ヨーロッパの君主専制政体が苛酷な圧政下の「直接の専制」であるのに対して、中国の君主専制は皇帝の下でのある意味で自由で平等な「間接の専制」であった。ウィットフォーゲルにおいて国家権力から自由な社会空間の創出が「行政収益逓減の法則」によって説明されたように、孫文においても中国の君主専制体制は「人民が皇位を侵しさえしなければ、人民がなにをしようと、皇帝はいっこうにかまわなかった」という相対的に「自由な」政治体制と理解されており、このことからも「間接の専制」が当時の中国で広く受け入れられたことが裏付けられる。[★62]だが、ここではヨーロッパの場合のように自由の実現のために共和制が求められたのでなく、「一皿のバラバラの砂」（孫文）である諸個人の過剰な自由を抑制しつつ、統一国家建設へ向けた民族全体の統合を実現すべく求められたのであり、その限りで専制主義批判はヨーロッパにおけるように「自由の反対物」への批判としておこなわれたのではなかった。それゆえ、孫文による軍政、訓政、憲政という三段階からなる革命構想においても、憲政へと至る過渡期における開明専制としての訓政、すなわち事実上の独裁（dictatorship）が正当化されたのである。[★63]

したがって、仮にこうした温和な「間接の専制」が中国の現実により即していたとするならば、ウィットフォーゲルのいうテロルを基本原理とし、日常的に「自由に動き回る虎」としての専制主義とは、ヨーロッパ的「直接の専制」との親和性が認められたとしても、中国の現実政治とのレリヴァンシーは低いことになる。またウィットフォーゲルは、「自由と専制」というオリエンタリズム的な対立軸にとらわれすぎたために、アジア的なリベラル・デモクラシーとは必ずしも矛盾しない間接的専制の問題を軽視してしまい、テロルという威嚇を背景にした恐怖が「思慮深い臣民を自分の狭い個人的、職業的営みの世界に閉じ込めた」とするいわば苛酷な専制＝直接的専制を東洋的専制主義そのものと誤認してしまったのである。[★64]中国の専制主義は儒教によって和らげられ、人間性が与えられた（humanized）とするWm・T・ドバリーの指摘が正しいとすれば、ウィットフォーゲルはこうした儒教のもつ政治的機能を見落としていたともいえる。[★65]また自由との関連でいえば、この間接的専制は清末当時、ヨーロッパ的な偏見と無縁でなかった専制（despotism）の場合とは異なり、規範を喪失した個人主義が暴政（tyranny）へと導かれる際の前提条件としても扱われていた[★66]。これに対して、ヨーロッパにおいて市民的な自由の対立物として扱われてきた専制概念は、中国では必ずしも無条件に自由の概念と対立するものと理解されてきたわけではなかった。というのも、もともと中国における個の概念とは、私＝エゴイズムと密接に結びつけられてきたがゆえに一旦は否定されるべき対象であり、国家を私する皇帝の専制に対抗すべき民権とは、「個々の民の私権いわゆる市民的権利ではなく、国民ないし民族全体の公権」（溝口雄三）だったからである[★67]。したがって、例えば陳天華が反専制の向こう側に自由を求めたとしても、それはヨーロッパ的な「個人の自由」とは厳密に区別された総体の自由としての「民族の自由」に他ならなかった。つまり、「アジア的」なリベラル・デモクラシーとの関連でいえば、「進歩と専制」という座標軸の中でデスポティズムの問題が語られるとき、そこで優先的かつポジティブに評価されたのは、専制に対するデモクラシーであっても自由そのものではなかったのである。

おわりに

翻ってみれば、そもそも専制主義（despotism）の概念は、オリエンタリズムの一表現、あるいは東洋（＝非西洋）という「外部」の問題として始まり、中国の専制政治が一七世紀において啓蒙君主の典型として自由の腐敗せる専制政治の一亜種とみなされると、革命前のフランスの政治的対立を反映して、ヨーロッパ「内部」の問題として変化していった。それは地理的なアジアと部分的に重なり合いながら、しかし本来的には価値的なものとして使われてきたといえる。ホッブスがこの言葉に肯定的な意味を持たせた以外に、それを必ずしも拒絶の対象とはしない正当な支配関係として扱うボダン、グロティウス、プーフェンドルフといった人々を除いて、その概念はむしろヨーロッパ人自らが享受する自由とは対極にある概念として否定的意味合いで用いられたのである。たしかにその限りで専制主義とは、「ヨーロッパにおける近代的自我意識の自覚過程においてその対置概念として設定されたものであり、価値の基準を彼ら自身の世界であるヨーロッパに置くことにより、その価値基準に立脚して自己認識を可能ならしめるための素材である反対概念として設定されたもの」（西嶋定生）であるといえる。[★68]実際、ウィットフォーゲルがこれまで批判されてきた際の論拠も、こうした西欧中心主義的な範疇をアジアに無批判に当てはめることによって展開された地理的決定論やアジア的停滞論であるとするものが多かった。[★69]しかし、これまで見たところからも明らかなように、灌水という自然への働きかけによって獲得された「第二の自然」が仮に「恒常的なもの」であったとしても、ウィットフォーゲルはそれに依存する灌漑農業に移行することは「自由な選択」にかかわるとし、自然的条件によって国家や社会のあり方が決定されるという地理的唯物論を慎重に退けていたのである。しかもこうした視点は、ヨーロッパにおいて発達した社会科学を最大限に利用した結果得られたものであったとしても、かならずしも価値基準をヨーロッパだけに置きつつ、アジアの外側から一方的に概念化されたことを意味していない。またウィットフォーゲルは専制権力存立の基礎を直接自然に結び付けることはせず、それが社会的諸団体や村落共同体という非政府的勢力の存在を前提にしており、多様な社会的諸勢力による全体権力のチェック如何によってその性格も変化しうるという相対的かつ可変的な概念としてとらえていた。そのことはまた、動産と不動産、消極的財産と積極的財産とが織り成す単純、半複雑、複雑という発展段階論的社会構成体論においても明示的に論じられており、ウィットフォーゲルは弱い所有権が支配的である水力社会における唯一の例外を動産的積極的財産の領域に求め、これを積極的かつ独立的に使用する場合に新たな階級形成が促進されるとし、一つの発展的契機を「停滞性」とは区別された「恒常性」の中に見出していたのである。それは金観濤らによる「超安定システム論」のような、「不変性の点から安定を論ずるのではなく、ただ単に何が事物の発展を遅らせ関係の不変性を保つのかを追求するのでもなく、また、システム内部の各部分の間の相互調節、相互適応を明らかにするという角度からシステムの安定性を考察する」というアプローチにも近似している。★70 こうした意味では、もっぱら政治学的カテゴリーの内部でのみ専制概念を論じたアリストテレスやモンテスキューとは異なり、ウィットフォーゲルが東洋的専制権力の生成過程を自然条件と生産様式との相互関係、政治と経済の相関関係で描いたことは、「アジア的」政治社会論の新たな水準を切り開く上での一つの重要な試みとして評価できる。だが、既述のようにウィットフォーゲルは、アジアの具体的な歴史的過程の中で扱われてきた専制主義の実像を捉えきれずに、思慮深い臣民がテロルの恐怖によって狭い世界に閉じ込められたとする苛酷な専制＝直接的専制を東洋的専制主義そのものと誤認してしまった。つまり彼は、中国における専制政治論という現実政治として有意な政体論については決定的に見誤り、その研究スタンスのもつポジティブな面の評価をすら貶めかねないオリエンタリズムの陥穽に足を掬われてしまったのである。トクヴィルが専制政治と僭主政治（暴政）とを混同していたとするならば、ウィットフォーゲルは両者の峻別によって「制度的多様性」の明示化を試みたものの、現実の中国においては必ずしも「自由」や「民主主義」とは対立しない専制の概念をヨーロッパ的な価値判断で理解することによって、その実像を描き切ることには失敗したといえる。

だが、このことは暴政（tyranny）としての、あるいは独裁（autocracy）としての専制主義のもつ一面をも誤認していたことを意味するわけではけっしてなく、ウィットフォーゲルは、暴政や独裁としての専制主義が「行政収益逓減の法則」や様々な社会的諸勢力によって、相対的かつ限定的に成立していることを正当に明らかにした。そもそも、ここで存立している「自由」や「民主主義」とは、もともと専制権力によって許容されているがゆえに、その「源泉」が市民諸個人のもつ自然権として基礎付けられているとは言いがたく、したがってこの本質的な差異を一つの理念型との比較によって浮き彫りにするためにも、「自由と専制」という西欧起源の伝統的座標軸は依然として有効である。実際、ウィットフォーゲルは、「東洋的世界の偉大な君主たちはほとんど例外なく“self-rulers”―独裁者（autocrats）であった」とし、[71] また毛沢東による「農耕的専制」（agrarian despotism）が「中国の過去の偉大な専制的政権（despotic regimes）に酷似している」と指摘しているが、[72] こうした中国の現実政治が伝統的にもつ一側面は、例えばアメリカの中国研究では独裁政体（autocracy）としてとらえる試みの中で、積極的な議論が繰り広げられている通りである。[73] この意味でウィットフォーゲルの東洋的専制主義論は、アジアにおける具体的な現実政治の展開とあいまって、今後ともさらに追究されるべき内容を含んでいることだけはたしかであろう。

[註]

（1）M. Richter, "Despotism", in *Dictionary of the History of Ideas*（New York: Charles Scribner's Sons, 1973）. 竹中浩訳「専制政治」（『法、契約、権力』、平凡社、一九七八年所収）。

（2）ここでいうアジアとは、「そこに住む人々のなかから生まれ、自ら決定した地理的名称ではなく、あくまでヨーロッパ人が作り出した地球の区分によって与えられた空間の名称である」（山室信一『思想課題としてのアジア——基軸・連鎖・投企』、岩波書店、二〇〇一年、一一頁）。

（3）アリストテレス、山本光雄訳『政治学』（岩波文庫、一九六一年）、三一四—一一五頁。

（4）同一六二—六三頁。

（5）同二〇一頁。

（6）前掲『法、契約、権力』、二〇三頁。

（7）松本礼二『トクヴィル研究』（東京大学出版会、一九九一年）、五四頁。

（8）**K. A. Wittfogel**, "Problems of Marxism," Bernard W. Eissenstadt ed., The Soviet Union: *The Seventies and Beyond*（Lexington, Massachusetts, Toronto and London: Lexington Books, D.C.Health and Company, 1975）, p.30.

（9）一七世紀の啓蒙期以降、イギリスの東洋進出にともなって発展したアジアをめぐるイギリス経済学、歴史法学については、島恭彦『東洋社会と西欧思想』（筑摩書房、一九八九年）、及び今堀誠二『東洋社会経済史序説』（柳原書店、一九六三年）を参照。同じ学説発展のプロセスを東洋的専制主義の概念形成との関連で論じたより詳細かつ包括的な研究としては、Marian Sawer, *Marxism and the Asiatic Mode of Production*（The Hague: Martinus Nijhoff, 1977）の第一章、"Prehistory of the Marxian Concept" を参照。

（10）K.A.Wittfogel, *Oriental Despotism*,（以下 *OD* と略記）p.iii. 湯浅赳男訳『オリエンタル・デスポティズム』（新評論、一九九一年）、五頁。現代における専制主義が全体主義の概念と密接に関連していることは、例えばE・カールトンによって以下のように説明されている。すなわち、専制主義（despotism）、僭主制／暴政（tyranny）、さらに全体主義（totalitarianism）を包括しているのは独裁／専制（autocracy）という概念であり、このautocracy（一人の支配）は近代的な意味での独裁制（dictatorship）と大まかに同等なものとして扱われている。専制君主（despot）とは、恣意的な支配に訴える人物と関連しており、したがって専制主義（despotism）とはそのリーダーシップのスタイルまたは様式を指している言葉であるのに対して、tyrannyとは法に基づかずに権力を獲得し、保持するというプロセスと結びついており、またポピュリスト的指導者らがしばしば正式な制裁なしで権力を奪取し、支配した古代ギリシャの都市国家との関連が深い言葉である。これに対し全体主義（totalitarianism）とは、政体の類型に関係しており、その政体を成立させている政党以外の政党も政治的忠誠も許容しないことを意味し、しかも現代のテクノロジー社会こそが真正なる全体主義を可能にする手段を有しているという意味で、過去に存在した他の社会への適用可否については議論の余地を残す言葉である（Eric Carlton, *Faces of Despotism*, London: Scolar Press, 1995, p.10）。ウィットフォーゲル自身は、こうした明確な概念規定を行なっているわけではないが、彼においても専制主義と全体主義の概念は独裁（autocracy または dictatorship）の概念を媒介にしつつ、ほとんどの意味領域で指示内容が重なっているという点で、このカールトンによる整理と大きく矛盾するものではない。
(11) K・A・ウィットフォーゲル、坂田吉雄訳「マルクス主義における風土的契機の意義:風土政治学・地理的唯物論並にマルクス主義(続)」、『思想』、一〇三号、一九三〇年一二月、一一七頁。
(12) 同一一九頁。
(13) 同一一九―一二〇頁。
(14) *OD*., p.12. 前掲『オリエンタル・デスポティズム』、三三頁。
(15) *Ibid*., p.11. 同三二頁。
(16) *Ibid*., p.13. 同三五頁。なお、このウィットフォーゲルの自然と社会をめぐる議論については、本書第1章を参照。
(17) *Ibid*., p.15. 同三六―七頁。
(18) *Ibid*., p.16. 同三八頁。
(19) *Ibid*., p.13. 同三四頁。
(20) *Ibid*., p.18. 同四〇頁。
(21) *Ibid*., p.12. 同三四頁。
(22) *Ibid*., p.33. 同五七―八頁。
(23) *Ibid*., p3. 同二二頁。同七八頁。ウィットフォーゲルがこの「水力社会」と「東洋的専制主義」という言葉をほぼ重なり合った意味内容を示すものとして使用しているという事実は、彼が水力社会論を東洋的専制主義論へと導くうえでの直接的な前提条件として扱っていることを伺わせている。たしかにウィットフォーゲルは、自然の支配が社会の支配へ向い、とりわけそれが専制的パターンへと導かれる条件とは一つの「機会」であって「必然性」ではないと強調しているが、ここで水が他の自然的・社会的条件よりも根源的な初発の動因（アリストテレス）として扱われていることだけは否めないであろう。たが、E・カールトンも指摘するように、「資源の制御」とは仮に一つの死活的に重要な要因になったとしても、けっして唯一の要因にはなりえないのであり、例えば軍事的なものに対する位階的な統制も専制主義を支えるうえでの重要な社会的要因になっていたとすれば、水という自然的条件以外の要因も同様に重要性をもつことになる。また、ある一つのモデルが全体として有効であったとしても、実際的な類型の個々の描写に際して、歴史的例外が生じることになるのはどうしても避けられず、いわばここで一般理論は具体的事例からの批判にさらされることとなるが、ウィットフォーゲルは自らの一般理論の擁護に熱心すぎる余り、こうした歴史的例外をもそこに押し込めようとするやや強引な敷衍化をおこなっているように思われる（Eric Carlton, *op. cit.*, p.10）。恐らく、そのことが典型的に示されているのが、水力社会を「中心」地域とした場合の「周辺」諸地域に対する取り扱い、すなわち「発生」（genesis）と「伝播」（spread）との相互関係についての矛盾であろう。ウィットフォーゲルによれば、例えばロシアに本来存在していなかった水力社会システムは一三世紀、モンゴルによるロシア侵略（タタールの軛）を契機にして中国からロシアに伝播し、一旦その政治・社会秩序が導入されると、それ以後ロシアではそれに基づいて自らの専制システム（ツァーリズム）が築かれていった（*OD.*, p.161. 邦訳一八二頁以下参照。なお、A・トインビーはまさにこの点を「証拠のない、たいへんなこじつけだ」と批判している。Cf. Arnold Toynbee, Wittfogel's "Oriental Despotism," *American Political Review*, No. 52, 1958）。このロシア的専制システムが、のちにスターリニズムに象徴されるような全体主義的展開を見ることになるのはいうまでもない。だがここには、二つの異なった学的水準、すなわち自然的基礎に一般理論の根拠を置く説明と、一つの文明が他の周辺文明に対して文化的な影響を及ぼしうるとする文明論的な説明とが、一つの学説体系の中で取り扱われるという深刻な矛盾を孕んでいる。その意味では、B・オーレアリーが批判するように、自然的基礎と東洋的専制主義との因果関係をめぐるウィットフォーゲルの議論は、仮に非決定論であるという本人の弁明を差し引いたとしても、「せいぜい、誤った歴史的データに基づいた見せかけの相互関係（spurious correlations）であるか、最悪の場合には、これらのデータの選択的利用による産物にすぎない」（Brendan O'Leary, *The Asiatic Mode of Production: Oriental Despotism, Historical Materialism and Indian History*, Oxford: Basil Blackwell, 1989, p.252）といえるのかもしれない。あるいは、この矛盾こそが水力社会や水力農業を基礎にしなくても専制的なシステムは成り立ちうるという立論を可能にしているのだとすれば、逆に非水力的な地域において、なぜ水力社会からの影響なしで専制的システムの発達が不可能なのかを説明できないことになり、水力社会から非水力社会への「伝播」という議論も論理的には無価値になってしまうともいえる（Barry Hindess and Paul Q. Hirst, *Pre-Capitalist Modes of Production*, London: Routledge & Kegan Paul, 1975, p.217）。しかしながら、中島健一の指摘するように、ウィットフォーゲルの水力社会論にせよ、東洋的専制主義論にせよ、それは「新しく、研究史上の若い作業仮説」であり、かつ灌漑農法が「発展の歴史的＝地理的条件・諸因子の組合わせが地域的にさまざまである」ことを鑑みれば、一般理論とは矛盾する具体例の「特殊性」を明らかにすることによって「鬼の首でも取ったように」批判するのが妥当なこととともいえないであろう（中島健一『灌漑農法と社会＝政治体制』、雄山閣出版、一九八三年、一八五頁）。逆に、とりわけ文化人類学の領域では、様々な実証研究によってウィットフォーゲルによる仮説の有効性が確認されるというケースも数多く報告されており（加藤義喜『風土と世界経済』、文真堂、一九八六年、一三〇頁以下、及びG・L・ウルメン、亀井兎夢他訳『評伝ウィットフォーゲル』、新評論、一九九五年、七〇三頁以下参照）、この問題についてはさらなる実証研究とそれに基づく理論の検証が俟たれるところである。
（24）*Ibid.*, p.49.
（25）*Ibid.*, p.85. 同一一八頁。
（26）Max Weber, *Gesammelte Aufsätze zur Religionssoziologie* ——以下 *GAzRS* と略記—— 1,（Tübingen: J.C.B. Mohr, 1920）, S. 291. 木全徳雄訳『儒教と道教』（創文社、一九八四年）、一八頁。
（27）*Ibid.*, S. 294. 同二二頁。
（28）Max Weber, *Wirtschaft und Gesellschaft, Grundriss der verstehenden Soziologie*（Tübingen: J.C.B.Mohr, 1956）, S. 553. 世良晃四郎訳『支配の社会学』Ⅰ（創文社、一九八六年）、四一頁。
（29）*OD*, p.106. 前掲『オリエンタル・デスポティズム』、一四五頁。
（30）*Ibid.*, p.106. 同一四四頁。
（31）*Ibid.*, p.101. 同一三九頁。
（32）*Ibid.*, pp.112-3. 同一五二頁。
（33）*Ibid.*, p.113. 同一五三頁。
（34）H・アーレント、大久保和郎・大島かおり訳『全体主義の起原』、（3）「全体主義」（みすず書房、一九八一年）、二八三頁。
（35）*OD*, p.108. 同一四八頁。
（36）*Ibid.* 同。

(37) *Ibid.* 同。
(38) *Ibid.*, p.149. 同一九五頁。
(39) *Ibid.*, pp.150-1. 同一九七頁。
(40) *Ibid.* 同一九六頁。
(41) *Ibid.*, p.154. 同二〇一―二頁。
(42) ヘーゲル、武市健人訳『哲学史序論』(岩波文庫、一九六七年)、一七六頁。
(43) *OD*, p.155. 前掲『オリエンタル・デスポティズム』、二〇二頁。
(44) Max Weber, *Wirtschaft und Gesellschaft, Gruntriss der verstehenden Soziologie*, (Türingen: J.C.B. Mohr, 1956), S. 592. 前掲『支配の社会学』Ⅰ、一五六―七頁。
(45) *Ibid.*, S.598. 同一七四頁。
(46) *OD*,p.141. 前掲『オリエンタル・デスポティズム』、一八六頁。
(47) *Ibid.*, p.156. 同二〇四頁。
(48) *Ibid.*, p.228. 同二九四頁。
(49) *Ibid.* 同二九五頁。
(50) *Ibid.*, p.230. 同二九七頁。
(51) *Ibid.* 同。
(52) *Ibid.*, p.290. 同三五八頁。
(53) *Ibid.*, p.293. 同三六一頁。
(54) *Ibid.*, p.297. 同三六六頁。

(55) *Ibid.*, p.298. 同三六七頁。

(56) *Ibid.*, p.300. 同三六八頁。

(57) *Ibid.*, p.271. 同三三八頁。

(58) *Ibid.*, p.126. 同一六六頁。

(59) I・バーリン、小川晃一他訳『自由論』(みすず書房、一九八七年)、三一六頁。なお、近代中国のコンテクストにおける積極的自由と消極的自由をめぐる議論については、水羽信男『中国近代のリベラリズム』(東方書店、二〇〇七年)、「おわりに」を参照。

(60) 佐藤慎一「近代中国の体制構想——専制の問題を中心に」、溝口雄三他編、シリーズアジアから考える、第五巻『近代化像』(東京大学出版会、一九九四年所収)、二二九—二三二頁参照。

(61) 同二三六—二三七頁、及び横山宏章『中華民国史——専制と民主の研究』(三一書房、一九九六年)、一九—二二頁を参照。

(62) 孫文「民権主義」、『孫文選集』、第一巻(社会思想社、一九八五年所収)、一五七—五八頁。

(63) 猪木正道によれば、独裁(dictatorship)と専制(autocracy)はしばしばデスポティズム(恣意的な暴政)という概念のもとで混同され、プロレタリア独裁やファシズム独裁などと一括するような権力規定が行なわれるが、それは誤りである。独裁とは、主として権力の集中に力点を置いた概念であり、それ自体としては権力の内容や階級的内容を含んでいないのに対して、専制は特定の個人や階級あるいは政党などの単独支配を意味する概念であり、権力を無限にしかも恣意的に運用する支配形態である。したがって、専制はつねに独裁、つまり権力の集中を伴なうが、独裁は必ずしもつねに専制に導かれるとは限らず、また専制がデモクラシーとは両立しない概念であるのに対して、プロレタリア独裁や人民民主主義という政治形態に見られるように、独裁は必ずしもデモクラシーと対立する概念ではない。ここで両者を別けるメルクマールとなるのは、一定期間にだけ当てはまる「具体的例外性」の有無、つまり「自分自身を無用にすることを目的とする」か否かである。この自己権力の否定という目的がある限りにおいてプロレタリアートの独裁はdictatorshipとしての独裁だが、それを目的としないファシズムの独裁はautocracyとしての独裁＝専制であることになる（「独裁」、『政治学事典』、平凡社、一九五四年参照）。この概念規定によれば、孫文による開明専制や毛沢東による人民民主主義も、dictatorshipとしての独裁であると理解すべきだが、中国語でも専制と独裁はきわめて類似した概念であることから、実際には混同されることが多い。デモクラシーと対立しない独裁が「専政（zhuanzheng）」であるのに対し、それと対立する場合は日本語と同じ「独裁（ducai）」であるが、デスポティズムの場合はこれらとは区別されつつも、日本語と同じ「専制（zhuanzhi）」という言葉が充てられている。具体的にいえば、プロレタリアートの独裁が「無産階級専政」である一方、ファシズムの独裁は「法西斯主義独裁」であるが、他方で旧ヨーロッパの「専制君主」もウィットフォーゲルの「東方専制主義（東洋的専制主義）」も日本語と同じ「専制」であり、ここでは内容の異なる三つの意味が一応区別されている。しかし、例えば毛沢東は、「人民民主主義専政《（ママ）》を論ずる」（一九四九年）と題する論文の中で、「人民民主主義＝独裁」であるとする西側の批判に対して、次のように述べている。「『君たちは独裁だ《（ママ）》』。愛すべき先生方よ、仰る通りである。われわれはまさにそうなのだ。中国人民が数十年の間に積んだ一切の経験が、われわれに人民民主主義独裁《（ママ）》——それは人民民主主義専政《（ママ）》ともいう——を実行させるのだが、要するに同じことで、つまり反動派の発言権を奪い、人民にだけに発言権を与えるということなのである」（『毛沢東選集』、第四巻、人民出版社、一九六〇年、一四一二頁）。ここでは、「独裁」と「専政」とが混同されているというよりも、両者を区別しつつも、あえて「専政」を「独裁」の概念で理解しようという政治的意図が表れている。また、鄧小平がアメリカの労組代表との会見で「プロレタリアートの独裁」について言及した際には、「私はかつてフランスに滞在したことがあり、西側が『専政《ママ》』を受け入れがたいことは良く知っている。だが、いかなる国も専政《ママ》の職能を有するものである」（「会見美国汽車工会代表団和美国工会領導人訪問華団的談話」、一九八五年四月二四日）と述べており、ここではデモクラシーとは対立しない人民民主主義の「専政」（独裁＝権力の集中）概念と、自由と対立する暴政としての専制概念が混同されているフシがある。だが、これらの事例は、中国における専政／独裁（dictatorship）と専制／独裁（autocracy あるいは despotism）との互換可能性を示唆しているともいえる。とはいえ、現代的なデスポティズム権力の「機能」との関連でいえば、その根本的問題は猪木も指摘するように、「ヒトラー独裁やスターリン独裁が、単なる独裁（権力の集中）でなくて、tyranny に転化していたことを意味するのか、それとも、今日の独裁概念が tyranny の要素を含まねばならないことを示すのか」（猪木正道『独裁の政治思想』、創文社、一九八四年、一二頁）にあるし、またその権力の「目的」との関連でいえば、既述のように一定期間内で例外的に限定された権力の自己否定という目的が存在しなければ（あるいは実質的にその目的の実現が担保されていなければ）、dictatorship は容易に autocracy に転化しうるという点にあるといえる。ちなみに、ウィットフォーゲルが『東洋的専制主義』で問題としたのも、まさにこうした意味での tyranny 及び autocracy としての専制なのであり、その限りでウィットフォーゲルの専制主義論の意味を問うことは今日においてもなお意義があるといえよう。

（64） *OD*, p.156. 同二〇四頁。

(65) W. T. De Bary, "Chinese Despotism and the Confucian Ideal: A Seventeenth-century View," John Fairbank ed., *Chinese Thought and Institutions*（Chicago and London: The University of Chicago Press, 1957）, p.164. ちなみに、李慎之もこうした中国独特の専制主義について、それは「人情化」、「政治倫理化」、「倫理政治化」された特徴を持つととらえている。これについては、李慎之「中国文化伝統与現代化」、『戦略与管理』、二〇〇〇年第四期、七頁を参照。

(66) 前掲「近代中国の体制構想——専制の問題を中心に」、二三七頁。

(67) 溝口雄三『中国における公と私』（研文出版、一九九五年）、三四頁。

(68) 西嶋定生『中国古代帝国の形成と構造』（東京大学出版会、一九六一年）、四九頁。

(69) こうした立場からの批判としては、フェレンツ・テーケイ、本田喜代治編訳『アジア的生産様式の問題』（岩波書店、一九六七年）、九頁、ロジェ・ガロディ、野原四郎訳『現代中国とマルクス主義』（大修館書店、一九七〇年）、一九頁、呉大琨「従広義政治経済学看歴史上的亜細亜生産方式」、『中国史研究』（一九八一年第三期）、二八頁などを参照。

(70) 金観濤・劉青峰、若林正丈・村田雄二郎訳『中国社会の超安定システム——「大一統」のメカニズム』（研文出版、一九八七年）、一〇頁。

(71) *OD*, p.107. 前掲『オリエンタル・デスポティズム』、一四六頁。

(72) *Ibid.*, p.441. 同五五一頁。

(73) 例えば最近の研究では、Anita M. Andrew and John A. Rapp, *Autocracy and China's Rebel Founding Emperors: Comparing Chairman Mao and Ming Taizu*（Lanham, Boulder, New York, Oxford: Rowman & Littlefield Publishers, 2000）や Zhengyuan Fu, *Autocratic Tradition and Chinese Politics*（Cambridge: Cambridge

University Press, 1993）などがある。ちなみに毛沢東は、人民公社化という社会主義的集団化（＝全体主義化）を推し進めていた一九五七年、党内の反対を押し切って、大規模な水利建設運動に乗り出し、広域にわたる大衆動員を「上から」の指導によって強行しているが（小林弘二『二十世紀の農民革命と共産主義運動』、勁草書房、一九九七年、三三四頁以下参照）、こうした歴史的事実もウィットフォーゲルの東洋的専制主義論を考える上で示唆的であろう。

第4章●——東洋的社会における市民社会の展望

中国の郷紳とギルドをめぐって

はじめに

M・ウェーバーが『宗教社会学論集』(一九二〇年)の「序言」において、近代ヨーロッパを「普遍的な意義と妥当性をもつような発展傾向をとる文化的諸現象」としてとらえたとき、その最大の焦点の一つは「西洋における市民層とその特性の発生」の解明にあった。[★1] さまざまな文化領域において合理化をもたらす経済的合理性の担い手こそがこの市民層であり、都市を舞台とした西洋型市民の登場が一つの原型として措定され、それ以外の非西洋社会における市民層、あるいは市民社会そのものの存在の有無、さらにその成熟度が普遍史のレベルで比較されることとなったのである。この西欧近代市民社会における主要な担い手が都市における市民であるとすれば、その対極にあるのが「アジア的」村落共同体、とりわけそこに生きる農民ということになるだろう。だが、ここでは西洋対東洋という図式以外に、都市対農村というもう一つの座標軸においても同じ問題設定が可能か否かを問うことができる。すなわち、アジアにおける都市と農村において市民層と呼べるような身分や階級が存在したのか否か、西洋社会での市民層が中間団体を媒介にしてよりよく発展したとすれば、東洋的社会においてそれとの等価物、あるいは代替物が存在したのか、仮に存在したとすればそれがいかなる発展過程を遂げたのかという問いである。

こうしたウェーバーの問題関心をそのまま引き継いだK・A・ウィットフォーゲルは、アジアの農村における村落共同体と同様に、都市における職業団体もまた、国家と農民、あるいは国家と労働者との間の「第三の領域」における専制権力から相対的に自由な中間団体として描き出した。[★2] 実際、ウィットフォーゲルにおいても、「アジア的」水力政体の専制権力は、不動産の主要な領域である農村のみならず、動産の戦略的所在地である都市においても優位を占めていた。そのうえで、都市が政府の行政と軍事の拠点であったがゆえに、手工業者と商人は重要な政治的競争者になる機会を持たなかったとされた。仁井田陞が指摘したように、「中国の都市についていえば、ヨーロッパ中世の都市とは逆に、『都市の空気も人を自由にしない』」のである。[★3] したがって、職業団体が市民階級の担い手となり得るだけの自治権を持てなかったとする基本テーゼは、それらが独立した政治権力として結実することを許さないほど中央政府権力が「恣意的に」強力になり得たという事実によって説明されることとなった。

ところで、強大な権力を独占する国家との関係における職業団体（**Korporation**）とは、ヘーゲルの『法の哲学』でそう理解されたように、司法活動とともに市民社会における諸身分の利益の実現と擁護のために結ばれるきわめて重要な中間団体である。この意味で、ヨーロッパ中世後期のギルド組合員が、しばしば都市の支配者となり、当時の権力闘争のなかできわめて積極的な役割を演じたのに対し、「アジア的」水力世界のギルド組合員にも一定の自治権が許容されていたものの、彼らは政治的には強力になり得ず、むしろ「無意味な（irrelevant）」存在ですらあったとウィットフォーゲルはいう。★4 中央政府はギルドを政治的に許される団体や結社とは見なしておらず、「アジア的」水力社会のギルドは西欧よりもはるかに長い歴史をもっているにもかかわらず、西欧のそれと比較できる視野で闘争的、政治的活動に参加することは稀であるとされたのである。こうしたことから本章では、中国の都市におけるギルドと地方（村落共同体）における郷紳という二つの中間団体（勢力）をめぐるウィットフォーゲルの議論を検討しつつ、アジアにおける市民社会の展望を探ることとしたい。

1　中国の村落共同体と郷紳

ウィットフォーゲルは『東洋的専制主義』（一九五七年）において、地方における郷紳（gentry）の基本的性格を都市における職業団体の政治的地位と同じような勢力として位置づけた。そこでは官僚を介しつつ「国家」の側から行使される権力と、相対的自律性を保持していた村落共同体をはじめとする「社会」の側から行使される権力とのいわば「結接点」として中国の郷紳がとらえられていたのである。ウィットフォーゲルはその際、村落共同体と都市という「第三の領域」において専制権力から相対的に自由な「中間団体」が全体的権力に対するチェック機能たりえなかったことの根拠を、独立した政治性の欠如に求めている。「アジア的」水力政体は広く組織された武装勢力として、不動産の領域である農村だけでなく、動産が戦略的に大きな意味を持つ都市においても優勢を占めた。だがその都市自体は、中央政府の行政と軍事の拠点であって、そこでは西洋のような手工業者と商人のギルドの勃興とともに、独立した政治性を擁する市民層が成立することはなかったという。そこには東西における土地所有の性格そのものの差異が横たわっている。「土地所有者は、組織の範囲が動産の代表者と同様に限られている富裕な実業家か、あるいはもっとしばしば官吏か司祭、それに全国的に組織された官僚機構の一部か、それと結びついている者であった。この官僚制はその土地所有メンバーやそれのゆかりの者が、中国の『郷紳』(sash-bearers)や各種寺院や宗教の司祭のような地方的組織を設立することを許していた。しかしそれは全国的な規模での、および独立した団体(corporation)ないし身分(estates)の形での土地所有者を統合する試みを妨害した[★5]」。そこでの土地所有形態そのものも、仮にそれが私的所有であったとしても、国家権力に裏付けられた形でしか存在し得なかったがゆえに、近代西欧市民社会の都市におけるような、自らの独立した権力の基盤にはなりえなかった。つまりウィットフォーゲルにとって郷紳に政治的自律性が欠如していたという事実とは、通常「郷紳」の英訳として用いられる西洋のジェントリーとは異なり、それが公的官僚システムの一部としてしか機能しなかったがゆえに、本来地方における有力者であるにもかかわらず、その地方性を超越して独立した「身分」や「団体」となり得なかったがゆえに導かれた結論であった。

ウィットフォーゲルはさらに、「中国社会――ある歴史的考察」（一九五七年）と題した論稿でも、再度伝統中国における郷紳の非政治性について言及している。彼の見るところ、私的所有によって社会的地位を説明する「階級」という近代西洋的概念は、「アジア的」水力社会における基本的階層化を十分説明していない。ここでは階級を創出する私的所有に対する操作よりも国家機構に対するコントロールの方が、至上の権力、名声、富といった様々な社会的価値を創出しているのである。帝政中国における地主とは、官職を持つか持たないかの違いこそあるとはいえ、基本的には単純かつ半複雑水力社会という「未発達な」私的土地所有権に基づく支配階級の構成員だった。地主とは通常、官僚的地主のことを指し、名望家とは官吏として仕えていない場合でも基本的には以前官吏であったか、あるいはその親族であるかのいずれかの人々のことを指した。これらの名望家を、西側では西欧的封建制のコンテクストにおいて「強い所有権」を持つ貴族的集団として「ジェントリー」と呼んだが、中国の郷紳も多くの土地を所有したものの、その所有権は決して強くはなく、したがってウィットフォーゲル自らも余儀なくそう呼んでいるとはいえ、これらを同じ言葉で扱うのは適切ではない。「中国の郷紳は、土地を所有するジェントリーが支配者に立ち向うほど十分強力な『身分（estate）』（団体 corporation、身分 Stand）に組織されていた多中心的封建社会の一部ではなかった。むしろ中国の郷紳は、官吏がそれとしてのみ組織された中央集権社会の支配官僚機構の一部なのである。それはその構成員が必ず土地を所有し封建的ジェントリーではなく、その構成員がつねに土地を所有するが、必ず政府の財産と結びついている官僚的郷紳なのである★6」。

ここでウィットフォーゲルは明らかに、前述の『東洋的専制主義』における記述とほぼ同じ内容を踏襲している。もちろんここで、「階級」と「身分」との差異とは、例えばイギリスの市民革命で勝ち取った特権的独占の廃絶によって、中世的都市市民たるツンフト的「身分」を克服し、「前近代的身分社会」を「近代的階級社会」へと強力に推しすすめるというプロセスにおいて本来説明されるべきであろう。だが、むしろここで中国の郷紳は、ウェーバーと同様に、軍事的誓約や同胞的盟約に基づく「都市ゲマインデ」のような市場規制や開放、法や裁判、政府人事権などへの参与を通して行使されるべき西洋社会における政治的かつ「身分」的特権の対極として理解され、したがってまた独立した「身分」的紐帯の欠如した、あくまでも地方において国家権力に依存する支配機構の一部として理解された。つまり、ウェーバーと同様に、ウィットフォーゲルにおいても「身分」の概念そのものは前近代的価値を代表しているわけでは必ずしもなく、むしろ近代的な市民的（＝政治的）特権を象徴さえしていたということである。したがって、「アジア的」社会における郷紳の非政治性という問題の根源は、ここでもまた国家権力に対抗しうるだけの独立した「身分」や「団体」に組織されていなかったという歴史的事実に求められたのである。

2　S・N・アイゼンシュタットによるウィットフォーゲル批判

これに対してS・N・アイゼンシュタットは、『東洋的専制主義』の書評（一九五八年）において、「アジア的」水力社会における政治過程、とりわけさまざまな社会的集団の政治構造および政府の諸活動に与える影響の程度や社会的変化の政治構造に与えるインパクトを扱う際、ウィットフォーゲルの分析はきわめて不適切なものとなっていると批判する。そもそも、水力社会における水力事業がつねに中央官僚機構の手にあったというのは、果たして歴史的事実なのかどうかについて、アイゼンシュタットは根本的な疑問を投げかけるのである。たしかに、ヨーロッパ的な意味での組織集団の政治的代表権（political representation）は中国社会に欠如しているかもしれないが、さまざまな活動集団は官僚機構、派閥、宗教的組織を介して政策に何らかの影響力を行使しており、それらは専制君主や統治集団にとってもけっして無視できない存在だったはずだとアイゼンシュタットは見る。彼は、W・エーバーハルト（W. Eberhard）の中国文明論に即しつつ、ウィットフォーゲルの「アジア的」郷紳論をこう批判する。

「ウィットフォーゲルは政治的、官僚的立場が、きわめて重要な地位や権力の自律的かつ独立的要因だったことをうまく示しているにもかかわらず、ダイナミックな変化を通した郷紳家族（gentry families）の継続性、その社会構造における強力な立場、またそうした家族に対する支配者の結果的依存、あるいは家族システムへの依存に関するエーバーハルトの分析によって示唆された諸問題を正面から扱うことをしなかった。たしかに郷紳は、主に専制的政治制度の枠組みの内部で活動していたかもしれないが、これらの制度が多くの場合郷紳に依存していたというのもまた事実なのである[★7]」。

つまり、ウィットフォーゲルは、水力社会の専制権力の絶対的強大さを強調しすぎた結果、それをとりまく郷紳の政治的自律性、さらにそれに依存すらしていた国家権力の相対的性格を過小評価しているというのである。

このようにアイゼンシュタットは、W・エーバーハルトによる郷紳家族システム論に依拠しつつ、たとえ西欧におけるそれと全く同じではないとしても、郷紳（gentry）が専制権力にならびうる自律的かつ独立した政治的勢力として存在していたはずだと主張する。この指摘は、ウィットフォーゲルの郷紳＝中間団体（勢力）をめぐる論理展開の不十分さを鋭く突いたものとして興味深く、したがってまた詳細な検討に値するといえる。というのも、一方で水力社会における中間団体（勢力）としての郷紳の政治性の欠如を指摘していたウィットフォーゲルは、他方で家長の権威を国家のそれと直接的に結びつけつつ、富裕な家族や郷紳といった名望家の政治的性格を描きだしていたからである。ウィットフォーゲルの見るところ、「村落の官吏が多くの権力をふるう場合でも、彼らの近くで生活する農民たちは共同体の日常問題について彼らの意見を出す多くの機会を持っていた。そしていったん政府の要求が満たされれば、村長とその補佐人たちは通常、上からの介入があったにせよわずかしか受けずに、村の問題を処理することができたのである」[★8]。しかも伝統的中国の村落共同体において、その内部にいる官吏たちは役職のない村民にも近接した地位にあったので、郷紳をはじめとする村の名望家たちはむしろ彼らを利用し、その背後で様々な政治的活動に従事することさえ可能であった。したがって、「この役職のない仲間たちは、富裕な家族や郷紳（gentry）の家族である場合は特に、村政に大きな影響を及ぼしえるのである」[★9]。このことはウィットフォーゲルが、郷紳の自立した政治性を評価するアイゼンシュタットの立場と、少なくとも表面的にはほぼ同じ位置にいることを示唆している。だが、そうであるとするならば、ウィットフォーゲルが郷紳のもつダイナミックな政治性を見落としていたとするアイゼンシュタットの批判は、ここでは全く当たらないことになってしまう。では、この矛盾した二人の立場の微妙なすれ違いを、いったい如何に理解すべきなのか？

そもそも上記の論争をさらに遡れば、ここでアイゼンシュタットの依拠しているエーバーハルトのウィットフォーゲル批判にもまったく同じことが当てはまることが分かる。エーバーハルトは、ウィットフォーゲルが中国の皇帝を「専制君主」とみなしたことを批判して、実際には皇帝は必ずしも政府による全政策の唯一の責任者であるわけではなかったのであり、そのそもそもの理解が誤りであると主張した。エーバーハルトは『東洋的専制主義』の書評（一九五八年）において、「専制君主はある一定期間の間、有力な家族（郷紳）によって操作されており、また長期の間、彼が作ったわけでなければまた変えることもできない法律や倫理的原則に服さざるを得なかった。また皇帝が絶対的支配者であるように見えたその他の期間も存在したのである」として、専制権力の郷紳との関係性における相対的な力関係の存在を指摘した。★10 つまりエーバーハルトは、ウィットフォーゲルがアジア的専制権力の絶対性ばかりを見ていて、それを取り巻く周辺の諸要因を見落としたがゆえに、実際にはそうした諸要因によって操作され、恐らくは限界づけられさえしていた専制権力の相対性を正当に評価できなかったと批判するのである。

しかしながら、これはまさに「行政収益逓減の法則」（the law of diminishing administrative returns）

という純財政的理由に基づいて運営される専制国家が、人々の生活のあらゆる分野にまで浸透する権力の行使を差し控え、専制権力の空白領域をその都度形成しているとしたウィットフォーゲルの議論と同じ事態を別の言葉で言いかえているにすぎない。というのも、ウィットフォーゲルは、中国の専制国家を国家権力の強さという形でも民間権力の強さという形でも言い表わさず、「行政収益逓減の法則」のもたらす多様な局面によって国家と社会のどちらの様相をも示す相対的なものとしてとらえていたからである。[★11] 既述のような、『東洋的専制主義』に向けられたエーバーハルトに代表される否定的解釈に対し、ウィットフォーゲルはかねてからの自説を繰り返すことにしかならない単純な反批判を慎重に避けつつも、「郷紳の政治性」を主張するエーバーハルトの立場が、「郷紳」と「私的土地所有の代表者」とを等価とみなすことによって西洋法制史上の重要な基準を中国社会にひそかに適用しているのだと反論する。すなわちそれは、「『アジア的』理論――とくに東洋的社会論および『アジア的生産様式』論を肯定するか否定するかという昨今の論争に言及することなく、自らの考えをきわめて教条的に提示している」のである。[★12] つまりウィットフォーゲルはここで、エーバーハルトが中国社会のもつ「アジア的」特殊性に目を配ることなく、西欧的な意味での「封建的」カテゴリーによって中国伝統社会を理解しようとするものだと批判しているのである。[★13]

それにしても、表面的には同じことを議論しつつも、本来的にはまったくかみ合っていないウィットフォーゲルとエーバーハルトというこの二人の間の深い溝を、いったい如何に埋めたらよいのだろうか？ たしかに、政治性の「欠如」や「脆弱さ」という表現はきわめて平易で明快だが、例えばエーバーハルトの依拠する方法論のように「封建的」カテゴリーを採らないとしても、そこには日本の中国研究においてもしばしば指摘される「ヨーロッパ的な範疇で中国の歴史社会を裁断するという危うさ」[★14]（村田雄二郎）が横たわっているのではなかろうか？　だとするならば、そうした危険性を意識的に退けながらも、なおかつウィットフォーゲルのとらえた郷紳の実像に迫るべく、われわれはもう一度中国における中間団体の「政治性」をとりまく周辺の言説を振り返っておく必要があるだろう。

3　中国のギルドとその非政治性をめぐる再検討

ウィットフォーゲルによるアジアにおける中間団体の政治性についての最初の記述は、『市民社会史』（一九二四年）にまで遡る。そこでの主な問題関心は、まず西欧中世の都市が如何に成立したのかに置かれていた。そもそも市民にとっての重要な舞台となる都市とは、定住を前提にして、なおかつ村落以上の空間的領域の中で、農業的でない、生産物の製造及び交換によって生活費を得ている手工業業者と商人によって構成されていた。そこで蓄積された財貨の守護のために城壁や城郭でこの空間が固められているのは、軍事政治的かつ商業技術的な諸理由に基づいていることである。[★15]都市はまず、平穏無事に経済的に成長し、都市君主等は間接的には容易にされた交換の機会により、直接的には手数料、関税、市場及び職人組合の租税によって、きわめて望ましい利益を収めるようになった。それゆえに、都市君主等は若い諸都市の発達を力相応に促進させたし、類似の都市居住地を外部に設計してきた。「彼等はなお一層豊富な収入を狙わんがために、彼等の賦役手工業者等はもちろん、代価を受取ってではあるが――個人的自由をすらも許した。それどころか、彼等は新しい都市住民等――防禦のための城廓（Burg）に因んで城廓民（＝市民 Bürger）と呼ばれていたところの――にある程度まで彼らの土地自体の裁制や管理を掌握させ」、都市市民による「増大する経済力」とともにその人々の「政治的独立」に対する意志もまた成長させていったのである。[★16] さらに労働者階級の一部は、職人組合（ツンフト）に組織されると、彼らの富が増大すればするだけ、地主や封建領主から税金を捲き上げられたり、階級的司法や支配によってひどい目にあうことを快く思わなくなっていった。それゆえ、やがて富と地位の面で都市貴族を圧倒しつつある手工業者は、ツンフトに組織される中でまずは経済的な力を強めていき、さらにその闘争継続とその権力表現を、そしてそれに見合った法的かつ軍事的行為の中に見出すようになっていった。[★17] ここでウィットフォーゲルは、M・ウェーバーと同様に、そうした強力なツンフトの典型的な例をイタリア中世都市の平民大衆が都市の民主化闘争の過程で形成した「ポポロ」という名の非正統的で革命的な政治団体に見いだし、それを「国家内の国家」とすら呼んでいた。[★18] 一方、こうした西洋社会とは対照的に立ち現れたのが中国の伝統社会であり、ここでは治水と灌漑政策の必要性によって王政官僚政治が成立し、はじめは農耕官僚政治であったが、やがて行政全体が官僚化していくこととなった。こうした中で、軍政が皇帝の官僚行政に取り込まれ、国費で養われた武装徴募軍隊が主要軍となった結果、軍人が戦争手段から剥奪され、家来が軍事的防衛力を失うこととなり、西洋社会とはきわめて対照的に、皇帝に対して独立した「政治的市民団体」（Bürgergemeinde）が成長不可能となってしまったのだという[★19]。

こうした問題関心をさらに中国のコンテクストに限定しつつ追究したのが、そのタイトルをウェーバーの大著『経済と社会』から一部借用することとなった『中国の経済と社会』（一九三一年）である。ここでもウィットフォーゲルは、中国の中間団体に「政治性」が欠けていたことの原因を、第一義的には経済的基礎に求めていた。中国には特殊な治水事業的諸形態を基礎として、工業的労力に対して遙かに強い欲求をもっていた国家が存在し、ヨーロッパ的意味での「手工業」よりも、純隷農的な性質をもつ賃金労働者階級として特徴づけられるべき、国家的枠内にはめ込まれた手工業者階級が存在していた。中国においては、手工業的同職組合も、商人の同業組合も、また両者の組織のなんらかの結合も、政治的権力の地位を獲得しえなかった。ウィットフォーゲルの見るところ、こうした中国の都市ブルジョアジーの「政治的脆弱さ」（politischen Schwäche）こそが、アジア的生産様式（asiatischen Producktionsweise）の特性なのである。「たしかに中国の官僚国家の官吏たちは、商人の同業組合および手工業者の同職組合をたいへん顧慮してはいたものの、西洋における同様な諸組織が、ほとんどの場合、長かれ短かかれある一定の期間獲得することができた公然たる法律的地歩を、中国の手工業者たちや商人らは獲得できなかった[★20]」。そこでは誓約団体としてのツンフトの宗教上および社交上の目的という本来の第一次的な目的に対して、「同一職業所属者間の協力と相互扶助に役立つ」という第二次的目的が主要なものとなってしまった。なぜなら、「彼らの職業層の物質的利益の保護のための協力、これが明らかに中国の手工業ギルドの諸機能の帰着するところの公式」となったからである。[21]

もちろん、ツンフト中国の手工業の勢力はけっしてゼロではなかったし、むしろ非常に広汎に組織された手工業的生産に従事し、組織的に結合した小工業生産者の直接の経済的勢力もきわめて大きなものですらあった。たしかに、多くの経済的かつ福利的諸機能、固有の監督制度、とりわけ固有の裁判権の中に経済的重要性が認められるがゆえに、それを容認するのを得策と見た国家的・社会的勢力の存在が記録されている。しかしながら、たとえ国家がツンフトを一般的に認容していたにせよ、それはあくまでも「改良主義的な」(Reformismus)ものであり、西洋のツンフトが闘いとった国家自身の勢力範囲をも危機に陥らしめるような権力を、中国の国家はけっしてツンフトに与えなかったとウィットフォーゲルは指摘する。「もしツンフトが官吏階級に反抗したとすれば、それはただ個々の不正と侵害の除去を目的としてのことであった。政治的権力のための闘争については、仮に個々の都市の枠内においてであっても、ただ一つの記録でさえ伝えられるものがない状態である。この劣勢な、そして西洋のツンフトの成功と比較すれば政治的にまことに脆弱な中国ツンフトの態度に対して、すでにわれわれによって輪廓づけられた彼らの職業政策の限界が対応する。たとえ中国の手工業において、因襲と伝統主義とが多くの事柄を均一化したにせよ、〈ツンフト強制〉と都市政府によって強要されたヨーロッパのツンフト的〈生産の統一化〉に比較して、中国の手工業的生産過程は、まさに本質的な諸点、すなわち、なんらの〈共同的な原料注文〉なきこと、なんらの一般的な〈品質の統一〉なきこと、なんら見習職人の数を限定しないことにおいて、支離滅裂である」[22]。このように、西洋社会とは異なり、ツンフト内部での国家に対する対抗権力の基礎ともなるべき「統一化された内的規範」といったものの欠如に対するウィットフォーゲルの見方はきわめて厳しい。

では、ツンフトはあらゆる権力からまったく無縁なのかといえば、けっしてそうではなく、ウィットフォーゲルの見るところ、彼らの配下にある隷属的労働者に対して次の一点においてのみ、中国のツンフト手工業者は高度の権力を施行することができた。すなわち、ツンフトそのものは国家権力に対して無力であるが、中国のツンフト手工業職場における職人と徒弟との地位は、下の者で自分よりも弱いものに出逢うものなら、そのツンフト内部での強大な権力を、遠慮なく振りかざすことができたのである。ウィットフォーゲルはいう。

「手工業・企業主は、ツンフト団体の中で強固に実権を握っていた。彼らは〈実際上職人の上に独裁的支配を行って〉いたのだ。ギャンブルによって著名にされたごく稀な例――このアメリカ人は、これをこの種のもので彼の知っている唯一のものだといっている――すなわち北京の抹香および化粧品製造業者の幇においては、隷属的労働者も幹事に選挙される。しかしながら、この例外の場合ですら、事業主が絶対多数を占め、すでに形式上〈特許幹事〉の群を圧倒することができるように、人数の比例が用意されている。かくて〈見習職人〉にとっては、ツンフトの中になんらのデモクラシーもない。むしろ〈親方〉専断的圧制（autokratische Unterwerfung）・独裁（Diktatur）があるのみである。形式から見ると、彼らの利益に奉仕する〈デモクラシー〉は、かくいう彼らのこの利益をば特別厳重に拘束するための武器となる[★23]」。

これは要するに、国家権力にこそ媒介されないとはいえ、アジアの労働の現場において上方から下方へとのみ行使される「抑圧移譲の論理」（丸山真男）である。つまりそれは、たとえ同じ政治権力ではあっても、「下から」行使される権力ではない以上、集団の自立性を確保する上での「政治性」とはまったく無縁のものである。かくして、「アジア的」社会のツンフトは、西欧近代市民社会のツンフトが労働者を「下から」組織して国家権力や他の競合階級と闘争したのとはまったく対照的に、末端の労働者に対してツンフト内部での専制権力を国家と同じように「上から」行使しつつ、弾圧してきたというのである。

このように、ウィットフォーゲルにおいて、中国のギルドにヨーロッパのそれとは異なって政治権力が欠如しているという事実は、中国の都市ブルジョアジーの「全く特殊の政治的脆弱さ」の中に現われているアジア的生産様式の特性そのものと理解された。かくしてウィットフォーゲルは、このアジア的生産様式というトータルな社会構成体の特性ゆえに、中国のギルドが政治的諸権利をもつ独立した自治団体たり得えなかったと結論づけたのである。もちろん、中国のギルドに政治性が欠けていたことの原因を、第一義的には社会的、経済的基礎に求めていたとはいえ、それが政治性の欠如をすべて説明しているわけではない。例えば、中国の手工業者、職人および賃金労働者の置かれた「地方的偏狭性」（Lokalborniertheit）という交通機関の不十分な発達のみに帰することのできない問題もある。中国における運河、道路および車輌は、機械化したヨーロッパおよび米国のそれらとは比較にならないほど発達していたにもかかわらず、ヨーロッパにおける都市の労働者は支配階級である市民階級にまで成長し、彼らはツンフト運動の「超地方的な組織立てへの道」を見いだしていった。それに対して、中国における市民階級の「地方的孤立性」(lokalen Isoliertheit)は、彼らの「経済的かつ政治的弱勢」の表現であり、マニュファクチュア部門に従事する労働者をして国民的規模以下の地方的規模の階級闘争にさえ到達させなかったのは、ウィットフォーゲルの見るところ、「マニュファクチュア生産の分散性」によるのである。ツンフト団体がその成員を選択するに当って、郷里の都市に定住している手工業者のみに限定しており、ある土地の手工者が他都市に定住して、今度はそこで同郷の手工業者だけをツンフトに加入させたとすれば、それは単に同一原則の異なった条件での適用にすぎない。例えば温州では、釣針製造業者は全部福州人、金箔業者は寧波人でなければならず、針金製造人にも類似的、かつ局限的な規定が適用されている。[★24] これはまさに、中国におけるギルドの発生起源として「同郷団体」論(根岸佶)がその有力な一つの説とされたゆえんであろう。[★25] したがって、古い大経営に使用されている賃金労働者でさえ、なんら地方性を超越した階級間協同、および階級意識のより高い階段に達することはなかったのである。ここでも「政治的脆弱さ」(=強大な専制権力の裏返し)は中間団体の非政治性を説明する上での最後的表現にはなっておらず、その非政治性がマルクスのアジア的生産様式のもたらすさまざまなアジア特有の社会・経済的要因との関連で考察されている。

さらに、ウィットフォーゲルの主著となる『東洋的専制主義』(一九五七年)でも、中国の都市は中央政府の行政と軍事の拠点として、西洋のような手工業者と商人ギルドの勃興や、独立した政治性を有した市民層の成立をもたらさなかった中央政府の行政都市として描かれた。だが、それ以上に重要なのは、ここでは郷紳の側でも財産獲得のため以上の政治権力を要求することはなかったと指摘されていることであろう。「官僚制の土地所有のメンバー――在職のものと退職した『ジェントリー』――もまた国家機構の収取的、法律的圧力に対して彼らの財産権を主張することができる全国的団体に組織されることはなかった。彼らはその土地を安楽な生活のための手段として利用することに満足して、政治権力の全国的に統合されたシステムを組織し、運営する仕事は在職しているものに委ねていた。もっぱら土地獲得に関心を持っているように装うことによって政治的無害性を証明した中国の将軍の例は、それが国家機構の人によって所有される場合でさえも、東洋的所有権の政治的無力性を立証して余りあるものである」[26]。このように、郷紳という中間勢力の非政治性は、第一義的には中央政府の絶対的な強さによって説明されたものの、それと裏腹な相対関係においては、自らの所属する地域性を越えてその外部と連携して郷紳自らの独立した政治力を強めようとしないばかりか、むしろ自らの非政治性(=忠誠)を中央政府に対して積極的に示すことすらあったというのである。

たしかに、「第二の自然」の第一次性が強調されるようになった『東洋的専制主義』においては、『市民社会史』や『中国の経済と社会』のときのような生産力、あるいは生産関係のもたらす富や財産といった経済的カテゴリーを政治性の根拠に直接結びつけるような表現は余りみられなくなっている[27]。だが、だからといってその理論的構成に全く経済的カテゴリーが媒介されなくなったというわけではない。というのもウィットフォーゲルは、自然に働きかける生産活動の結果、半ば制度化された「第二の自然」としての「財産」の発展パターンの考察を通して、中国における政治と経済との根源的関係を分析していたからである。具体的には、財産と社会的諸条件によって「複雑」パターンに位置づけられるようになった中国——すなわち、伝統的に規制された農地制度が廃止された秦朝以降の中国——では、一般の予想に反して私的土地所有はかなり優勢となっていたとウィットフォーゲルはいう。「この時代以前、非政府地は時折増えることがあっても全土地面積の半分以上にはならなかったし、またさまざまな法的規定が親族に（基本的に）先買権を与えていたにもかかわらず、中国が土地の私的所有を維持する点で他の主要な東洋文明よりも先んじていたことは明白であると思われる」[★28]。たしかにこのことだけでみれば、ウィットフォーゲルは郷紳を「私的土地所有の代表者」ととらえたエーバーハルトと同じ立場にあったといえるかもしれない。だが、ここでウィットフォーゲルのいう「私的所有」とは、単純あるいは半複雑水力社会においてそうであったように、けっして真に「私的なもの」として獲得されているわけではなかった。「支配階級内における官職をもっている部分ともっていない部分（郷紳 =gentry）との関係を大きく変化させる地主制の拡大は、土地所有権の強化ないし土地所有者の独立的組織化に結果しなかった。私的土地所有は、財政的、法律的、政治的観点から見れば、その誕生に際してそうであったように、伝統的中国の最終的崩壊に際してもまた脆弱だったのである」[★29]。つまり、官職をもとうがもつまいが、専制権力と直接結びつこうがつくまいが、確固たる私的所有権に基づいて自らの政治的独立を享受することはなかったというのである。このことは結局、商人のような中間グループによる取引から利益を引き出すにせよ、官職地や名誉職地などの公的割当地から収入あるいは給与そのものを受け取るにせよ、あらゆる統治階級内部の収入が政府の権力に根源を発していることを意味した。いいかえれば、政府の公的収入が同時に官僚的私有財産ともなり、「私的なもの」と「公的なもの」

とが互いに混在していたということなのである。

かくして官僚は、地代収入のための土地を手に入れ、そこから得た資金をさらに有利に活用することで官僚地主や官僚資本家となった。もちろん、地主と官僚が重なり合っていたのはアジアに特殊な事態であったわけでなく、西洋の専制主義においても基本的には同じである。だが、「アジア的」社会の官僚地主は、その政治権力を本質的に絶対主義政府から引き出していたという点で、西洋の専制主義におけるそれとは根本的に異なっていた。これについて、ウィットフォーゲルは次のように述べる。

「官僚的(東洋的)郷紳(gentry)の土地は、あるメンバーのために政府の官職につくことを助け、かくして再度権力に近づくことを可能にしたのであろう。しかし本質的にこの土地は、収入を生みだすだけの財産だった。それとは逆に、封建的(西洋的)ジェントリーは、国家権力から独立し、時には公然とこれと衝突する組織された政治権力の永続性をもたらしていたのである。水力的(官僚的その他の)財産には比肩できない方法で収益を産みだす土地であることに付け加えて、きわだってかつ意味深長なことに、封建財産は権力を産みだす財産だったのである」[★30]。

これこそはまさに、アイゼンシュタットやエーバーハルトが決定的に見落としていた、中国における「私的」財産が「封建的」でなく、「アジア的」財産であるゆえんであった。「私的所有の欠如」を指摘したマルクスのアジア社会論以来、伝統的中国研究において半ば通用していることの一般的「常識」に反して、中国にも「私的」土地所有はたしかに存在したものの、それはつねに専制権力によって従属的な地位に押し止められてきたがゆえに、国家に対する対抗権力の礎とはけっしてなりえない、とウィットフォーゲルは考えたのである。しかもその「私的」財産は、もともと統治階級内部から引き出されたものであるがゆえに、その保持者が財産に基礎をおいた組織と行動を通じて国家権力をコントロールすることはもとよりあり得なかった。それはあくまでも、権力からもたらされた消極的な「収益財産」(revenue property) であり、けっしてそれへと結実する積極的な「権力財産」(power property) ではなかったのである。

おわりに

以上のような議論を踏まえつつ、アイゼンシュタットやエーバーハルトの指摘するように郷紳に何らかの政治性があったのか否かといえば、やはりまずは存在したというべきであろう。郷紳とは既述のように、時には専制君主の権力や権威とも直接的に結びつきつつ、村落共同体内部で大胆かつ自由に行政に当たることさえ可能だったのである。ただしそれは、ウィットフォーゲルが主張するように、あくまでも支配階級機構の一部として組織されていたがゆえに、支配者に対し「下から」抵抗し、その権力をチェックし得るという意味での独立した「身分」や「団体」にはなりえなかった。たしかに、ここでいう「身分」や「団体」の根拠を、西欧的「封建」社会論がそうしていたように「私的」所有に求めることも論理的には可能かもしれない。だが、表面的にはそれと同じように見える「私的」財産でさえ、ここでは「公的」な財産収入の一部として引き出さざるをえなかったがゆえに、結局は「下から」の対抗権力を生む「権力財産」にはなりえなかった。だからこそ、水力社会における郷紳は、支配者の権威にも結びつく一定レベルの政治権力を兼ね備えていたにもかかわらず、西欧近代の「封建的」ジェントリーによって国家との衝突の際に発揮された「組織された政治権力の永続性」を持ち得なかったのである。そこでは「行政収益逓減の法則」によって国家の領域と社会の領域とが微妙に拮抗していたものの、後者の代表的活動空間である都市における職業団体でさえ、農村における郷紳と同様に結局は「市民的権力」を持ち得なかった。ギルドに象徴される非政府的中間団体が、例えばトクヴィルによって国家の専制に対する防壁としてとらえられていたのとは対照的に、全体的権力に対するチェック機能を果せなかったのも、中国における中央権力と中間勢力との相互利害関係に基づく第三領域でのバランス維持という局面が存在したこともさることながら、何よりも本来的かつ決定的には、官僚システムとは切り離された軍事的誓約団体としての政治性がそこに欠如していたという事実ゆえだったのである。

それにしても、こうしたいわば市民社会の「最終的砦」ともなりえる「権力財産」とは、「アジア的」水力社会においてはいつまでも欠如態のまま維持されざるを得ないのであろうか？　ウィットフォーゲルにとって、この根源的な問いに対する答えは、恐らくノーである。というのも、ウィットフォーゲルは新たな階級（あるいは身分）形成が促進される決定的な歴史的契機として、

「所有概念の積極的転換」という事態を見てとっていたからである。しかもそれは、土台＝経済がすべてを決定するという意味ではない。「頑固な経済的決定論をとるどころか、私は経済的なものの生態学的（ecological）要因への依存を、さらに開かれた歴史的状況において様々な選択を提供する文化的諸条件への後者の依存を示したのである。偶然性、イエス、決定論、ノー。それが私の立場である」[★31]。ウィットフォーゲルが経済的カテゴリー以外に、生態学的かつ文化的諸条件をアジアのコンテクストで考察したときに、ここでも依然としてその社会認識の根底にあったのは、それらをトータルに把握するマルクスのアジア的生産様式論である。だが、それは主著『東洋的専制主義』においてはもはや「生産様式」に基づく古典的な「社会構成体論」でなく、単純・半複雑・複雑という新たな「所有形態のパターン」を媒介とする社会認識論へと昇華されていると考えるべきであろう。たしかに、水力社会に典型的に見られる弱い所有権をもった場合、その所有者はできるだけ自由に所有権を行使したいと望みつつも、その処分権が制限されているがゆえに基本的には控えめにしか行使できなかった。だが、水力社会における唯一の例外として、動産的積極的財産（mobile and active property）が工業や商業において「積極的かつ独立的に」使用される場合には、その限界を克服する上での制度的にきわめて重要な意味が新たに生じることとなる。すなわち、水力社会における手工業者や商人たちでさえ、その財産を公的領域で積極的にかつ独立的に運用する際には、官僚システムの下での従属的立場から抜け出て、新たに独立した階級として立ち現われるという可能性をもったのである。かくして動産的積極的財産は、新たな独立的積極的財産（independent active property）へと転じていくこととなったが、これこそはまさに「収益財産」が

「権力財産」へと質的に転換していく決定的瞬間であった。

水力社会における私的大規模商業の発展は、国家の経営上の優位によって妨害されることのなかった建設業とは異なり、巨大な水力的密度と官僚制の密度との「行政収益逓減」的な兼ね合いの中で大きく制限されていた。たしかに、近代市民社会における商業資本が、都市を拠点として自律的な政治権力を獲得しつつ国家全体の発展にも寄与したのとは対照的に、水力社会における商業資本が小規模私的手工業や加工業と同様、国家全体の発展を促す大規模私企業にはなり得なかったというのは事実である。だが、だからといって水力社会は、けっしてこの社会経済パターンのまま停滞したわけではなかった。ウィットフォーゲルはここでも、「所有概念の転換」という発展の契機を見いだしつつ、「私的で独立した手工業が加工産業（もちろん、大規模建設を除く）において顕著になるとき、さらに独立した大商人が全ての政府によって共同で管理され、統轄された商業と同じくらいか、それ以上の取引を扱うようになるとき、水力社会は単純な財産所有のパターンをこえて成長する」とし、新たな社会発展の可能性を示唆していたのである[★32]。たしかにウィットフォーゲルは、水力社会における市民社会成立の可能性について明示的に論じることは差し控えていたかもしれない。だが、既述のような断片的な言及をたどっていっただけでも、彼がその可能性をけっして否定していなかったことだけは十分に確認できるであろう[★33]。

［註］

（1）Max Weber, *Gesammelte Aufsätze zur Religionssoziologie* ——以下 *GAzRS* と略記—— 1, Tübingen: J.C.B. Mohr, 1920, S. 15. 大塚久雄・生松敬三訳『宗教社会学論選』（みすず書房、一九七二年）、一九頁。

（2）これについては、本書第2章を参照。もちろん、中国の「村落」に西洋的（あるいは日本的）実体としての共同体が存在しなかったことは、すでに戦前の膨大な農村慣行調査で実証的に明らかになっているところだが、にもかかわらず、そうした「村落」における個々の共有財産、協力関係といったものの有無よりも、「村の結合の強固さ」（古島和雄）を形作っている一定の「まとまり」や「一体感」といったものの存在とその意味を問うことの意義は今日でもあるといえるし、恐らくウィットフォーゲルが問題にした「村落共同体」も、そうしたコンテクストにおけるものであったと思われる。

（3）仁井田陞『中国の社会とギルド』（岩波書店、一九八九年）、三頁。

（4）Karl August Wittfogel, *Oriental Despotism: A Comparative Study of Total Power,*（以下 *OD* と略記）New Haven: Yale University Press, 1957, p.125. 湯浅赳男訳『オリエンタル・デスポティズム』（新評論、一九九一年）、一六六頁。

（5）*OD*, p.86. 前掲『オリエンタル・デスポティズム』、一一八頁。

（6）K.A.Wittfogel, "Chinese Society: An Historical Survey," *The Journal of Asian Studies,* Vol.16, No.3, May 1957, p.355. ちなみに岸本美緒も、こうした東西の郷紳との比較において「身分」について考察し、「『身分』という語を世襲的固定化という側面に重点をおいてとらえるならば、科挙試験で選抜される紳士を前近代のヨーロッパや日本における『身分』の範疇でとらえることはできない。しかし一方、紳士と民との関係が市民的平等性によって律せられているのでなく、紳士が人格的に一段高い存在として民から区別されている、という点からみれば、それは、開放的ではあれ一つの『身分』として見ることもできよう」とし、その「前近代」的側面と「近代」的側面との両義性に注目している（岸本美緒「明清時代の郷紳」、小谷汪之他、シリーズ世界史への問い、第七巻、『権威と権力』、岩波書店、一九九〇年所収、六〇頁）。この指摘は「身分」という間接的範疇が、ウェーバーによる議論と同様に、「市民」という直接的概念とともに、アジアにおける市民社会を考える上での一つの重要なメルクマールになりうることを示唆している。

（7）S.N.Eisenstadt, "The Study of Oriental Despotism of Total Power," *The Journal of Asian Studies*, Vol.18, No.3, May 1958, p.442. これと同様に増淵龍夫も、ウィットフォーゲルが水力社会における地方の官僚行政に対し大きな影響力を行使した「自律的組織」や、それに基づく「様々な自律的社会秩序」の存在を見落としていると批判している（Tatsuo Masubuchi, "Wittfogel's Theory of Oriental Society<or Hydraulic Society> and the Development of Studies of Chinese Social and Economic History in Japan," *The Developing Economies*, Vol.IV, No.3, September 1966, p.328）。その限りにおいて増淵も、S・N・アイゼンシュタットやW・エーバーハルトと基本的に同じ立場をとっているといえるであろう。なお、こうしたエーバーハルトのアプローチと、ウィットフォーゲルやラティモアのそれとの対比において、中国の「封建制」について検討した研究としては、Drek Bodde, "Feudalism in China," Rushton Coulborn ed., *Feudalism in History* (Mamden, Connecticut: Archon Books, 1965) を参照。

（8）*OD*, p.123. 前掲『オリエンタル・デスポティズム』、一六三頁。

（9）*Ibid.* 同。

（10）W. Eberhard, "Book Reviews—Oriental Despotism: A Comparative Study of Total Power" *American*

Sociological Review, 1958, Vol.23, No. 4, p.447-8.

(11) 行政収益逓減の法則については、本書第2章を参照。

(12) ウィットフォーゲルによる Wolfram Eberhard, *Chinas Geschichte*, Bern: A. Franke A.G. Verlag, 1948 に対する書評。*Aribus Asiae* (1950), 13:1 and 2, pp.103-106, cited in G.L.Ulmen, *The Science and Society: Towards an Understanding of the Life and Work of Karl August Wittfogel*, The Hague: Mouton, 1978, p.299.

(13)「封建的」と「アジア的」という対概念をなすこれらの言葉は、マルクス主義の歴史理論において世界認識を左右してしまうほどのきわめて大きな意味合いを持っているにもかかわらず、そのような問題意識はいまだに一般的なものとなってはいない。ここで「封建制」＝前近代とされる図式は、いうまでもなくスターリンによる史的唯物論のいわゆる「五段階発展説」からアジア的生産様式が排除されたことに由来しており、いいかえればその悪しきスターリニズムの影響力は、今日の世界でもなお深く影を落としているといわざるを得ない。本来的にはこの「封建制」こそが、商業ギルドや職人団体などの独立した「政治的市民共同体」を自由都市において育み、その結果としてトータルな西欧近代市民社会を開花させることとなったにもかかわらず、正統派マルクス主義はそれとはまったく逆に、「封建制」を前近代と見なし、例えば本来「アジア的」社会であるはずのロシアも中国も、この「封建制」のカテゴリーで理解してきたのである。この問題性についての最近の論考としては、柄谷行人「革命と反復：第3章　封建的とアジア的と」、『クォータリー〈あっと〉』、二〇〇六年第三号を参照。

(14) 村田雄二郎「王朝・国家・社会――近代中国の場合」、溝口雄三他編、シリーズアジアから考える、第四巻、『社会と国家』（東京大学出版会、一九九四年）、六四頁。例えば、村松祐次も中国革命論を展開する際、「市民階級」の「薄弱さ」や「欠如」という繰り返し行なわれる指摘について、「ここには非西欧的な一つの社会態制と社会心情があるのであって、そのような事態の原因を外部的な機縁にばかり求めるのは、かりに攻撃の実態に直参し、したがって窮極的にそのような伝統的態制の陳套を超克する目標を明確にし、したがって革命戦略的な意義をもつものではあるにしても、中国社会ゆえんではない」（村松祐次『中国経済の社会態制』、東洋経済新報社、一九七五年、一三一頁）と批判している。しかしその本人が、同じ著作でギルドについて言及した際には、ウェーバーやウィットフォーゲルと同じように「市民意識の欠如」を指摘せねばならなかったことはきわめて皮肉である。村松によれば、「甚だ強い団結力をもち、商工民一般に対して圧倒的な発言力をもつもののように伝えられる商工業者のギルドさえ、例えばかつて『市政』に参与しようとしたことはない。形式的には集権的で、実質的には放任的な、中国の『政府』の統治の下で、第一『都市』独立の意識そのものが的確にもたれていない。市民社会の形成を抑圧する程に国家権力が強大だったというのではない。それはむしろ社会の帰趨に対して放任的であったにかかわらず『市民』的自覚の意識、市民社会形成の意欲が、今日までの中国には欠けていたのである」（同 二四九―五〇頁）。この二つの記述に見られる論理的矛盾は、村松の理論的欠陥から生じているというよりも、むしろ西欧との比較において中国社会の特質を探ることの根源的な難しさに由来しているものとして理解すべきであろう。そしてまさにそのことは、ここで若干考察したウィットフォーゲル自身が直面する困難さであったともいえる。それはわれわれには、同じ水準の比較対象の内容に潜在的に横たわっている量と質、あるいは存在と非存在をめぐる根源的差異の混同に発した問題であると思われる。

例えばそのことは、かつて七〇年代はじめに林道義と雀部幸隆との間で繰り広げられた「アジア的共同体」をめぐる主な論争点をわれわれに想起させる。ここで論理の簡略化にともなう誤解を恐れずにそのポイントを要約すれば、一方の林道義がロシアのミール共同体の中に「実質的平等原理」(ウェーバー――大塚久雄)を見いだしつつ、そこから封建的な私的所有の「欠如」した停滞する「アジア的共同体」論を展開し(林道義『スターリニズムの歴史的根源』、御茶の水書房、一九七一年)、他方の雀部幸隆は、そうした所有が欠如しているように見えるのは「アジア的段階における人間の自然に対する力能(生産諸力)がなおきわめて幼弱であり、人間的主体性がいまだに圧倒的な自然的客体性のうちに埋もれていたことの表現にすぎない」のであり、そのうえ種族と宗族とを結索した氏族があってはじめて「アジア的共同体」と呼べることを考慮すれば、ロシア共同体にそれがない以上、この共同体は「アジア的」ではなく、「基本的には封建的であるものの特殊ロシア的」であると結論づけたのである(雀部幸隆『レーニンのロシア革命像』、未来社、一九八〇年)。

ここでの雀部の立場は、あたかもS・N・アイゼンシュタットやW・エーバーハルトが中国の郷紳に「私的土地所有の代表者」としての側面を見いだしたことに通じるように思える。つまりそこでは、私的所有はたとえ弱小であったとしても確実に存在したのであり、したがってたとえヨーロッパのそれと全く同じではなかったにしても、封建的ジェントリーと同様に中国における中間勢力として少なからぬ政治性を発揮できた、という結論が導かれたのである。上述した雀部の論理をウィットフォーゲルとの論争点にそのまま当てはめつつ、なおかつ同じことをエーバーハルトの言葉で言い換えるならば、「アジア的段階における郷紳の『権力財産』(ウィットフォーゲル)はなおきわめて幼弱であり、その政治性がいまだに圧倒的な自然的客体性のうちに埋もれていたことの表現にすぎない」ということにでもなるのであろう。この論点はかつて黄仁宇が、中国の「萌芽的資本主義」という言葉について、「それは子供を子供と呼ばずに、これから大人になる人(「予備成人」:preadult)と呼ぶようなものだ」と揶揄した問題性にも繋がっている（黄仁宇『放寛歴史的視野』、三聯書店、二〇〇一年、九二頁）。しかしながら、私的財産を官僚システムの収入に依存しているような消極的財産を、果たして「幼弱である」というだけの理由で、権力財産と基本的に同一のものと理解して良いのであろうか？　それはやはりウィットフォーゲルのいうように、権力財産とは根本的に質の異なった「収入財産」であったと考えるべきなのではないだろうか？　つまり、質的に存在していないものについて、たとえ量的存在の側面から万言を尽くしたとしても、とらえられるべき事柄の本質にはいっこうに到達できないのである。したがってここでは、「西洋的」因子がすでにそこに存在していたととらえるのではなく、むしろ「アジア的」因子の展開過程における量質転換の結果としてそれが新たに芽生えた——いわば「無から有が生じた」——と理解すべきなのではないだろうか？　その限りにおいて、本来的に存在していない比較対象を「欠如している」と表現すること自体に、何ら問題はないといわねばなるまい。例えば、近代西欧との対比において伝統的中国社会を類型化したウェーバーの議論は、既述のような視点からしばしば批判にさらされてきたが、近代西欧に特有な個別の事象の存在（あるいは非存在）を中国社会の中に検証すること自体は、岸本の指摘するように、即座にウェーバー批判に結びつくわけではけっしてない。われわれはむしろ、「それらの事象が位置づけられている社会的文脈に注目する場合、中国社会が近代西欧とは極めて異なる型をもった社会であることに気づかざるを得ないのである」（岸本美緒「比較国制史研究と中国社会像」、『人民の歴史学』、第一一六号、一九九三年七月、一三頁）。したがって、こうしたコンテクストにおいてむしろ問題とすべきなのは、村松や村田が指摘するように、比較対象に外部からの範疇を安易に当てはめることがその本来の内発的発展の契機を見失わせる危険性をはらんでいるという事実なのであって、ややもすると一種の決定論のように受取られがちな「欠如論」そのものではないのである。

(15) K.A. Wittfogel, *Geschichte der Bürgerlichen Gesellschaft- von Ihren Anfängen bis zur Schwelle der grossen Revolution*, Wien: Malik-Vertlag, 1924, S.44. 新島繁訳『市民社会史』(叢文閣、一九三六年)、一六六―七頁。

(16) *Ibid.*,S. 45. 同一六八頁。

(17) *Ibid.*, S. 82-6. 同二四四―九頁。

(18) *Ibid.*, S. 90. 同二五八頁。

(19) *Ibid.*, S. 118. 同三一六―七頁。

(20) K.A.Wittfogel, *Wirtschaft und Gesellschaft Chinas, Zweite Teil, Produktivkräfte, Produktion- und Zirkulationsprozess*, Leipzig: Vertlag von C.L.Hirschfeld, 1931, S.510. 平野義太郎監訳『解体過程にある中国の経済と社会(下)』(原書房、一九七七年)、九九頁。

(21) *Ibid.*, S. 578. 同一六九頁。

(22) *Ibid.*, S. 595. 同一八三頁。仁井田陞は、ウィットフォーゲルによるこの記述を引用して、その「中国ギルドの特質に対する迫り方はまさに鋭利である」と高く評価している(前掲『中国の社会とギルド』、二二四頁)。

(23) *Ibid.*, S. 600. 同一九三頁。

(24) *Ibid.*, S. 632-3. p.49.

(25) 根岸佶『支那ギルドの研究』(斯文書院、一九三二年)、六―七頁。

(26) *OD*, p.86. 前掲『オリエンタル・デスポティズム』、一一九頁。

(27) これについては、本書第1章を参照。

(28) *OD*, p.290. 前掲『オリエンタル・デスポティズム』、三五八頁。
(29) *Ibid.*, p.293. 同三六一頁。
(30) *Ibid.*, p.300. 同三六八頁。
(31) K.A.Wittfogel, "Reply to Arnold Toynbee," *The American Political Science Review*, Vol. 52, No.2, June 1958.
(32) *OD*, p.245. 同三一一頁。
(33) 例えば、B・オーレアリーは、ウィットフォーゲルによる中心、周辺、半周辺という段階的水力社会が、西洋的多元的社会に制度的に移るという可能性を持つものなのかどうかという点について、次のように疑問をなげかける。「ウィットフォーゲルは、周辺及び半周辺水力社会の秩序（すなわち、一つのタイプから他のそれへと何度も横断する——そして再び元に戻るか——あるいは一つのタイプか他のそれとして分類するのが困難であるかのいずれか）との間の『制度的境界を横断する』諸文明に多くの頁を割いている。国家構造の出現をともなったノルマンディーの遊牧軍人、および『ギリシャ、ローマ、スペイン、ロシアの社会的変化』は全てこの種類の例である。明らかに周辺的、半周辺的水力社会は——中心の水力的専制主義とは異なって——変化し、転換することが可能なのだが、ウィットフォーゲルはこの許容の重要性を詳細に考察しなかった」（Brendan O'Leary, *The Asiatic Mode of Production—Oriental Despotism, Historical Materialism and Indian History*, Oxford: Basil Blackwell, 1989, p.246）。この周辺と半周辺水力社会の西欧型市民社会への転成の可能性に関する限り、この指摘は全く正しい。だが、果たしてウィットフォーゲルは、中心的水力社会のそれへの転成の可能性を本来的に否定していたのであろうか。たしかにウィットフォーゲルが、中心的水力社会においてそれを達成することの困難さを説明するのに十分な数々の周辺条件を描いていたとはいえ、その可能性について明示的に論じることはなかったかもしれない。しかしながら彼は、既述のような「所有概念の転換」を水力・非水力を問わない普遍的かつ根源的な社会発展の契機としてとらえていたのではなかったのだろうか？　もしそうであるとするならば、たとえそれが中心的水力社会であったとしても、官僚システムの従属的な立場から抜け出ることを可能にする「権力財産」を基礎にしたとき、西欧的な意味での市民社会への転成が可能となることを――たとえその未来に確信を持てなかったとしても――彼が暗に示唆していたことだけは確かであろう。オーレアリーが見落としていたのも、まさにこうしたウィットフォーゲルにおける根源的な歴史発展の契機なのである。

第Ⅱ部

「東洋的社会」としての中国・北朝鮮

ワシントン大学で講義中のウィットフォーゲル（1962 年）。

第５章●――ウィットフォーゲルと中国問題

はじめに

マルクスは『ニューヨーク・デイリー・トリビューン』（一八五三年八月五日）で、ロシアをはじめて「半アジア的（semi-Asiatic）国家」と名づけた。それ以来、マルクスとエンゲルスの二人は、一つ一つの共同体が相互に完全に孤立しあっているロシアでは、全国的には同一でありつつも、個別には共通のものとはまったく反対の利害を生み出すことが東洋的専制主義の自然的基礎になっていると理解していた。K・A・ウィットフォーゲルによれば、マルクスはロシアの東洋的支配の下で、近代資本主義がどのように発展するかについては説明しなかったものの、「東洋における資本主義の地位についての見解よりして、彼が一八八一年にロシアの近代的擬似資本主義を略奪的、買弁的勢力と見なしたのは首尾一貫していた」ことまでは確認できる。★1 マルクスは、「アジア的」システムの下では国家が「真の地主」であり、「土地の所有権は存在しないが、その私的ならびに共同体的占有と利用は存在する」（『資本論』第三巻）と記し、中国を含むアジア的生産様式において、その土地所有システムを「封建的」と呼ぶことだけはけっしてなかった。かくしてマルクスは、その臣民と労働、財産との上に至高のものとして君臨したアジアの国家において、専制君主こそが水力的、共同的労働の実際上、あるいは見かけ上の「調整役」となり、他方、個々の土地所有農民を、共同体の長の、所有物、奴隷とみなし、「東洋における総体的奴隷制」について言及することとなったのである。[★2]

一方、レーニンは、すでに一八九四年の段階で「アジア的生産様式」の概念を基本的に受け入れ、『ロシアにおける資本主義の発達』（一八九九年）では、この国の「アジア的」諸条件を「アジアシチナ」、「アジア的制度」としてとらえ、土地と農民に対するツァーリのコントロールを「国庫的土地所有制」と名づけていた。だが、ウィットフォーゲルによれば、ロシア社会民主労働党のストックホルム大会（一九〇六年）でレーニンは、土地の国有化が再び農民を土地に束縛しロシアの「アジア的遺制」を活気付け、いわゆる「アジア的復古」を招くであろうと主張したプレハーノフとの間で激しい討論をおこなった際、「ロシアのアジア的遺産を過小評価し、あいまいにした」。[★3]たしかにレーニンは、ツァーリ・ロシアを「半アジア的」とするマルクスの解釈を基本的に受け入れ、中国の辛亥革命（一九一一年）に際しても、「アジア的中国」、「アジア的大統領」といった言葉を使い、また一九一四年にはロシアの東洋的専制主義を「生きている現実」として言及しており、少なくともこのときまでは、東洋的社会、アジア的生産様式、東洋的専制主義の概念を支持していた。[★4]だが、やがて彼は「アジア的」という用語を避けるようになり、その代替として「中

世的」、「家父長的」、「前資本主義的」といった言葉を用いるようになり、基本的な考え方を変化させていったのである。★5

こうした「アジア的」理解を完全に否定したのがスターリンである。彼は一九二六年以来、マルクス、エンゲルス、レーニンの議論を如何に処理したのかについては一切触れないまま、中国の土地制度を「封建的」と決め付け、一九三一年のレニングラードでのアジア的生産様式をめぐる討論会では、この背後で決定的な影響力を及ぼした。この討論会では、「アジア的」社会論とは「ブルジョア的」西側が自ら建設的と称する行動の正当化を通して、アジアの共産党指導部を窮地に追い込むものだと理解され、「反封建派」陣営のメンバーが「トロツキスト」として、学術的にではなく、政治的に排除されたのである。★6 その後一九三八年には、スターリンの『弁証法的唯物論と史的唯物論』で、原始共同体社会、奴隷制、封建制、資本主義、社会主義といういわゆる五段階発展説が「世界史の基本法則」として確立されるとともに、翌三九年には、このスターリンによる「封建的」理解に基づきつつ、毛沢東の『中国革命と中国共産党』がまとめられることとなった。

こうした「アジア的」というロシアの前近代性をめぐる議論は、M・ウェーバーがロシアの発展に西ヨーロッパ的側面の決定的な欠如を見出し、ツァーリ政体に「アジア的」ないし「モンゴル的」精神を強調していたことに代表されるように、けっしてマルクスやウィットフォーゲルの議論に限定されるものではない。★7 しかしながら、仮にロシアを中心とした「東洋的社会論」をめぐる状況が以上のようなものであったとしても、ここで問題とすべきなのは、ウィットフォーゲルが主に研究に携わってきた中国についても、「アジア的復古」がそのまま当てはまるのか否かである。

もっとも、ウィットフォーゲルその人は、文革の始まった一九六六年にはすでにワシントン大学を退官し、中国研究の第一線からは退いていた。したがって、われわれには断片的に残された数少ないウィットフォーゲルの論考から、その現代中国観を探る以外に方法はない。こうしたことから本章では、六〇年代後半までにウィットフォーゲル自身によって書かれた毛沢東時代の中国に関する研究・考察を概観するとともに、その「東洋的社会論」（アジア的生産様式、東洋的専制主義）に基づきつつ、ウィットフォーゲルが語ることのなかった七六年以降の鄧小平による現代化路線、さらにウィットフォーゲルが九二歳で生涯を閉じた頃（一九八八年）に展開されていた趙紫陽による政治体制改革、そして民主化運動（とりわけ天安門事件）という具体的な政治過程を如何に理解すべきかについて考えてみたい。

1　毛沢東時代と「アジア的」なものをめぐる理論と実際

戦前の中国におけるアジア的生産様式論争は、一九二七年の上海クーデタに続く中国革命での敗北がきっかけとなり、中国社会が直面せざるを得なかった歴史的性格をめぐって繰り広げられた。一九二七年一一月の「中国共産党土地問題党綱領草案」では、いったんアジア的生産様式規定が盛り込まれたものの、翌二八年、モスクワで開かれた中国共産党第六回大会では、「農業関係と土地闘争に関する決議」でマルクスの「アジア的」概念は完全に排除され、スターリンの「封建的」概念が採用されるに至る。このことが、その後三〇年代前半にかけて、中国革命の性格、及び中国社会の性質をめぐって展開されたアジア的生産様式論争の直接的な引き金となった。具体的には、その一部としてアジア的生産様式論争を含む「中国社会性質論戦」、「中国社会史論戦」として闘われ、中共系、トロツキスト、国民党系、その他の第三党、社会民主党などの諸党派がこれらの論争に参加し、激しい論戦を交わした。この二八年の決議でマルクスの「アジア的」所有関係がいわゆる「半植民地、半封建」という新たなテーゼによって理解されたことは、単にコミンテルンを中心とする民族解放統一戦線や中国共産党内における路線闘争に止まらず、中国国内外の研究者による中国社会観にも決定的な影響力を及ぼすこととなった。それは例えば、かつて一度はウィットフォーゲルの水力的＝官僚的理論を受け入れていたアメリカの代表的中国研究者ラティモアでさえ、意識的にか、無意識的にか、一九四〇年代の後半にはアジアの伝統的社会を「封建的」と性格づけるように変化していたほどである。[★8]

ウィットフォーゲルの論考、「レーニン・スターリン主義の中国への影響」（一九五〇年）によれば、毛沢東は実際、「新民主主義論」の中で中国の地主を「封建的」と呼び、「支配的な政治経済は植民地かつ半植民地的、半植民地的であり、文化もまた同じである」としているが、いうまでもなくそれはレーニン、スターリンの伝統をそのまま引き継いだものに他ならない。[★9]さらに、毛沢東の「人民民主独裁」（＝プロレタリアートの独裁）の概念にしても、それは延安期にスターリンの著作を集中的に読んだ結果、毛沢東が直接スターリンから学んだものである。[★10]このように、レーニン・スターリン主義は、中国にさまざまなイデオロギー的かつ政策的武器を与えたが、それらを可能にしたのは高度に中央集権化されたロシアの「機構」（アパラチキ）であり、毛沢東はこの「機構」を中国に導入し、かつ有効に利用することで「封建的」なものをめぐる言説を中国に定着させたのである。[★11] かつてスターリン体制の完成がソ連におけるアジア的生産様式論争を終結させたように、新中国成立後、五〇年代の反右派闘争や大躍進という現実の政治過程、さらに歴史学界における「中国封建社会土地所有形式論争」、とりわけ「農民戦争史問題論争」などを経て、やがて既述の『中国革命と中国共産党』を中心とした毛沢東の著作が聖典化されつつ、中国における「アジア的」なものをめぐる議論は、完全に影を潜めることとなった。[★12]

ウィットフォーゲルは、「毛沢東：中国農民の解放者か、破壊者か」（一九五五年）で、毛沢東がいかにレーニン・スターリンの政策に従っているかを証明しようと試みた。毛沢東は、農民や土地問題の取り扱いにおいて、一九一七年にレーニンがその党の立場を強めるために農民の土地分配を勧告する社会革命党（エスエル）の綱領を採用したように、孫文の綱領を採用していた。スターリンが穀物の引渡しに際する農民の躊躇に気づいたとき一挙に集団化を実現したのと同様に、毛沢東も最善の時を見計らって強制的に集団化を決行したのである。[★13] この分析は、ソ連における「アジア的」なものの復古が、そのまま中国においても起き得ると考えたウィットフォーゲルの深い確信に基づくものであった。たしかに、中ソの集団化には、ロシアの農業が「粗放型」であるのに対して、中国の農業が「弱い集約型」であるという基本的性格の相違も存在したが、スターリン、毛沢東のいずれにも共通していたのは、仮に農民の損失になろうとも、国家の財源を増やそうとする彼らの計画を推し進めるのに十分な権力を握ったときには、断固として実行すべきであるという彼らの信念であった。したがって、中国における集団化の前段階で進められた協同組合化の意味についても、同じようなことがいえる。共産党指導による革命の第一段階の間、毛沢東は中国農民の「解放者」を装っていたものの、すぐに彼は農民の「破壊者」になった。一〇年もたたぬうち、「共産主義中国の農民は、小規模な独立生産者から、自立的な労働組合その他の均衡をとる社会勢力によって保護されない、全面管理的機構国家の独占的官僚制のために労働する農場労働者へと変貌しつつあったのである[★14]」。

さらに一九五六年に書かれた「強制労働」でウィットフォーゲルは、中国を象徴する本質的な制度である強制労働について伝統中国、共和制中国（中華民国）、共産主義中国の三つに分けて分析した。伝統中国では一般人民、農民に課された賦役労働、奴隷や不自由人に課せられた労働、及び兵士に課された労働の三つに区分される。統制された労働の一部は、賦役労働の性格に近づいたものとして共産主義中国にも見られたが、賦役労働はその形態及び型において奴隷労働とは異なっている。帝政以前の中国でも奴隷制は存在したが、それは主に、家内奴隷制であった。たしかに、奴隷制は一九一二年までに廃止され、中華民国では戦時を除けば著しく減少していた。だが、毛沢東の中国においては、強制労働は新たな様相を呈し、再度奴隷制に似た性格を帯びるようになった[★15]。ただし、共産主義中国における強制労働の制度は、かつての中国の様式の再現でも、自主的発展でもない。義務的、賦役労働という点ではかつての中国の方法を採用しており、例えば一九五五年二―五月、四四〇万人の市民が揚子江の堤防作りに駆り出されているが、新たに社会的制裁手段としての矯正的（奴隷）労働を生み出したという点では、ソ連に見られた共産主義者の様式に従っているのである。[16] この矯正的労働は、公式非公式の非難、大衆集会、公開告発、捜査、拘束、原因不明の失踪、そして審理から始まるが、すべてが長い期間にわたる監獄、収容所での再教育や矯正の序幕である。[17] 例えば、一九五五年にこうして奴隷労働に従事した人々の数は合計で二〇〇〇万人に及び、矯正的労働は明らかに経済的搾取の手段及び政治的一体化、脅し、再教育のための手段として毛沢東体制に仕えている。だが、ウィットフォーゲルによれば、こうした中国の現実こそは、マルクスによる東洋的専制主義論の社会的側面が依拠する「総体的奴隷制」の存在を裏付けるものに他ならない。[18]

同じ強制労働についてウィットフォーゲルはまた、「農業問題とモスクワ―北京枢軸」(一九六二年)においても、五〇年代に毛沢東によって進められた集団化との関連で論じている。ウィットフォーゲルによれば、中国はけっしてソ連の従属国であったわけではなく、同盟国としての自立した立場にありながらも、結局はスターリンの集団化のプロセスに完全に基づく路線をとっていた。それはソ連において集団化に際して農民に経済的インセンティブを与えなかったことが失敗の原因であったことを、フルシチョフがスターリン批判の際に明確に示唆した後にさえ、継続させるという徹底振りであった。[19] 一九五七年夏頃から、北京政府は学校や軍などすべての組織から農業生産協同組合を支援するための労働力の供出を要求したものの、彼らは農業作業をおこなうにはきちんと準備されておらず、むしろ訓練された農民たちの作業を妨げることすらあった。一九五八年の「大躍進」では、農村における大多数の男性労働力が地方の工業、とりわけ小規模鉄鋼作業という非農業作業に駆り出されることが予定されていたために、その埋め合わせとして、何万もの農村の女性たちが看護や厨房、縫製チームとして組織され、農村における農作業に必要な労働を支えたものの、今度はもともと農業に必要だった労働力を奪うこととなり、農業生産そのものを大幅に減じる結果となった。[★20]

さらにウィットフォーゲルは一九六七年、「中国の紅衛兵と『林彪路線』」と題した論考で、中国のプロレタリア文化大革命を国内の政治的危機と農業的危機に結び付け、さらに林彪路線として知られた当時の対外政策にも関連付けた。その一節は「海瑞の亡霊：毛の危険な農業政策」と題され、北京で上演された「海瑞罷官」というタイトルの歴史劇の主人公で政府の政策に批判的な明代の役人海瑞が、皇帝による農民からの土地の没収を非難し、彼らへの返還を強く訴えたことと、毛沢東による農業政策の失敗との関連性について取り上げた。いわゆる文革とは、公式には当時の北京市副市長の呉晗がこの歴史劇を書いて海瑞の行動に言及したことを、一九六五年一一月、上海の一文芸批評家であった姚文元に批判され、自分の農業政策に対する批判であることを即座に悟った毛沢東の逆鱗に触れたことに端を発しているとされる。だが、ウィットフォーゲルの見るところ、問題はけっしてこの土地の公有化をめぐる農業政策の失敗にとどまらず、海瑞の亡霊は今もって毛沢東の中国を徘徊している。「それは農村には忍び寄る危機があり、政治的重要人物は『海瑞の方法』でそれを克服したがっているという不気味な警告なのである[★21]」。

ウィットフォーゲルによれば、文革の中で動員されたおびただしい数の大衆がこの運動を始めたのでもなければ、紅衛兵が着手したのでもなく、例えばこの紅衛兵ですらそうした新たな大衆の動きが生じた後に現れたにすぎない。林彪の昇格は数年前に始まったとはいえ、文革がこの段階まで盛り上がったところで急速に頭角を現している。ウィットフォーゲルの見るところ、「これらの動きは、独裁体制の下で起きたことであって、その独裁体制下でわれわれは、独裁者の役割を理解しなければならない。毛沢東は一九三五年から中国共産党の頂点に立ち、四九年からは中国大陸の至上の支配者となったのである。権力の糸は、それらを毛が操作しているかどうかはともかく、すべて毛の執務室へと繋がっている。林彪の経歴も、文革も、紅衛兵も、すべてこの枠組みで見なければならないのである」[★22]。

フルシチョフが「狂った男」と評したように、たしかにここにきて毛沢東は非合理な行動に訴えているように見えるし、そのことは彼の身体的条件の悪化となんらかの関係があるのかもしれない。しかし、身体的理由であろうとなかろうと、毛沢東が自らの権力の減退を恐れ、その防御手段としてこの運動に着手したのだとすれば、毛沢東体制そのものの弱体化にそもそもの原因があるといえる。毛沢東が劉少奇でも、鄧小平でも、周恩来でもなく、他ならぬ林彪をNo.2に選んだのは、彼が毛沢東の意思の下で、「共産主義中国で最もコンパクトな党アパラチキ（機構）を運営できる人物」と見なされたからである。毛沢東権力の最盛期には、彼の潜在的敵対者を排除することはたやすいことであったが、専制国家においては唯一の強力な主権者がたった独りで支配しなければならない。ウィットフォーゲルは、こうした有力な取り巻きがいなくなった中国では、クーデター発生の危険性が限りなく増大しつつあると分析したが、そのことはそれ以前にも、彼自身が『東洋的専制主義』で理論的に指摘していた通りである[★23]。実際、クーデター未遂であった林彪事件がその後一九七一年に起きたことを鑑みれば、この時点でのウィットフォーゲルの分析は、数年後には見事に的中したことになる。林彪路線とは、要するに毛沢東路線の別名であり、それまでの中国の革命路線のように、発達の遅れた農業諸国によって「帝国主義的工業諸国」に対して遂行されつつある革命的闘争を歓迎していた。世界の農村によって世界の都市を包囲し、最終的な征服を目指すというのが文化大革命なのであり、それは蒋介石との内戦において成功裏に実行された政策でもあった。だが、毛沢東の「狂気」(madness)が紅衛兵を後ろ盾にして動員した文革とは、国内での自らの立場とその力を大きく損なうものであり、ウィットフォーゲルは「単に彼の敵対者に対する余り決定的とはいえない勝利を収めたに過ぎない」と結論づけている。[★24]そしてこの文革初期についての論考が、ウィットフォーゲルの現代中国に関する、公表されたものとしては最後の分析となった。

2 鄧小平時代と「アジア的」なものをめぐる理論と実際

毛沢東体制の終焉という歴史的転換点で開催された中国共産党第一一期三中全会(一九七八年一二月)では、「一〇年の災難」と呼ばれた「極左」路線、文化大革命が全面的に否定され、新たな現代化路線への一大転換が方向づけられた。この会議では、文革期における毛沢東の個人崇拝、その独裁的政治手法によってもたらされた「党の一元的指導」による数々の弊害が指摘され、党・政府・企業指導の不分離現象の改善、管理体制の機能化・効率化の必要性が提唱された。ここでは社会主義=労農国家という本来の理念とは大きくかけ離れてしまった「社会よりも強力な国家」

（ウィットフォーゲル）としての中国社会主義体制下において、「人民民主主義」を実現すべき「プロレタリアートの独裁」が、実際のところ「党の独裁」、さらには「個人独裁」へと帰結してしまったという政治システムをめぐる根源的諸問題を直視し、それを国家と社会との関係でいかに解決すべきかが真剣に問われたのである。この新たな改革開放の時代において、中国共産党が取り組むべき重要課題として注目されたのが、単に党や政府という「国家」の指導機構の改革だけでなく、それをとりまく「社会」における企業の党政ガバナンスのあり方、そしてそれを「下から」支える利益表出団体としての労働組合（以下、工会と略称）のあり方といった「社会」主義的諸制度をめぐる「民主的」改革であった。

この三中全会で鄧小平は、「党の一元的指導の下で、党組織、行政と企業の不分離、党政不分、政企不分の問題を解決し、責任の分担制度を実行し、管理機構、管理者の権限と責任を強化すべきである」と述べ、企業における党政関係の改革を強く主張した。[★25] これは文革の終結後間もなく開かれた中国共産党第一一回党大会（一九七七年八月）での「工会、共青団、婦連等大衆組織に対する指導を強化し、これらの組織をよりよく整頓し、建設し、本来あるべき役割を十分に発揮させるべきである」との決議をうけて、社会政策の起案レベルで具体化されたものである。また一九七九年四月の中央工作会議では、社会主義革命・建設全般における工会の役割、「四つの現代化」という経済戦略実現のための技術上、制度上、組織上の役割、労働者大衆の代表としての国家や社会集団に対する利益擁護、労働者教育、労働者階級の国内及び国際的団結の強化、党の「助っ人」としての役割などが定められ、工会の活動を強化することとなるいくつかの指示が出された。この会議を貫いた基本的観点の一つは、経済管理体制の欠点が党＝国家権力の「過度の集中」にあるがゆえに、権力を下方へ分散し、地方政府や末端の企業により多くの管理自主権を与えるべきであるということであった。企業内部の指導制度改革が徹底した経済改革を推進するための政治体制改革の一環としてとらえられ、党の指導性を確保する制度的枠組みを残しつつも、旧来の党組織への「過度な権力集中」を改めることが目指されたのである。

たしかに、こうした末端での工会をはじめとする社会諸集団による活動強化の拡がりを見る限り、七八年秋から翌年にかけての「北京の春」でラディカルな民主化を提唱した魏京生が、「マルクス主義と毛沢東主義の専制政治が長時間実行されたため、労働者、農民、兵士大衆はなんらの政治的自由もなく、そのなかで自分が生活していく社会機構と自己の生活を決定する権利を全然もたず、自己の願望によって、政府に影響を与える機会さえきわめて少なかった」と揶揄した状況を大きく変えるチャンスが整いつつあるように見えた。★26 だが、この改革は「下から」の民主化要求を部分的に取り入れたとはいえ、一九七九年三月、「社会主義の道、プロレタリア独裁、党の指導的役割、マルクス・レーニン主義および毛沢東思想」という鄧小平による「四つの基本原則」の提示によって、党＝国家による頑強な箍がはめられ、この枠組みによって厳格に制限された「上から」の政治体制改革として性格づけられることとなったのである。例えば、この魏京生が拘束され、反革命罪で懲役一五年の刑を宣告されたのも、この基本原則が出た同じ年の一〇月であったことはきわめて象徴的であろう。

八〇年八月に開かれた中国共産党政治局拡大会議では、鄧小平の「党と国家の指導制度の改革」

が、当時はまだ非公開のままで採択された。ここでは党＝国家への過度の権力集中、党務と政務の混同、幹部の家父長的体質と終身制、官僚主義、政治生活における前近代的遺制の残存などが指摘されるとともに、権力の下放、兼職の回避、幹部制度の改革、法制度の充実を中心とした民主化などが求められ、これがその後、断続的に繰り広げられることとなる政治体制改革の綱領的な文書となった。★27 だが、ここでとりわけ注目すべきなのは、党と国家の最高責任者である鄧小平が恐らく中国共産党史上はじめて、過去における「封建専制」という名の東洋的専制主義の存在そのものを公式に認めて、それが文革という悲劇を招いた根本原因の一つと見なし、それを如何に克服するかをめぐる現実的政治課題に結び付けていたことであろう。彼は次のように述べている。

「権力の過剰なる集中とは、党の一元的指導を強化するという掛け声の下で、不適切に、分析をはさまないまま、一切の権力を党委員会に集中し、さらに党委員会の権力は、往々にして何人かの書記、とりわけ第一書記に集中し、どんな事案も第一書記が司り、最終決定を下さねばならないという現象のことを意味する。党の一元的指導とは、それゆえ往々にして、個人による指導へと変化してしまったのである。全国の各レベルで、程度こそ異なれ、この問題が存在している。権力が過剰に個人あるいは少数に集中すれば、多数の人々が物事をおこなう上で決定権を持たなくなり、権力を持つ少数者が過重負担を担うこととなり、必ずや官僚主義を生じさせ、様々な誤りを犯し、各レベルの党、政府の民主的生活や集団指導、民主集中制、各人の分担責任制などに損害を及ぼすことになる。こうした現象は、わが国の歴史上の封建専制主義の影響と関係があり、また国際共産主義運動時代におこなった各国の党の活動において、指導者個人が高度に権力を集中させていたことと関係がある。われわれは歴史上、何度も党の集中・統一を強調してきたし、分散主義や独立性の要求に対して過剰なまでに反対を強調し、必要な分権や自主権を強調したり、個人による過剰な権力の集中に反対することはきわめて少なかった[★28]」。

このように、鄧小平の見るところ、これまでの中国社会のさまざまな局面で進行してきた「権力の集中」という現象が、本来の社会主義の理念とはまったく逆に、中国古来から脈々と存在し続けている「封建専制主義」を再生させてしまった。そして、こうした諸制度、諸問題への洞察が欠けていたことこそが、「文化大革命を発生させた一つの重要な原因」となっているというのである。例えば、企業や工会など、さまざまな社会的集団の組織化の局面では、鶴の一声（「一言堂」）、個人崇拝、個人が組織を凌駕するなどといった「家長制」の現象を不断に涵養してきたし、また社会関係内部に残存している「宗法観念」という「封建主義」の残滓は、経済領域での「官工」、「官商」、「官農」といった旧社会における「文化領域の専制主義的作風」を助長してきた。では、こうした個人崇拝、個人独裁といった極端な権力の集中を克服するためにはいったい何をすべきなのか？　「封建主義の残滓による影響をなくすための重点は、切実なる改革を進め、党と国家の制度を改善することであり、制度のうえで、党と国家の政治生活の民主化、経済管理の民主化、社会生活全体の民主化を保証し、現代化建設の事業を順調なる発展を促進することにある[★29]」。それゆえに鄧小平は、憲法などの法システムの改正、規律検査委員会の設立、中央・地方政府間の分権、そして企業における工場長責任制、労働者代表大会の設立など、新たな社会的諸制度づくりを求めることとなったのである。それは毛沢東と同じ地位にありながら、毛沢東時代のタブーに果敢に挑戦しているという意味で、最高権力者による自己の権力否定の契機すら含む、高度な民主性を帯びた画期的内容であった。

この鄧小平講話の二ヶ月後の同年一〇月、「毛沢東の最も雄弁なスポークスマン」(シュラム)として知られる廖蓋隆は、中共全国党校による中共党史学術討論会で「歴史の経験とわれわれの発展の道」と題して既述の鄧小平の講話を引用しつつ、いわゆる「庚申改革」と呼ばれる政治体制改革構想について報告した。この「庚申改革」では、人民代表大会における二院制、司法の完全独立、党と政府、各種経済機構、文化機構、大衆団体、世論機関などの職務における党政分離が提案された。とりわけ労働者、工会との関連で注目すべきなのは、廖蓋隆が党の一元的指導の名のもとに「個人専断」、「個人独裁」が行なわれてきた事実を省みて、経済、文化組織、大衆団体、世論機関などと党の関係を分業(「党政分工」)で行なうよう提起したことである。廖蓋隆はここで、一九五一年に李立三がサンディカリズム、経済主義として不当に批判され、一九五八年に頼若愚がサンディカリズム、経済主義、さらに反党反社会主義のレッテルを貼られた二度にわたる中華全国総工会党組拡大会議での誤りについて言及し、「党の指導」を本来の意味での政治指導に限定するよう主張した。★30 だが、この視点は中国国内では一般的には公表されてこなかったものの、後述するように、数年後には趙紫陽の政治体制改革として現実化することとなったという意味で、当時からすでに高度に政策的現実性を帯びた提言であった。廖はこうした五一年と五八年の二つの会議での誤りが党と労働者大衆との関係を損なうものと批判したが、その際彼は、ポーランドの自主労組「連帯」に言及しつつ、「われわれがもし変革しないならば、労働者階級が造反するかもしれない」と警告したのである。労働者ばかりでなく農民についても、独立の農会、すなわち中華全国農民連合会、あるいは中華全国農会を創設し、「農民の利益を擁護してこそ農民の造反を防ぐことができる」とし、労働者の工会と同じような社会集団を媒介にした民主化を主張していた。また各企業、事業単位の指導制度の改革について廖蓋隆は、鄧小平が八月の講話の中で党委員会指導下の工場長責任制、経理責任制を改めて、工場管理委員会、公司董事会、経済連合体の指導、監督下の工場長責任制、経理責任制を実行するよう提案したことに言及しつつ、党委員会指導下の校長、院長、所長責任制ばかりでなく、党書記の個人専断、個人独裁制度も改めるべきであると主張している。[★31]

一方、同じ頃学術・思想界では、一九三〇年代の第一次論争以来はじめて、アジア的生産様式についての議論が復活していた。一九七八年七月と一一月、長春で開かれたアジア的生産様式と古代史時代区分をめぐる討論会を経て、一九八一年四月には、新中国成立後初めての全国規模での「アジア的生産様式学術討論会」が天津で開催された。この会議には呉大琨、田昌五など、『中国史研究』、『世界歴史』といった学術誌で活躍していた歴史学界の重鎮が討論に参加し、いわゆるスターリンの「五段階発展説」の再検討に始まり、アジア的生産様式の意味合い、性質、そのアジア諸国の歴史への適用をめぐる妥当性などについて討論が繰り広げられ、その成果は『中国史研究』

（一九八一年第三期）で公表された。たしかに、この論争では、西側の諸外国、とくに六〇年代後半のフランスや日本で繰り広げられた第二次アジア的生産様式論争の影響を少なからず受けつつ、多様な意見の発表が可能になってはいた。だが、アジア的生産様式をアジア、すなわち非ヨーロッパ世界の特殊な社会経済構成とみなす往年の「アジア派」による見解を否定し、かつソ連史学界で主流を占めていた「古代東洋型奴隷制」を否定する点では、論争の当事者も対立者も基本的に一致しており、マルクスによる本来の「アジア的」概念を復活させるまでには至らなかった。★32

3　民主化運動の進展と「ブルジョア自由化反対」

こうした学術・思想界での変化はさておき、ここで問題を政治社会的変動に限定すれば、七九―八〇年における初期の民主化過程のプロセスはその第一波として、八四年の経済改革の本格化から八六年末の学生運動が胡耀邦総書記の「辞任」につながり、「ブルジョア自由化反対」によって再度後退したプロセスを第二波として、さらに八七年の第一三回党大会で趙紫陽総書記代行が「社会の協商と対話」の提唱によって「下から」の民主化の可能性を切り開いたプロセスを第三波として、それぞれ理解することが可能であろう。まず、文革に終止符を打ち、北京西単の「民主の壁」にはじまった民主化の第一波は、一九八三年の「精神汚染反対キャンペーン」で一旦は中断した。だが、八四年の経済体制改革の本格化によって、八六年には再び政治制度の改革が提起されたことを契機に、同年末以降、一部の都市において学生による街頭デモが発生していた。この問題が長引いた背景には、鄧小平がバランサーとして、保守派と改革派がともに水面下で対立を燻らせていたことがあったとされている。[★33] これに際して鄧小平は八六年一二月三〇日、学生デモの処理をめぐって胡耀邦、趙紫陽と話し合い、「反精神汚染の観点は、私は今でも放棄していない」と述べ、問題が解決していないことを厳しく戒めていた。[★34]

一方、党中央政治局拡大会議は八七年一月、こうした一連の学生による騒擾事件の処理に対する責任を問う形で、胡耀邦の党総書記からの解任を決定した。それに引き続き党中央は、次々と重要文書を公布してブルジョア自由化反対を再度強調するとともに、王若望、方励之、劉賓雁三名の党籍剥奪を発表するに至る。この中で党中央は、少数学生による騒動が、ブルジョア自由化思潮に反対する姿勢の不鮮明さと不明確な態度に由来しているという判断を示した。それゆえ党中央は、「四つの基本原則が強調されたことは少なく、思想政治活動が軟弱で無力化しており、多くの陣地でブルジョア自由化思潮の侵入を抑制できず、ブルジョア自由化思潮の氾濫を招いた。もし氾濫するに任せておけば、さらに多くの人、とくに一部の青年に影響を与えてその方向を見失わせ、わが国は動乱の社会となり、改革と建設を正常に発展させることができなくなる」と警告したのである。[★35]

当時、工場長単独責任制をブルジョア自由化と関連付けて批判するという動きが見られたが、これに対して例えば『経済日報』のコラム（八七年二月二六日）は、「工場長責任制を推進することはブルジョア自由化をやることではなく、企業の党組織の監督作用を保障し、思想政治工作を強化し、企業の社会主義的方向を堅持することをいっそうよく発揮するため」であり、かつ「所有権と経営権の適度な分離を通じて企業活力を増強することはブルジョア自由化の現れではなく、中国的特徴をもつ社会主義の道を歩む上での有益な探索であり」、また「労働者大衆が指導幹部の官僚主義、不正の風に対して批判しあるいは正当な要求を提出し、自己の合法的権利を擁護することは、ブルジョア自由化ではなく、ブルジョア自由化反対を口実として労働者の正当な批判や要求を抑えたり、打撃を与えたりしてはならない」と批判するなど、保守派を牽制する言論が現れ始めていた。かくして八七―八八年にかけて、政治的イニシアティブは明らかに保守派から改革派へと移り、中国にとって激動の政治体制改革の時代へと突入していくこととなる。

4 趙紫陽の「社会主義初級段階」論と東洋的専制主義

こうした改革派の巻き返しとの関連でとくに注目すべきなのは、趙紫陽が第一三回党大会（一九八七年一〇月）で「党政分離」の方針を打ち出し、国家の諸問題を検討すべく行政機関に対応して党内に設置された党機構（対口部）を廃止し、行政機関の中心で実権を握っている党組の撤廃、「党指導下の工場長責任制」から、五〇年代初頭と同じ「工場長単独責任制」への切り替え、末端民主（村民自治と住民自治）の推進、情報公開の推進および対話制度の整備などの大胆な政治体制改革を提起したことであろう。とりわけ趙紫陽が、政府各部門に存在する党組について、「それぞれその成立を承認した党委員会に責任を負っているが、このことは政府の活動の統一と能率向上に不利なので、次第にこれを廃止する」と述べ、行政機関におけるその廃止を打ち出したことの政治的意味合いは極めて大きかった。[36] 趙紫陽はこの報告の中で、政治体制改革について言及し、(1)党政分離の実行、(2)権限のより一層の下放、(3)政府工作機構の改革、(4)幹部人事制度の改革、(5)社会協商対話制度の確立、(6)社会主義民主制度の改善、(7)社会主義法制建設の強化、の七項目を提唱したが、実質的な改革として最も本質的な原動力として働いたのは、何といってもこの段階的「党組の廃止」の決定であったといえる。もし社会諸集団内部に存在する国家そのものである党組が工会組織内部で廃止されるとすれば、少なからず多元的価値の実現に寄与することになるのは確かだが、それだけに工会の自立（自律）性が党＝国家からの独立へと発展した場合、逆に今度は「四つの基本原則」という枠組みを大きく外れる政治的動向を容認することにも繋がることとなる。たしかに、工会組織の内部での党組の廃止は実際には行なわれなかったものの、それが近い将来に実施されるかもしれないという可能性は、すでに当時から大きな潜在的意味を持つものとなっていた。これによって工会は、「四つの基本原則」という大きな枠組みのもつ限界を有しながらも、それまで工会組織内部に存在していた党＝国家からは相対的に自由な、制度的多元主義（institutional pluralism）の可能性をもつこととなったのである。[37]

こうした一連の政治体制改革の青写真を提出する際の下敷きとなっていたのが、既述の中国共産党政治局拡大会議（八〇年八月）で鄧小平が提出した、「党と国家の指導制度の改革」についての講話であることはいうまでもない。実際、趙紫陽はこの政治報告の中で、この講話こそが政治体制改革を推進する上での「指導的文書」になっていると明言している。だが、この政治報告が鄧小平の同講話よりもさらに画期的なのは、中国社会主義の現在を「社会主義初級段階」と位置づけ、資本主義発展の遅れた後進国として社会主義に突入したという歴史的事実をはじめて直視したことであろう。これは明らかに、かつての資本主義論争において二段階革命論として議論された「ブルジョア民主主義」をめぐる現代的再論である。趙紫陽はここで、「中国人民が資本主義という十分な発展段階を経ることなく社会主義の道を歩めることを認めないのは、革命の発展という問題上の機械論であり、かつ極右的な誤りの認識上の重要な根源であるが、生産力の巨大な発展を経ずに社会主義の初級段階を越えられると考えることは、革命の発展という問題上の空想論であり、極左的誤りの認識上の重要な根源である」と述べ、間接的に、「遅ればせのブルジョア民主主義革命」の必要性を提唱したのである。[★38] 趙によれば、中国は「半植民地、半封建国家」として、「旧民主主義革命」の度重なる失敗後、「新民主主義革命」の「勝利」によって、資本主義でなく、社会主義こそが「帝国主義、封建主義、官僚資本主義」を克服する唯一の道であることを証明した。たしかに、ここには「ブルジョア民主主義」の課題として克服できなかった毛沢東の「新民主主義革命」を「勝利」と呼ばざるを得ないことに明らかな限界があるとはいえ、それが「社会主義初級段階」という「ブルジョア民主主義」の課題としてはじめて提起されている点では、きわめて大きな進歩である。だが、ウィットフォーゲルにいわせれば、ここで仮に本来の意味の「半分」(semi)であったとしても、いわゆるマルクス・レーニン主義がマルクスその人の意図とはまったく反対に「アジア的」なものを「封建的」(「半」封建)と見なしたことにこそ、そもそもの問題の根源がある。「彼らは中国、インド、近東の伝統的制度を『封建的』と呼んで躊躇しなかった。彼らはモンゴル以後のロシアと西ヨーロッパ封建制を同一視した。そして彼らは共産主義ロシア――と最近では中国本土――はともに『封建制』と資本主義に優越しているが故に、発展のより高度な社会主義的あるいはプロト〈原〉社会主義的水準に到達したと確信していたのである★39」。

しかしながら、趙紫陽の見るところ、現実の歴史に飛び越えは不可能であり、結局はその生産力水準の低さゆえに、「半植民地」、「半封建」の地位から容易に抜け出すことはできず、高度に発達した資本主義国家に比べるとはるかに劣らざるを得なかった。それゆえ中国における現代化の目標は、他の資本主義の国々がすでに達成している「工業化、生産の商品化、社会化、現代化」を長い時間をかけて実現することにある。しかもそれは、あくまでも「社会主義初級段階」として達成されるべきであり、けっして「資本主義の復古」であってはならないというのである。では、それらを実現するための党＝国家の指導方針とはいったいいかなるものであるべきなのか？

ここで趙紫陽は、現代化により生産力を発展させ、そのための改革を全面的に推し進め、公有制を主として大胆に計画的商品経済を発展させるなどの諸条件づくりを提唱した上で、それらの民主的諸改革遂行の困難さの原因として、中国の伝統的「封建専制主義」の影響に言及する。すなわち、「必ずや安定的団結の前提の下で、民主政治を建設すべく努力しなければならない。社会主義は、高度な民主、完成された法制、安定的社会環境を有すべきである。初級段階においては、不安定要因がきわめて多く、安定的団結を維持することがとりわけ重要となる。必ず人民内部の矛盾を処理しなければならない。人民民主の独裁を弱めることはできない。社会主義的民主政治の建設は、封建専制主義の影響が深いという特殊な緊迫性の存在ゆえに、またその歴史的、社会的条件の制限を受けるがゆえに、秩序ある段取りでしか、進めることができないのである」[★40]。つまり、ここでも趙紫陽は鄧小平と同じように、文化大革命という悲劇をもたらし、民主主義の健全な育成を妨げる根本原因の一つとして、歴史的、社会的伝統である「封建専制主義」の問題を取り上げ、それを社会主義初級段階論＝ブルジョア民主主義革命論に結びつけつつ、長期的視野での「アジア的」遺制の克服を企図したのである。

5　『河殤』問題と東洋的専制主義

こうしたポスト文革の時代において、「家長制」、「宗法観念」、「封建専制主義」といった中国における「アジア的」なものの諸問題をめぐる議論の活発化は、鄧小平、趙紫陽ら政権中枢のトップリーダー達やその周辺をとりまく知識人だけでなく、当時、すでに一般庶民のレベルにすら波及しつつあった。いわゆる『河殤』問題とは、そのことをとりわけ象徴的に示すできごとである。

『河殤』とは、一九八八年六月一一日から二八日まで最初に放映され、さらに視聴者の更なる要望で同八月下旬に再放送された蘇暁康、王魯湘らの編集による連続テレビ番組である。このテレビドキュメンタリーの制作顧問である金観濤の言葉を借りれば、それは「黄河という一筋の糸を頼りに中国の歴史、文化、社会に対する現代の学者の深い思索を明らかにしようとした」[★41]。その脚本は放映直後から単行本として出版され、社会的に多くの反響を巻き起こしたが、やがて中国指導部内部では「中華文明を否定するものだ」とする批判の声があがり、そのシナリオの発売も禁止されることとなる。だが、その後もこの『河殤』の政治問題化は収まらず、『人民日報』をはじめ、多くの新聞、雑誌が賛否両論の論評を掲載し、社会的関心はさらに大きく拡大していった。この作品が制作、放映されたのは、文革の全面否定と同時に着手された改革開放路線が曲がりなりにも順調に推移し、ポスト文革とも呼ぶべき新たな社会思潮が生まれつつあった時期であり、このことが問題を広く社会的に共有させたことの背景にあったことはいうまでもない。

『河殤』の第一部、「夢を追う」では、古い文明を持った民族がいずれも、現実との伝統との間で厳しい危機に直面することが説かれた。中国民族のルーツをたどったとき、それが黄河を中心として生まれ育ったことがすぐに理解できる。中国文明に黄河という自然の力が計り知れないほど大きな役割を果たして来た。悠久の歴史をもつ農業大国にとって、水は支配的な要因であり、数千年の間、「水への渇望」こそが中華民族の生存への巨大な力となってきた。厳しい自然環境という挑戦によってこそ、人間の創造力は刺激され、発揮され、黄河文明は人類史上のきわめて早熟な文明として発達し、治水、暦方算術、土地測量、家畜の飼育、製陶、冶金技術などの技術を西側よりも千年早く成熟させた。だが、それと同時に、そのことをもたらした過酷な自然環境自体が、その他の分野の発達を妨げ、とくに「歴史の展開、社会構造、政治組織などの面では、純東方型の道を歩むこととなった」★42。マルクスのアジア的生産様式論が提起されたのは、まさにこうしたコンテクストにおいてである。

「今日もし誰かが東方社会のあの悠久の専制主義は本当は水と関係あるのだと言ったら多分あなたは不思議に思うだろう。実はこうした見方はまさにマルクスとエンゲルスが提起したものなのだ。東方の自然環境の下では、大規模な人口灌漑施設をつくることが農業を営むための第一の条件となっており、当時の生産力レベルでは高度に集中した中央独裁政権が数千万の人々を組織し、人工灌漑をやり遂げる必要があったと、彼らは考えた。これこそが有名な『アジア的生産様式』の観点である。惜しむらくはマルクスとエンゲルスはこの問題をはっきりとは語っていないため後世の人々は延々と議論を続けている。

全くのところ、エジプトのピラミッドにしても、中国の大運河や長城、さらに南米の密林のマヤ人のピラミッドにしろ、現代人が舌を巻くこれら古代の大工事はいずれも非常に似通った『アジア式』歴史の影を示しているのではないだろうか。どれも古代の大帝国の遺物ではないか。何千何万の一つ一つではとるに足らない個体がある種の秩序によって組み合わされ配列され、最高至上の頂点をともに戴く大一統の社会構造は、巨大なピラミッドに非常に似ていないだろうか。その故に民主、自由、平等などという代物は『アジア』のものとはなり難いのだ」[★43]。

治水との親和的関係の深い「アジア的」社会へ熱い眼差しを注ぐその語り口には、ウィットフォーゲルのそれに限りなく近いものがある。しかしながら、こうした「大一統」の社会システムが、いわゆる「封建的社会形態」として中国でかくも長く続いてきたのかがいったい何故なのかを問う「アジア的停滞論」について、『河殤』はこれまで通りの「封建的」という公式見解に立っており、マルクスの「アジア的」立場をとってはいない。こうした「封建的」社会形態とは、あくまでも「特殊なもの」でなく「普遍的なもの」であるとし、それはマルクスのアジア的生産様式論をいわば世界史＝普遍史の初期発展段階に位置づけることで、その「アジア的」地域特殊論を退ける立場にある。いわく、「特殊なのは東方の古い現象ではなく、ヨーロッパで発生した突然変異なのである」[★44]。

折しも、このテレビドキュメンタリーの制作顧問であった金観濤によって出版された『興盛与危機――論中国封建社会的超穏定結構』（湖南人民出版社、一九八四年）が中国国内で大きな話題を呼んでいたのも、ちょうどこれと同じ時期に重なっている。金観濤・劉青峰夫妻はこの書で、伝統的中国社会構造の特徴が、(1)連絡の機能を担える強力な階層、(2)この階層による統一的な国家学説、(3)官僚によって管理される郡県制、(4)統一的信仰によって組織された官僚組織、という四要素によってシステム化（同一化）された「超安定システム」にあると説いていた。つまり、歴代王朝は興亡を繰り返すだけで社会が進歩しなかったということの解明と、『河殤』による問題提起とは、ほぼ完全に一致していたのである[★45]。

また『河殤』第四部の「新紀元」では、後進国資本主義の発展過程における諸問題について提起される。ここでは一九一七年に革命を経たロシアについて、マルクスの念頭においた未来社会が実現されたとするには、「なお遅れた農業国であり、農業生産は国民総生産値の五七・九％を占め、工業生産はアメリカの七％に過ぎなかった」とし、その後進国社会主義の問題について言及した。そしてこの後進性が、十月革命に否定的な態度を取ったプレハーノフとロシア社会に社会主義への転換を可能にする資本主義を認めていたレーニンとの間で激烈な論争をもたらしたのである。「『ロシア・マルクス主義の父』と呼ばれるプレハーノフは、歴史はその必要な発展段階を飛び越えることはできないというマルクスの思想を堅持し、時期尚早な政権奪取は主張せず、社会主義の成功を急ぐことが、経済をして惨憺たる失敗に終わらせることになると考えていた。プレハーノフの疑問は十月革命の勝利によって粉砕されたが、しかし彼のレーニンに対する挑戦は歴史によっても埋没されることはなかった。経済が未発達の社会主義国家で商品経済の発展段階を飛び越えて成功を収めることができるか。これはプレハーノフが描いた巨大な疑問符であり、半世紀余り社会主義陣営に取りついてきた問題であった★46」。

いうまでもなく、ここで問われているのは、プレハーノフとともにウィットフォーゲルその人が警告した「アジア的復古」の問題である。たしかにスターリンは、一九三〇年代に農民からの収奪と消費水準を抑えることによって高度な蓄積を強行し、ソ連工業の目覚しい発展をもたらしたが、その重い代価によって、その死後には新たな経済改革が強いられた。この厳然たる歴史的事実が示すように、「歴史は後退しない。人間が歴史を飛び越えたのである★47」。これと同じ歴史の潮流は一九七八年、ついに中国にも到達し、改革の大潮流に巻き込んだものの、ソ連と同じような後進農業国である中国にとっては、その商品経済の発展はけっして容易なことではなかった。中国のような小農からなる大国家でも、商業はかつてかなり発達したものの、「真の商品観念」は育たなかった。「何代もの王朝が続いたが、皇帝は全中国を所有する唯一人の私有者であった。皇帝は、任意に民衆から税金を徴収し、労働を割り当て、無償かつ無際限に農民を搾取することはできた。官吏は朝廷の与える僅かな給与で暮らさねばならず、当然民衆を騙したり、力ずくでその富を奪い取った。こうした農業文明の基礎の上に立てられた『大一統』の中央集権制度は、古代中国経済、とくに工業商業活動を抑制する重い首枷となったのである。その故に一部の西側学者は中国ではもともと真の私有制が生まれたことはない。資本主義の萌芽などということも語りようがないと考えている」★48。これは明らかに、「唯一の所有者」（マルクス）の下にある伝統的中国社会において、なぜ産業資本、および商業資本が十分に発達しなかったのかを説明するアジア的生産様式論について言及するものである。ここでは明示されてはいないものの、この「一部の西洋学者」としてウィットフォーゲルが念頭に置かれていることは、おそらく間違いないことであろう。つまり、「反共主義者」として長年中国で忌避されてきたウィットフォーゲルによる問題提起が、全中国レベルでの社会的な問題関心としてはじめて取り上げられ、かつ共有された一時期が確実に存在したのである。

6　天安門事件と東洋的専制主義の再現

趙紫陽による本格的な政治体制改革によって、工会をはじめとする社会的諸集団はそれまでになく大幅に自由度を増し、党＝国家からは相対的に自立した活動を展開しつつあった。だが、反ブルジョア自由化問題が何ら解決されないまま、一九八九年四月、胡耀邦・前共産党総書記の死去がきっかけとなって民主化運動が本格的に再燃したものの、『人民日報』（四月二六日）は、この動きをすでに八六年のブルジョア自由化反対の際に将来ありうる危険性として使われた「動乱」という言葉で規制していた。

こうした中で、社会主義中国の成立以来、はじめての自主労組である北京労働者自治連合会（工自連）が天安門広場に突如として出現することとなる。工自連は一九八九年五月、労働者の具体的利益を実現するための「民主主義を求め」、「独裁を引きずり下ろす」ための「民主愛国の運動へ導く」（二一日）ことを目指し、すべての職場での合法的な代表者を監督するにとどまらず、労働者の合法的権益を最終的に保障するために「共産党を監督する」ことすら求めつつ、学生主導によるハンストと行動をともにしていた（二五日）。[49] 工自連がその正式な設立を宣言した翌日（五月一九日）に北京市に戒厳令が敷かれたこと自体、党＝国家がその存在を深い根拠のあるものと認めつつ、全く前例のない「体制の危機」としてきわめて深刻に受け取っていたと思われるフシがある。[50] 当時、北京鉄道局豊台作業場の労働者であった韓東方（現在、香港に拠点をおく『中国労働通信』の主宰者）を事実上のリーダーとして、工自連は戒厳令の発令以降、毎日、この戒厳令に反対するデモを繰り広げていた。工自連が「騒動」を引き起こしたと嘯く市政府を非難するとともに、工自連はすでに自ら築いていた非公式のネットワークを使い、当局による弾圧の口実に使われないよう、市内の工場や商店などに対して職場内での秩序を維持するための「活動隊」を組織するよう求めた。この頃から、工自連と市内の各工場や事業所、及び学生らとの連絡は頻繁に、そして密かに行なわれるようになる。[51] 五月三〇日、工自連活動家の一人が逮捕されると、韓東方は即座に公安当局に対する釈放活動に乗り出したが、公安局側は「非合法組織」であることを理由に話し合いを拒否し、逮捕の事実そのものを否定した。これをうけて工自連側は、同日夜には海外メディアとの記者会見を開き、公安局による一方的逮捕の不当性を訴えた。その結果、翌日の午後にはこの逮捕者は無事に釈放されたが、これを境にして公安当局は、工自連に対する圧力をさらに一層強めることとなったのである。[★52] こうした中で、全国総工会主席倪志福も六月二日、全国産業工会主席座談会で発言し、「全国の労働者階級が当面する緊急の任務とは社会的安定を維持することである」と訴える。倪は全国の工会幹部が、労働者大衆を職場に戻し、生産と仕事に専念させるよう指導すべきであり、少数者による労働者組織を名乗り、労働者集団を分裂させ、党から引き離すような行為に反対することを求めたのである。[★53] しかし、この工自連の組織拡大の動きはいっこうに収まらず、そのメンバーは事件前夜の六月三日までに二万人にも膨れ上がっていた。[★54] しかも彼らは皆、学歴こそ低いとはいえ、待業者や失業者、あるいはいわゆる「都市浮動人口」の一部などではなく、工場や建設現場などさまざまな職場に働くごく一般的な労働者であり、全員が工自連への登録条件である何らかの事業所との正規の雇用関係にあったのである。[★55]

だが、その翌日、ついに悲劇の日を迎えた。

こうした当局側による一連の反応に見られるように、六月四日の弾圧に向けて、決定的な政治判断をもたらしていたのはこの自主労組の存在と彼らの行動であり、これに対して当局側が未曾有の「体制の危機」を感じていたであろうことが容易に見て取れる。ここで党＝国家側が何よりも恐れたのは、合法化されていない社会領域で自然発生している自主労組による「下から」の民主化要求という対抗権力のベクトルが、すでに合法化されている総工会の組織労働者による集団的民主化の対抗権力のベクトルと一体化し、党＝国家体制そのものに対する巨大な反体制権力となって仕向けられるかもしれないということだった。

だが、本来的には鄧小平、胡耀邦、趙紫陽の三人とも多かれ少なかれ改革派とみなされていたという事実を鑑みれば、これら最後の瞬間をめぐるトップリーダー間の攻防は、「例外的状況」において最終的に決断する者が主権者であると喝破したC・シュミットの言葉の真実味を弁証するための具体的事例として理解すべきであり、したがって結局のところ、ここでは鄧小平その人こそが「唯一の所有者」（マルクス）だったのだという結論に到達せざるを得ない。たしかに天安門事件に際しての決定は、トップ集団が鄧小平一派と趙紫陽一派とに割れるという「二つの中央」の並存状況に陥りつつも、鄧のリーダーシップは毛沢東の時代とは異なり、「独裁」ではなく、つねに合意形成を意図していたのかもしれない。だが、「動乱」という評価も、戒厳令も趙紫陽解任も、江沢民抜擢も、最後の弾圧の実行も、すべて鄧小平の決断であった。しかも、八九年四―六月にかけて、政治局会議はほとんど開かれないばかりか、当初、すべては趙紫陽以下五人の常任委員会に託されていたにもかかわらず、それが分裂して機能しなくなったとき、鄧小平以下、長老幹部八名で構成されるいわゆる「八老」が介入し、最終的には鄧小平が決定しているのである。まさにこうした事実にこそ、「革命の第一世代から完全にはリーダーシップが移っていない鄧小平時期末期の権力の特質」（毛里和子）があるのだといえる。★56

このように、社会（＝共産）主義政治の根幹にある人民主権、あるいは人民民主主義とも言い換えられ、なおかつ鄧小平その人が最後の最後まで固執し続けた「四つの基本原則」の最大項目でもある「プロレタリアートの独裁」とは、仮に理論上は実行可能であったとしても、現実的にはその対極にある国家主権、あるいは個人の独裁システムとしてしか機能しなかったのであり、この政治制度のもつ根本的欠陥を如実に露呈してしまったのだといわざるを得ない。★57 このことをさらに理論的に追究すれば、政治局という社会（＝共産）主義政体の頂点に立つ寡頭制内部において、少数の長老たちが分有していた権力のバランスが一旦失われると、制約されない権力の累積傾向は、意思決定の単一な独裁制的中心へと向わざるを得ないと論じたウィットフォーゲルによる全体主義的政治構造の内的メカニズムに問題が集約されるのである。★58 同じ改革派でありながら、一旦天安門事件前夜のような「例外的状況」に陥ってしまうと、政治局（天安門事件に際してはそれすら機能しなかった）内において独裁制的中心へと突き進む権力の政治力学に立ち向かうすべての対抗権力は、他ならぬ反体制権力（反革命、反社会主義、反人民……）とみなされる他はなかった。そして、まさにこうした全体主義的政治構造のもつ本質的側面とは、中国における改革開放政策の採用以来、さまざまに繰り広げられてきた「政治体制改革」の挙句の果てに、一度たりとも改変されなかった中核的部分を構成しているのである。A・ネイサンが指摘するように、「八老が統治体として機能した期間はわずかでしかなかったとはいえ、その存在は中国共産党が革命党であって立憲政党ではないと自己規定するかぎり、過去はもちろんのこと、これから先も再び行使される可能性のある基本原則を反映している」というべきであろう。★59

7　劉暁波による東洋的専制主義批判

鄧小平や趙紫陽らがそう考えたように、文革をいかに評価するかという問題は、これまで東洋的専制主義の問題を考える上できわめて重要な試金石となってきた。『河殤』の中で取り上げられた「大一統」という問題提起が全国の一般庶民の間でかくも広範囲に支持されたのも、文革という前近代的非合理性の噴出をめぐる共通体験、そしてその原因をめぐる思想的追究が社会的に広く共有されていたからこそである。

こうした文革に対する深い反省に基づき、中国国内では一九七八―八二年にかけて封建的専制主義をめぐる議論が活発化していた。L・R・サリバンによれば、その流派は大まかに以下の三つに分類できる。その第一が、多数派である唯物史観に立つ者であり、彼らは秦の始皇帝から毛沢東に至るまで、永続する農業経済の「後進性」と農民の「封建的意識」を反映しつつ、ほぼ単線的に専制主義が形成されてきたとしている。その第二が、これよりは少数であるが、専制主義の生成に際する国家と皇帝個人の自律的な役割に焦点を当てつつ、マルクス主義の「正統的」パラダイムを批判する歴史学者である。さらにその第三が、こうした一九七八年以降支配的となった反専制主義論を排して、「偉大な」啓蒙専制君主が歴史上、幾度となく肯定的な役割を果たしてきたとするいわゆる「開明専制主義」擁護の立場である。★60

だがいまや、東洋的専制主義の問題を考える上でのさらに重要な試金石として、天安門事件が新たに付け加えられた。例えば、この八九年の民主化運動に参加し、その政局の展開に重要な役割を果たした劉暁波も、反専制主義の立場を中国の知識人の一般的傾向としてとらえている。たしかに、知識人は文革後、誰もが文革に対して否定的な態度を取り、それが中国史上空前の大災禍であり、中国の現実を停滞させた「諸悪の根源」であると主張した。だが、劉によれば、この文革を否定している「主流」こそが、文革をもたらした専制政治を擁護し、その「人治」の伝統を擁護している人々に他ならない。それはこれまでの中国史において、長期にわたる専制主義社会の体制の根底には手をつけず、皇帝や貪官汚吏に対する批判と同じように、「名君」によって「暗君」を否定し、「清官」によって「貪官」を否定し、つまり専制主義の「精華」によって専制主義の「糟粕」を否定するものである。そのことは、例えば伝統社会から現代社会への過渡期にある中国の発展には民主主義と自由を拡大する政治体制改革を一時棚上げしてでも、権力の集中による権威ある政権による「開明専制」が必要であるとする、天安門事件の前後から台頭してきたいわゆる新権威主義論にもみられる。つまり、既述のサリバンによる分類でいえば、最も少数者とされる開明専制主義擁護派の考え方が、劉が指摘する最も一般的な傾向に当てはまる。この枠組みで理解する限り、文革とは毛沢東や林彪、四人組などに代表される「誤った路線」によって引き起こされたものであり、逆にいえば、劉少奇や周恩来に代表される「正しい路線」が実践される限り起こりえなかったということになる。だが、劉暁波によれば、これらの論理とは、見かけは「正義」を説いているようでありながら、実際には専制主義政治の存続のために巧妙な弁護をおこなっているにすぎない。

「中国の歴史上、秦代から現代にいたるまでの政治闘争は、すべて専制政権内部における権力と利益を争奪する角逐であった。こうした専制主義の内部闘争は、たとえどれほど非人間的なまでに残酷なものであろうと、いわゆる正義と邪悪、進歩と保守の是非の争いではなく、ましてや正しい路線と間違った路線との争いなどではない。それはただ最高権力を争奪する闘争にすぎず、中国の歴史上のたび重なる宮廷政変や農民蜂起と同じである。すなわち、『文革』の闘争はふたつの制度、ふたつの政体の間の闘争ではなく、同一制度、同一政体内部の権力争いである。中国歴代の統治者たちと同様に、共産党の指導者たちはこれまで一党専制の独裁体制を根本から改変しようとしたことはない。よって、厳密な意味でいうなら、これは政治闘争ではまったくなく、人間と人間との相互排斥であり、なんのルールもない、『人間は人間に対して狼である』(ホッブズ)という食い合いなのである。さらに踏み込んでいうなら、中国数千年の専制主義の内部の残酷な闘争でおびただしい量の血が流されて、人民の暮らしが乱されたにもかかわらず、こうした闘争にはなんの政治的な意義もなかった。莫大な犠牲の代わりに得られたものは、社会制度の改革ではなく、新たな独裁者の勝利であった[★61]」。

ここでいわれている「専制主義内部の残酷な闘争」とは、少数者によって分有されていた権力のバランスが一旦失われると、制約されない権力の累積傾向は意思決定の単一な独裁制的中心へと向わざるを得ないと論じた、前述のウィットフォーゲルによる全体主義的政治構造内部での権力闘争メカニズムに酷似している[★62]。こうした専制主義の政治システムの中では、独裁者の周囲にいる

「功臣」でさえ情け容赦なく排斥される運命にある。例えば、毛沢東によって排除された劉少奇は、じつは毛沢東の独裁的な地位の確立に労をいとわなかった人物であり、周恩来という「不倒翁（起き上がりこぼし）」は、政治的権謀に長け、毛沢東が反対分子を排除するのを助けた。たとえ周恩来が、古代の堯、舜、禹のような「開明君主」であったとしても、専制主義そのものを変えることはできなかっただけでなく、その死去に当たって全国の人民、知識人の流した涙は、この政治システムを変える必要はないという声を代表しているにすぎない。要するに、毛沢東が「文革」の唯一の罪人ではなかったように、このシステムの内部においては、劉少奇、周恩来も「受難者」であり、けっして英雄などではないということなのである。

劉によれば、なぜ中国の知識人が「暗君」や「貪官」を否定するだけで、専制主義そのものに反対しないのかといえば、伝統文化の「道徳的人格主義」論が人々の間にしみ込んでいるからである。こうした人格主義の根底にあるのは、「身を修め、家を斉え、国を治め、天下を平らかにする」（『大学』）、「聖人の心は天地と同じであり、天下を一家のように、中国を一人のように視る」（『論語』）、といった儒教の伝統である。「中国の長期にわたる『人格』の伝統、明君を探し求める中国の知識人の夢が、なぜ数千年を経ても衰えないのかは、道徳的人格に対する信頼のためである。彼らは社会の政治変革をある権力者の道徳的人格に託し、制度そのものの改変に託さないのである。彼らは、道徳の高尚な君主は政治を安定させ、廉潔にし、歴史の進捗を推し進めるはずだと、信じているのである[★63]」。だが、劉の見るところ、「身を修める」ことと「国を治める」、「天下を平らかにする」ことの間には何ら論理的必然性はない。むしろ、「道徳的な人格をもって制度に代えることの最も致命的な弱点は、ある政権が没落に向かうときに、良識ある人士の批判がまさに道徳面の破綻を隠蔽してしまうというところにある」[★64]。

このように君主が「開明」であるか「暗愚」であるか、「廉潔」であるか、「腐敗」しているかといった基準では、専制主義の問題そのものは見えてこない。それゆえに、専制主義を根源的に批判し、それを覆す力とは、その専制主義のシステム内部から求めることは不可能である。しかし、ここで興味深いのは、こうした専制主義に対する根源的な批判を展開する劉でさえ、専制主義の問題の根源が非人間的な「封建主義」にあるとし、その反対概念としてとらえられた「民主」の不徹底にあるとみていることであろう。「一党専制、個人独裁、一思想独尊の社会は、野蛮で非人間的な封建主義でしかない。それを否定する武器は、そのもの自体ではなく、専制主義と完全に対立する民主制である。すなわち人権、平等、自由、民主によって皇権、差別、専制を否定し、法治をもって『人治』に替え、私有経済と自由市場をもって公有制と計画経済に替えるのである」[★65]。さしあたり、ここで注意しておきたいのは、劉が「人権、平等、自由、民主」といった政治的価値を基本的に等しく並列に扱いつつも、人治から法治への転換を最終的に担保するものが「自由」ではなく、「民主」であるとみていることである。

こうしたコンテクストでいえば、文革は専制主義における権力と利益の争奪とその腐敗を徹底的に暴露したという意味で、絶好のチャンスであったし、八三年の「精神汚染批判」も、八六年の「ブルジョア自由化反対」も、「開明的専制の神話」を粉砕してくれたという意味で、けっしてマイナスではなかった。だが、劉の見るところ、中国の知識人の多くは、いまもなお「暗君」と「貪官」に反対するだけで専制主義には反対せず、文革の中で全面的に否定されたものを単に全面的に肯定しているだけである。文革の発動そのものの目的とは、毛沢東の専制主義が権威と偶像を確立するためにあり、その問題の根源とは絶対的権威によって神格化され、これに反対してはならず、反対するものは反革命とされたことにある。文革において否定されたものとは、じつは反専制主義としての意味はなく、むしろ逆に毛沢東の権力闘争の意義、個人独裁を強固にする意義しかなかった。したがって、文革に対する批判とは、反専制主義から出発し、中国の古代から現代へと脈々と受け継がれてきた長期にわたる専制主義の「文化的基盤の否定」にこそあるべきなのである。[66]文革中に否定された伝統とは、毛沢東に対する崇拝と社会主義に対する信仰といったように、とりわけ西洋的価値を含む人類の歴史上残してきた伝統が「四旧」（旧思想・旧文化・旧風俗・旧習慣）として全面的に否定されるという盲目的なものであったのに対して、本来の伝統批判とは、あくまでも反専制主義という基準でおこなわれるべきであり、劉少奇の名誉回復にせよ、孔子に代表される伝統的儒教の弁護にせよ、文革批判そのものがそうした「盲目性」の単なる反復であってはならない。[67]例えば、『第二種の忠誠』を提唱した劉賓雁は、彼を除籍した党に対してひたすら思いを寄せ、反右派闘争以来の「二度目の復権」を期待したが、こうした復権とは、劉暁波の目にはただ単に党＝国家が不幸な人々に恩恵を施し、「専制者の恩恵」を期待する当事者が復権された際にはそれをこの上ない栄誉とし、まるで自分が民族の英雄になったかのように思い込み、感激の涙にむせんでいるようにしか見えない。[68]なぜ他の自主的な手段で自分の復権をおこなわず、「専制者の慈悲」によって「恩恵」が施され、「解放」してくれるのを待つしかないのかといえば、その決定権はすべて「専制者の掌中」にあるからである。「復権しても専制政体の性質を変えることはできず、かえってそれに箔をつけ、『開明』を大いに宣伝することになるのである」[★69]。こうした「忠誠」とは、ヘーゲルや魯迅が指摘したようないわば「主人と奴隷」の関係の基礎のうえに成り立っており、単に「専制主義への忠誠」を繰り返し、強化するだけにしかならない。「伝統文化が中国人にもたらしたひどい苦難は、中国人を伝統から離反させなかったばかりか、かえってそのたびに伝統に回帰させた。これは、専制主義がもたらした苦難がそのたびに新しい専制主義をうみだすだけであったように、一種の悪循環ではないのか。こうした悪循環が中国人を長期にわたって、政治においては専制主義の中に止まらせ、思想においては伝統文化の中に止まらせているのではないのか」[★70]。劉のみるところ、こうした悪循環に対して責任を持つべきなのが、一人一人の中国人であり、とりわけその文化的エリートである知識人なのである。

しかしながら劉は――東洋的専制主義を根源的に批判する論理がマルクスその人の言説の中にすでに存在しているにもかかわらず、恐らくそれが中国で長くタブー扱いされてきたことによるものと思われるが――マルクスやウィットフォーゲルなどによる「アジア的生産様式」をめぐる議論にはまったく触れないまま、「レーニンがプロレタリア独裁権力と政権党の独裁権力を強調したのは、まさしくマルクス主義の合理的発展なのである」とし、いわばマルクス主義とレーニン主義とを同一のカテゴリーで理解した上で、「東方に特有の重厚な専制主義の伝統およびおびただしい数の民衆の愚昧によって、マルクス主義の東方における勝利は必然的に専制主義の凱旋に帰着するのである」と断じている[★71]。しかも、この「マルクス主義」について劉は、「哲学的虚妄」、「本質論における一元的物質決定論と方法論における弁証法の独裁」であると決めつけ、「マルクス・レーニン主義」に対してではなく、「マルクス主義」そのものに対する批判へと向かっているのである。[72]とはいえ、こうした劉による一連のラディカルな「封建専制主義」批判とは、天安門事件前後に国外で執筆されたものであり、いうまでもなく中国国内での公表がかなうはずもなく、一九八九年三月から一九九一年九月にかけて、香港の雑誌『争鳴』にて発表されたに過ぎないことに留意すべきであろう。

8　ポスト天安門事件時代と「アジア的」なものの再タブー化

天安門事件直後の八九年七月、全国総工会は第一一期第三回主席団会議を開いた。この会議で江沢民総書記は、全国の広範な労働者や工会が「動乱」を平定するのに大きく貢献したと賞賛しつつ、「党は工会に対する指導を強化し、かつ誠心誠意労働者階級に依拠し、四つの現代化と改革開放を推進しなければならない」と訴えた。総工会主席倪志福も「第一三期四中全会の精神を貫徹し、よりよく工会の役割を発揮する」と題する報告を行ない、労働者の動員によって動乱を制する闘争に勝利し、増産節約、収入増加・支出節減、生産任務の達成などの必要性を強調するに至る。[73]また同会議は、「全国の労働者を動員し〈双増双節〉運動を掘下げて展開することに関する決議」を採択し、第一三期四中全会を成功裏に召集できたことが、六月の「動乱阻止」、「反革命暴動平定」

に決定的な勝利を収めたことの証であるとあからさまに誇示した。この決議は、「党と国家の運命に関係する今回の深刻な政治闘争の過程で、中国の労働者階級は厳しい試練を受けたが、その偉大な力を顕示した」としつつ、「現在の深刻な経済情勢下で、全国各民族の労働者をさらに一歩進んで動員して、『双増双節』運動の展開を深化させ、経済崩壊を防止し、国民経済の持続的、安定的、協調的発展を保証しなければならない」として「動乱平定」と労働競争の動員が党＝国家のイニシアティブによってもたらされたことを高らかに誇っている。★74

このように、中共当局は天安門事件後、経済発展と政治的統制という二つの二律背反的両天秤の狭間にあって、当面は後者の選択肢をとることとなった。全国総工会も、第一一期第三回主席団会議で、天安門事件の際に出現した工自連を念頭に置きつつ、倪志福主席が「党の性格をもつ工会の存在を許すことは出来ない」と訴え、党＝国家と同様、断固たる反対の姿勢を示した。★75 一方、党中央政治局は同七月二八日、「中共中央の宣伝、思想工作を強化することに関する通知」に続き、八月二八日には「中共中央党建設を強化することについての通知」を公布し、企業党委が企業における政治的核心であり、企業での政治（思想）的活動や精神文明建設を指導し、労働者代表大会、工会、青年団などの大衆組織を指導しつつ、企業の意思決定過程に参与し、自らの意見と提案を提出することを求めた。さらに企業中層幹部の任免に関して、党委または工場長が候補者を選び、党委、管理責任者側が集団討議を行ない、工場長が任命するとした。★76 このように、それまで一〇年余りの時間をかけて築かれてきた社会的集団を媒介とする「民主的」企業管理システムは、天安門事件後三ヶ月も経ないうちにもろくも改革前の党＝国家の指導による旧システムに立ち返ってしまったのである。また同年末には、党組も対口部も、企業内の党書記もすべて八七年以前の状態に戻ることとなり、それまでに解体されていた企業内の党組も、「趙紫陽の誤った指導思想の影響」だとしてその回復が急速に求められ、ほどなく国務院各部でも党組が復活していった。

その後も、ポスト天安門事件の約二年間は、保守派主導の戒厳体制で進められていたものの、一九九一年春頃から再び改革開放政策を活発化させるための動きが目立ち始める。中でも、改革派の皇甫平は、この頃から社会主義市場経済の発展を資本主義と単純に同一化せず、改革の進化、開放の拡大を図るべきであるとする鄧小平理論に基づいたいわゆる「新猫論」を展開していた。これに対して保守派は、「ブルジョア自由化に反対していない」ことを理由に、皇甫平に対する厳しい批判に乗り出すに至る。同年八月、ソ連でのクーデターの失敗（八月革命）が起きると、中共中央は「ソ連のクーデター失敗に対する秘密通達」を出したが、それは天安門事件を制圧した「八老」の視点から、クーデターの常識、最低限の必須事項を説くものであった。★77 だが、中国にとって「社会主義」の生誕から成長まで、その全般的拠りどころであったソ連が同年一二月に崩壊したことは、中国共産党指導部の中枢に、天安門事件に勝るとも劣らない「体制崩壊の恐怖」ともいうべき大きな衝撃を与えたであろうことは想像に難くない。

こうした中、学術・思想界でも、保守派の権力基盤を根底から覆す潜在的可能性を持つ言説を国内で拡大しつつあったウィットフォーゲルの「東洋的専制主義」論に対する激しい批判が始まった。その主著『東洋的専制主義（東方専制主義）』（徐式谷［等］訳、中国社会科学出版社）は、たまたま天安門事件直後の一九八九年九月に出版されていたが、この中国共産党史上前例を見ない歴史的弾圧事件をいかに理解すべきかという余りにも生々しすぎる現実政治の評価とも重なり合い、本書は知識人の間で広範囲に読まれ、いうまでもなく激しい議論を巻き起こすこととなった。[★78] このような状況の下で、「明らかな反動の政治意図のある書に対して、流行するに任せ、批判を加えないのは、明らかに正しいことではない」としつつ、すでに翌一九九〇年には、一部の中国史研究者らがウィットフォーゲルに対する批判的な批評・論文を新聞や研究誌などに続々と発表し始めつつあった。[★79]

これらの主な論者らによって、一九九〇年と一九九四年の二度にわたり、北京と上海でウィットフォーゲル問題についての討論会が開かれた。この討論会では、「その反動的政治的意図を暴くこと以外には、主に理論的かつ学術的に進められ、極力事実を列挙することに努め、道理が重んじられた」という。[★80] やがてその「研究」成果は、李祖徳・陳啓能主編『評魏特夫的〈東方専制主義〉』（中国社会科学出版社、一九九七年）として公刊されることとなった。その意図が「学術的批判」に十分値しているのかどうかはともかくとして、それは徹頭徹尾、「反共産主義者」としてのウィットフォーゲルを批判し尽くすという、ポスト天安門事件時代を反映したきわめて政治性の高いものであった。

その全一三章にわたる本論の基調をなす「総論」で、八〇年代初めの中国国内での「第二次アジア的生産様式論争」をリードした重鎮の一人である林甘泉は、「東洋的専制主義」を理論と学術的な著作としての面目を保ちながらも、実質的には「帝国主義的冷戦政策の産物」であるととらえた。林によれば、ウィットフォーゲルの「アジア社会」に対する研究はすでに一九二〇年代にはじまり、『中国の経済と社会』（一九三一年）はその第一段階の重要な研究成果となる。この中で人間と自然との相互関係についての研究を成し遂げたウィットフォーゲルは、後に「水力社会」論へと至る最初の基礎を築いた。だが、たしかにマルクスは自然が社会に対して大きな役割を果たしていると指摘したものの、その「自然界を第一に置こうとする」ウィットフォーゲルの「理解」とは、単なる「曲解」に過ぎない。[★81]そしてその「曲解」は、「アジア的」世界において、その乾燥した自然環境が水に対する制御となって、大規模な国家によってコントロールされる灌漑のための公共工事を必要としたがゆえに、アジア的農業、政府、社会を独特な「アジア的社会」に特殊な歴史的地位をもたらしたとする「誤った社会―歴史認識」を築くこととなった。[★82]その研究の第二段階は、一九三九年から一九四九年にかけてであり、この時期に「アジア的」権力と搾取の条件が牧畜及び非水利農業といった異なる生産基盤の世界へ如何に転移したのかという問題が追究された。そこで問われたのが、ロシア社会における「アジア的復古」の問題であり、さらにこの視点をそのまま同じアジア的生産様式としての中国社会にも当てはめられるのか否かという問題である。だが、林によれば、ロシアは歴史的にいっても「水力社会」ではなく、したがってウィットフォーゲルはアジア的生産様式を非治水社会へと拡大し、その結果、「アジア的権力と搾取の条件がいかに異なる生産基盤の世界へ如何に転移したのかという問題」が、「ずさんにも『半アジア社会』的という概念を生み出したのだ」という。[★83]「ソ連を『東洋的専制主義政府』の類型に収めるために、ウィットフォーゲルは治水社会の空間的限定をあっさり投げ捨てて、いわゆる『周辺的類型のアジア的社会』によってソ連の『アジア的復古』を解釈するのである。ただ、そうすることで、『水力社会（治水社会)』の理論は、事実上、本来の意義を失うのである」[★84]。また李祖徳(第3章)もこれと同じように、「ウィットフォーゲル本人が定めた水力(治水)社会の基本原則を投げ捨てて、周辺地域では治水事業に依拠せずに、単なる『推測』に基づいて東洋的専制主義を成り立たせている」とし、その方法論的矛盾を厳しく追及した[★85]。

林の見るところ、「スターリン主義が古いアジア的専制主義の復古である」ことの論証のためにウィットフォーゲルは、プレハーノフ、レーニン、スターリン、およびトロツキーによるロシアでの「アジア的復古」の可能性をめぐる多くの論述に言及している。だが、それはウィットフォーゲルの「人には告げることのできない政治的動機」を暴露しているに過ぎない。たしかに、一九〇六年のロシア社会民主労働党ストックホルム大会でのレーニンとプレハーノフの論争の焦点は、土地の国有化を実施すべきか、それとも土地を地方自治局に委ねるべきかをめぐってであった。実際、プレハーノフが土地の国有化を「アジア的生産様式の復古」であると見なしたのに対して、レーニンはロシアにおける資本主義は十分に確立しているのであり、仮に「復古」が起きるとしても、それは「資本主義の復古」であると考えていた。だがここで林は、ウィットフォーゲルの言葉に即しつつ、その論理を内側から理解しようという必要性をまったく感じていない。「ウィットフォーゲルは、この論争の本質を理解せずに、『プレハーノフは少数のプロレタリアートを中心に、一種の独裁的政府綱領を打ち立てようとするレーニンの企図に反対した』などと述べた。事実、レーニンは、自らの土地綱領を提示するに際して、『農民にとって有利な条件の下で、土地を人民全体に手渡すために必ずや人民の選挙によって一切の管理を確保すべきであり、そのことに一つの例外もあってはならない』と明らかに述べている。どうして、レーニンの土地国有化綱領を専制主義の復古だ、などといえるのだろうか?」[86]。こう批判するときの林は、後進資本主義から社会主義への移行に伴う前近代性の克服という社会主義建設をめぐる「本質的」問題を、土地所有の民主的国有化という「形式的」問題へと矮小化し、論理を大きくすり替えている。また張弓(第9章)も、「共産党の全体主義」を「アジア的復古によって説明しようとする」ウィットフォーゲルに対し、何ら説得力のある反論を示せないまま、「その根本的意図は中国共産党及び新中国に対する政治的偏見及び敵対的態度であるが、彼の中国古代国家の職能に対する曲解及び治水管理状況に対する虚構をもって、政治的攻撃のための歴史的根拠としていることは、またもや彼の中国史に対する無知を暴露するものである」と激しく非難している[87]。林によれば、このようにウィットフォーゲルは、『東洋的専制主義』の巨大な貢献が「アジア的復古の思想的新発見」にあると称し、その政治的目的を余すところなく曝け出しているのだという。だが、林にせよ、張にせよ、「アジア的復古」をめぐる理論と実際との関連でけっして避けては通れないはずの毛沢東の土地と生産手段の公有化による農業政策の失敗や、文革や天安門事件の悲劇、さらに鄧小平や趙紫陽ですらその存在を認めている「封建的(=アジア的)専制主義」の社会的、歴史的伝統については、本書では一切触れていない。

林の見るところ、ウィットフォーゲルが中国史の実際との関係で行なった水力社会理論をめぐる「解釈」とは、その多くが「牽強付会」以外の何ものでもなく、彼の意のままに「変造」されたものにすぎない。それは以下の二点に問題が集約されるという。その第一が、中国古代専制主義と水利灌漑工事との関係についてである。ウィットフォーゲルは、史学界でも意見が分かれているにもかかわらず、秦代以前及び秦代以降の専制政体に区別をつけず、「水力社会（治水社会）」と名づけている。また彼は、ヨーロッパ諸国の農業が天水灌漑に依存しているのに対して、中国やその他アジアの大多数の国々では、水利工事による灌漑に依存しており、その灌漑工事が東洋的専制主義を決定しているのだとしている。だが、東西を問わず、天水灌漑依存型農業か水利灌漑型農業かを区別するのは困難であり、例えば中国でも天水灌漑があれば、水利灌漑もあり、また時代によっても灌漑の条件が異なっており、一つの国だけでも一概に論じることは不可能なのに、ウィットフォーゲルはそうした区別をまったく見ていない。このように問題の本質を一般化し、同じ問題がアジアに限らず世界の各地、各時代に普遍的に見られるとする林による批判は、本書の他の章でも他の論者によって何度も繰り返し行なわれている。たしかにこうした批判は、ウィットフォーゲルの実証研究の細部における詰めの甘さを指摘するものとして、多かれ少なかれ妥当なものかもしれない。だが、L・R・サリバンが指摘したように、こうしたマルクスの「科学的パラダイム」が他の社会にも普遍的に適用可能であるとする立場から行なわれるウィットフォーゲル批判とは、明らかに中国社会を「封建的」と規定し、アジア的生産様式論を根本的に否認したスターリンの理論を反映するものである。★88

そしてその第二が、中国古代の階級構造とその所有制との関係についてである。ウィットフォーゲルは複雑水力社会の所有形態について言及した際、所有関係そのものは統治階級による国家権力の独占に対して大きな意味を持ちえないと考えた理由として、統治階級を構成するのが「私有者」でなく、政権と経済をコントロールする「官僚」であったという事実を挙げている。これに対して林は、「中国の伝統社会には官民の対立があるだけで、私有財産の基礎の上での階級分化がないことは、ウィットフォーゲルの新発見でなく、一つのすでに経済的に誤りであると証明された陳腐な観点である」という。[★89]「中国封建社会の仕官制度と科挙制度には、出身が貧しく卑しい士人ですら統治階級に登りつめる道が開かれているが、地主階級が官僚になる機会は農民よりもはるかに多いことは否定できない事実である」。このことから分かるように、官吏とはけっして「独立した階級」ではなく、仮に「統治階級の一部として基本的には経済上、支配的地位を占める階級の統治道具」であるとしても、単に統治機構の一部として機能するだけではなく、「統治階級と非統治階級との間の関係や、また統治階級内部の様々な利益集団間の関係を調整するという職能を履行している」のであり、ウィットフォーゲルのように「一面的な」解釈はできない。[★90]馬克啓（第6章）によれば、このように彼が所有関係と権力との関係を正しく理解できないのは、「国家と階級の観念がわれわれのそれとは異なっており、階級と国家との関係という問題について議論するつもりがなく、前資本主義社会における王権と貴族との関係を議論しているだけだからである」という。[★91]

こうした学術・思想界でのウィットフォーゲルの東洋的専制主義に対する一方的な批判にみられるように、既述のようなポスト天安門事件時代の現実政治における民主化プロセスの大きな後退は、「アジア的」なものをめぐる議論を再度タブーすることにならざるを得なかった。ほどなくして、中国国内の書店から一斉に消えたウィットフォーゲルの主著『東洋的専制主義（東方専制主義）』は、今日に至るまで復刊されておらず、その「東洋的社会論」が学術的に議論されることももはやなくなった。この書が禁書として扱われたこと自体、現代の中国が「焚書坑儒」以来の、皇帝による権力統治システムと同様の状況下にあることを示唆するものである。だが、既述の『河殤』をはじめ、これまでの中国の出版界でのさまざまなケースが示すように、そもそも禁書とは、何がしかの否定しがたい「真実」を含んでいるものの、その言説が現実社会に広範囲に拡がった際には、収拾のつかない社会的混乱をもたらす可能性が高いと当局に見なされた書物であることを意味している。逆にいえば、このウィットフォーゲルの主著とは、中国でそれだけ巨大な潜在的影響力を持ちえたということでもある。実際、サリバンによれば、少なくとも八〇年代の前半までは、中国国内における伝統的専制主義の分析のために、多くの歴史学研究者がウィットフォーゲルの研究に固執していたのだという。★92

おわりに

これまで見てきたように、ウィットフォーゲルは「アジア的」国家における臣民の労働や財産の上に聳え立つ上部構造の頂点に君臨した専制君主こそが水力的、共同的労働の実際上、あるいは見かけ上の「調整役」になるとした上で、他方個々の土地所有農民を共同体の長の所有物、奴隷とみなし、そこに「東洋における総体的奴隷制」を見出していた。実際、おびただしい数の市民が五〇年代に揚子江の堤防作りに駆り出されたように、現代中国における強制労働の名残りは、マルクスによる東洋的専制主義論の社会的側面が依拠する「総体的奴隷制」の存在を裏付けるものである。このように、ウィットフォーゲルの見るところ、灌漑工事などにおける強制労働の残存は、治水をめぐる労働力の組織化のために行使された強大な権力を基礎とする国家の政体としての「東洋的専制主義」と、その社会的側面としての「総体的奴隷制」が依然として現存していることを裏付けている。また、毛沢東が「新民主主義論」の中で中国の地主を「封建的」と呼んだことは、レーニン、スターリンの伝統をそのまま引き継いだものであり、「プロレタリアートの独裁」にしても延安期にスターリンの著作から学んだように、ソ連の様々なアパラチキ（機構）をそのまま導入したものであり、それは中国にもロシアにも、同じ「アジア的」土台がすでに備わっていたからこそ容易に実現できたことであった。さらに、スターリンや毛沢東による土地の国有化政策の断行とその失敗とは、「アジア的復古」をもたらすと警告したプレハーノフの反対を押し切ってレーニンが決定したことをそのまま実行し、実際に失敗したということを意味するに過ぎない。また文革の中で動員された数え切れない大衆や紅衛兵の存在、林彪の急速な昇格も、すべて毛沢東の独裁体制の下で起きたことであって、ここではその独裁者としての政治的役割を理解すれば、林彪路線が単なる毛沢東路線の別名であることをすぐに理解できるのである。このようにウィットフォーゲルは、前近代的非合理性の噴出としての「アジア的復古」が、ロシアだけでなく、中国についてもそのまま適用可能であると考えていたことが分かる。

毛沢東体制の終焉という歴史的転換点で開催された中国共産党第一一期三中全会（一九七八年一二月）では、文化大革命が全面的に否定され、毛沢東の個人崇拝やその独裁的政治手法によってもたらされた「党の一元的指導」による数々の弊害が指摘され、党・政府・企業指導の不分離現象の改善、管理体制の機能化・効率化の必要性が提唱された。さらに中国共産党政治局拡大会議

（八〇年八月）では、鄧小平による「党と国家の指導制度の改革」の採択によって、党＝国家への過度の権力集中、党務と政務の混同、幹部の家父長的体質と終身制、官僚主義、政治生活における前近代的遺制の残存などが指摘され、権力の下放、兼職の回避、幹部制度の改革、法制度の充実を中心とした民主化などが提案されることとなった。ここでウィットフォーゲルが「中国とロシア」にとっての主要な課題として取り上げた「アジア的」なものとの関連で重要なのは、最高実力者である鄧小平が過去における東洋的専制主義の存在そのものを公式に認め、それが文革という悲劇を招いた根本原因の一つであったと見なし、それを如何に克服するかという現実的政治課題を提出したことであろう。また趙紫陽も第一三回党大会（一九八七年一〇月）で、中国社会主義の現在を「社会主義初級段階」と位置づけ、資本主義発展の遅れた後進国として社会主義に突入したことによる歴史的、社会的課題をはじめて提起していたのである。ここでも趙紫陽は、鄧小平と同じように、文化大革命という悲劇をもたらし、民主主義の健全な発展を妨げてきた根本原因の一つとして「封建（＝アジア的）専制主義」という歴史的、社会的伝統を取り上げていた。しかも彼は、それを「社会主義初級段階」論という名のブルジョア民主主義革命論に結びつけつつ、長期的視野での「アジア的」遺制の克服を企図していた。このように、鄧小平によって提起された歴史的課題をそのまま引き継いだ趙紫陽は、「過度の権力集中」を回避するための具体策として社会的諸制度づくりに乗り出し、「党政分離」、行政機関における党機構（対口部）や党組の撤廃、「工場長単独責任制」への切り替え、末端民主（村民自治と住民自治）の推進、情報公開の推進および対話制度の整備など、大胆な政治体制改革に着手したのである。

だが、それまで一〇年余りの時間をかけて築かれてきた社会諸集団を媒介とする「民主的」企業管理システムや政府機関の政府・企業内の党組の廃止も、天安門事件後まもなく、改革前の党＝国家の指導による旧システムに立ち返ってしまった。また思想・学術界でも、ウィットフォーゲルの東洋的専制主義批判にみられるように、現実政治の大きな後退を背景にして、「アジア的」なものの克服をめぐる前向きな議論は再度タブー化されることとならざるを得なかった。これらは皆、いわば「大動乱が組織攪乱力を消滅する」ことで「王朝の修復」を可能にし、「芽生えたばかりの萌芽を摘みとって、社会を従来の旧構造へ引きもどした」（金観濤・劉青峰）ことを意味している。★93 つまり、システムの内的要因の成長にともない各要素の平衡が一挙に破壊され、成長前の最初の段階に戻るものの、長い目で見ると同じプロセスが繰り返され、全体として安定するという伝統的中国社会の現実がここでも反復されたのである。もちろんここで、事態が成長前の最初の段階に戻るとはいえ、なにも「解放」前の旧社会に戻るわけでもなければ、毛沢東のような個人崇拝の時代に戻るわけでもなく、実際の政治社会的、及び経済的諸制度の進歩は不可逆なものとして進展しているのであって、超安定システムの再現とはそうした進歩自体を否定するものではない。ここでは具体的民主化のプロセスを通し、グローバリゼーションを背景とした市場経済システムが中国社会に深く浸透していく中で、「アジア的」なものをめぐる前近代的非合理性は、いわば「資本の文明化作用」（マルクス）によって、常に文化的深層レベルにおいても内側から突き崩されているのである。

鄧小平、趙紫陽による「封建専制主義」の問題提起にせよ、『河殤』による「大一統」の問題にせよ、文革という悲劇をもたらした歴史的、社会的な背景としてマルクスやウィットフォーゲルの「アジア的」なものを問題にしていたという点では、いずれの場合も共通していた。しかも、彼らの言説にほとんど言及することなく、その問題提起を実質的に引き受けながら、再度「アジア的」なものをめぐる議論を封じ込めてしまったという点でも、これらは皆共通している。だが、やがて一九八九年の天安門事件に際して、専制主義を批判していた鄧小平自らが「専制君主」に、つまり「ミイラ取りがミイラに」になってしまったというこの皮肉な歴史的事実が、「アジア的」なものをめぐるポスト天安門事件時代の政治状況をさらに複雑なものとせざるを得なかった。なぜなら、「文革を否定している『主流』こそが、文革をもたらした専制政治を擁護し、その『人治』の伝統を擁護している人々である」とした劉暁波の言葉の真実味が、まさに鄧小平のケースで象徴的に裏付けられてしまったからである。こうした文革や天安門事件を表面的には否定しつつ、なおも専制政治を肯定する立場は、伝統社会から現代社会への過渡期にある中国の発展には「民主と自由」を制限してでも権力の集中した権威ある「開明専制」政治が必要であるとするいわゆる新権威主義論として、恐らく今日の中国でも潜在的に有力であるに違いない。

たしかに、劉が指摘したように、伝統文化が中国人にもたらしたひどい苦難は中国人を伝統から離反させなかったばかりか、かえってそのたびに伝統に回帰させてきた。ウィットフォーゲルによる深い洞察が示すように、政治局（ポリトビューロー）という寡頭制内部において少数の長老たちが分有していた権力のバランスが一旦失われると、制約されない権力の累積傾向は一挙に独裁制的中心へと向かい、結局、鄧小平その人こそが「唯一の所有者」（マルクス）だったことを白日の下に曝してしまったのである。それゆえに、専制主義のもたらす苦難によってそのたびに新しい専制主義がうみだされるという「悪循環」が中国人を長期にわたって止まらせているのではないのかとした劉の指摘は、ウィットフォーゲルの言説に市民権が与えられていない今日の中国において、いまだに正当なものであるという他はない。

だが、劉がマルクス主義とレーニン主義とを同一のカテゴリーで理解した上で、マルクス主義そのものを批判したことは、劉の場合とはまったく逆に「マルクス＝レーニン主義」を擁護したとはいえ、「アジア的」なものをめぐるマルクスやウィットフォーゲルの言説を拒否している点において、林甘泉らがウィットフォーゲルを「反動＝反共」として扱い、その言説を全面的に否定したときの手法にすら通底している。東洋的専制主義を根源的に批判する論理がウィットフォーゲル以前にマルクスその人の言説の中にすでに存在しているにもかかわらず、「社会主義」中国でそのことの認知が繰り返し拒否され、執拗なまでにタブー扱いされるのはいったい何故なのか？　それはいうまでもなく、アジア的生産様式論が単に中国共産党の「正統史観」の抜本的見直し、再解釈を迫るだけでなく、中国という「現存する社会主義」国家の依拠する支配の正当性そのものを根底から揺るがしかねない、きわめて危険なものだからである。

このように、「正統派」マルクス主義は、マルクスの「アジア的」なものをめぐる言説を封じ込めた「マルクス＝レーニン主義」に対する批判を「反動＝反共」と見なすことによって、「本来の」マルクス主義の受け入れを頑なに拒否し、マルクスその人が厳しく批判していた「東洋的専制主義」を「マルクス主義」の名の下で正当化してしまったのである。この理論と実際との倒錯した「ネジレ現象」は、じつはスターリンが前近代的な「アジア」と近代的な「封建」とを形式的に等価に扱い、実質的に両者をすり替えて定式化したときからはじまっている。そしてそれは、中国を中心とする「現存する社会主義」内部にとどまらず、それを事実上支えている世界の、そしてとりわけ日本の「進歩的、良心的」知識人たちの言説の中で、絶えず再生産、かつ共有され続けてきたのである。[★94] だが、マルクスの「アジア的」なものを「反共＝反マルクス主義」という言説によって封じることは、結局はその前近代的非合理性を温存させ、いつかまたその「反動」としてそれらの再生を反復するだけなのではないのか?

このように見てくると、「封建専制主義」に対してかくもラディカルな批判を展開した劉でさえ、実はスターリンと同じように「アジア的」なものの問題性を直視しようとせず、「封建的」なものを無批判に扱った結果、その問題の根源が非人間的な「封建主義」にあるとし、かつその反対概念としてとらえられる「民主」の陥穽に完全に批判の眼を奪われていたことが分かる。ここで劉は、「人権、平等、自由、民主」といった政治的カテゴリーを基本的に等価として扱いつつも、人治から法治への転換を最終的に担保するものが「自由」ではなく、「民主」であるとみているのである。だが、かつて張君勱（Carsun Chang）が指摘したように、中国における民主主義とは、その言葉の意味合いは余りにも多岐にわたり、「独裁を支持する者なのか、それともその反対者なのか、人民主権の友なのか、それともその敵なのか」がはっきりと区別されないことに細心の注意を払うべきであろう。[★95] 中国社会主義における「民主主義」の概念がこのように両義性を帯びざるを得ないのは、中国語の「人民民主主義専政」（プロレタリアートの独裁）という言葉の中で、必ずしもデモクラシーとは矛盾しない独裁（dictatorship）とデモクラシーとはけっして両立しない専制（autocracy）との二つの概念が混同されていることに根本的な原因がある。[★96] 民主化運動のもう一人の旗手である厳家其も、中国の「民主」とは人民を恐れた専制的統治階級が自らの専制統治を擁護するために「与えた」ものであり、こうした「民主」を実行する「開明専制」とはもともと「封建的」（＝「アジア的」）意識を構成する一部であるに過ぎないと指摘している。[★97] それはウィットフォーゲルの言葉でいえば、人々が権力との闘いの中で勝ち取ったものでなく、専制的支配者から「恩恵」として与えられた「乞食の民主主義」（Beggars' Democracy）であることを意味している。こうしたコンテクストでいえば、断固たる反専制の立場が依拠すべき政治的価値が、仮に「自由」であっても「民主」ではないにもかかわらず、劉は専制主義を容易に正当化し得る「民主」の論理に批判の根源的拠りどころを求めてしまったのだといえる。だが、まさにウィットフォーゲルが『東洋的専制主義』の末尾で強調したように、「結局、全体主義的敵との闘いで犠牲を甘受し、予想されるリスクを賭ける意志は、二つの単純な争点――隷属制と自由――の正しい評価にかかっているのである」。[★98]

［註］

（1）Karl August Wittfogel, *Oriental Despotism: A Comparative Study of Total Power*,（以下 *OD* と略記）New Haven: Yale University Press, 1957, pp.375-6. 湯浅赳男訳『オリエンタル・デスポティズム』（新評論、一九九一年）、四七二頁。マルクスのロシア観をめぐる最近の研究としては、的場昭弘編『マルクスか

ら見たロシア、ロシアから見たマルクス』（五月書房、二〇〇七年）を参照。

（2）*Ibid.*, p.377. 同四七三頁。

（3）*Ibid.*, p.364. 同四九二頁。なお、ロシアにおける資本主義論争とプレハーノフとの関係については、田中真晴『ロシア経済思想史の研究』（ミネルヴァ書房、一九六九年）を参照。

（4）*OD*, p.378. 前掲『オリエンタル・デスポティズム』、四七四—五頁。

（5）*Ibid.*, p.394. 同四九二頁。

（6）*Ibid.*, pp.402-3. 同五〇一—二頁。こうしたスターリンによる定式化とは反対に、「封建」的なものを市民社会や法治国家、市場経済が形成されるための重要な近代的前提条件と見なし、皇帝が絶対権力を有する専制国家は存在したものの、本来のマルクス（あるいはウェーバー）的な意味での「封建制」を経験しなかった現代のロシア社会の問題を指摘する研究としては、袴田茂樹『プーチンのロシア法独裁への道』（NTT出版、二〇〇〇年）を参照。

（7）*OD*, p.538. 同四二九頁。

（8）*Ibid.*, p.410. 同五〇八頁。ウィットフォーゲルとラティモアとの絶交の時期とは、ラティモアがこの「アジア的」な解釈を捨てた時期と一致している。これについては、湯浅赳男『東洋的専制主義の今日性』（新評論、二〇〇七年）、二六一—二頁を参照。

（9）Karl August Wittfogel, "The Influence of Leninism-Stalinism on China," *The Annuls of the American Academy of Political and Social Science*, vol. 277, September 1951, p.24.

（10）*Ibid.*, p.28.

（11）*Ibid.*, pp.30-34.

(12) 中国における第一次アジア的生産様式論争とその背景、及び新中国に与えた意味合いについては、Karl August Wittfogel, "The Marxist View of China (Part 1 and II)," *The China Quarterly*, vol.11, July—September 1962 and vol.12, October-December 1962, Arif Dirlik, *Revolution and History: The Origins of Marxist Historiography in China: 1919-1937* (Berkeley: University of California Press, 1978), Joshua A. Fogel, "The Debate over the Asiatic Mode of Production in Soviet Russia, China, and Japan," *The American Historical Review*, vol.93, no.1, February 1988. 国内のものとしては、福本勝清「中国におけるアジア的生産様式論争の復活」、『アジア経済旬報』、一九八二年八月を参照。

(13) Karl August Wittfogel, *Mao Tsu-tung, Liberator or Destroyer of the Chinese Peasants?*, Freetrade Union Committee, American Federation of Labor, New York: April 1955 (Karl August Wittfogel Papers, Box 74, Folder 18, Hoover Institution, Stanford University), p.16.

(14) *Ibid.*, p.15.

(15) Karl August Wittfogel, *A Handbook on China*, 2 volumes, Far Eastern and Russian Institute (Seattle: University of Washington, 1956), printed by the Human Relations Area Files, Inc. (New Haven). G・L・ウルメン、亀井兎夢訳『評伝ウィットフォーゲル』(新評論、一九九五年)、四七一—二頁。

(16) Karl August Wittfogel, "Forced Labor in Communist China," *Problems of Communism*, July-August 1956, p. 34.

(17) Karl August Wittfogel, *A Handbook on China*, pp.814-5. 前掲『評伝ウィットフォーゲル』、四七二頁。

(18) Karl August Wittfogel, "Forced Labor in Communist China" *op. cit.*, p.40. 共産中国に「総体的奴隷制」の現存を認めつつ、中国でも「アジア的復古」が起きたとする結論は、ウィットフォーゲルによる "The

"Historical Position of Communist China: Doctrine and Reality," *The Review of Politics*, vol.16, no.4, October 1954でも引き出されている。

（19）Karl August Wittfogel, "Agrarian Problems and the Moscow-Peking Axis," *Slavic Review*, vol.21, no. 4, December 1962, p.690.

（20）*Ibid.*, pp.687-8.

（21）Karl August Wittfogel, "The Red Guards and the 'Lin Piao Line'," *AFL-CIO Free Trade Union News*, January/February 1967（Karl August Wittfogel Papers, Box 98, Folder 6, Hoover Institution, Stanford University）.

（22）*Ibid.*

（23）*OD*, p.107 and p.338. 前掲『オリエンタル・デスポティズム』、一四五頁及び四一九―二〇頁。

（24）Karl August Wittfogel, *The Chinese Revolution re-evaluated*（undated）, p.27（Karl August Wittfogel Papers, Box 98, Folder 6, Hoover Institution, Stanford University）.

（25）「中国共産党第十一届中央委員会第三次全体会議公報」、中共中央文献研究室編『三中全会以来――重要文献選編』上（人民出版社、一九八二年）、七頁。

（26）魏京生「人権・平等与民主」、『探索』、一九七九年三月。

（27）天児慧『中国改革最前線』（岩波書店、一九八八年）、九七頁。

（28）中共中央文献編纂委員会編『鄧小平文選（一九七五―一九八二年）』（人民出版社、一九八三年）、二八八―九頁。李慎之によれば、この「封建専制主義」の問題を最初に提起したのは、鄧小平本人ではなく、かつて党内ランクが鄧小平よりも上位にあった中国共産党の元老、李維漢である。李は一九八〇年五月二四日、鄧小平と面会し、文化大革命が招いた悲劇の根源に中国の「封建遺制」があると指摘し、この根絶を政治課題に載せるようにと直接提言した。これに同意した鄧小平は、同年六月二七日、「建国以来の党の若干の歴史的問題についての決議」（一九八一年六月）の草稿に関する報告を受けた際、「政治・思想面での封建主義の残滓による影響を継続して一掃すべきである」と指示したという（李慎之「中国文化伝統与現代化」、『戦略与管理』、二〇〇〇年第四期、三頁）。

(29) 同二九六頁。

(30) この中華全国総工会党組拡大会議については、拙書『中国社会主義国家と労働組合――「中国型」協商体制の形成過程』（御茶の水書房、二〇〇七年）、第一章を参照。

(31) 廖蓋隆「中共『庚申改革』方案」、『七十年代』、一九八一年第三号、三八―四九頁。この庚申改革は、中国国内ではまず『党史研究』、一九八〇年六期に掲載され、その後『中共党史研究論文選』下冊（湖南人民出版社、一九八四年）に収められた。ただし廖蓋隆自身は八三年、この「庚申改革」に関連し八〇年の段階で二院制を主張したこと、また党委員会の指導によらない工場長単独責任制を主張したことを誤りであったと自己批判している（「廖蓋隆同志的報告」、『工運史研究資料（一）』、総二五期、一九八三年一〇月三〇日、一五頁）。

(32) この周辺の事情については、前掲福本論文を参照。ちなみに、ウィットフォーゲルはこの討論会の存在を認識している。このうち、『中国史研究』（一九八一年第三期）に発表された呉大琨論文を読み、計八ページの手書きによる断片的なノートを遺している。そのノートが、スタンフォード大学フーバー研究所、「K・A・ウィットフォーゲルペーパー」（Box 102, Folder 19: *Comments on Wu Da-kun,* "*The Asiatic Mode of Production in History as Viewed from General Political Economy,*" 1981. Holograph）に保管されているものの、残念ながら、判読が困難である。

(33) この周辺の事情については、小島朋之『変わりゆく中国の政治社会』(芦書房、一九八八年)、第二章「改革・保守の激突」を参照。

(34) 鄧小平『建設中国特色的社会主義』(人民出版社、一九八七年)、一五二頁。

(35) 羅幹「進行堅持四項基本原則的教育開展増産節約、増収節支運動」、全国総工会弁工室編『中国工会十大以来重要文献選編』(光明日報出版社、一九八八年)、四三〇頁。

(36) 中共中央文献研究室編『十三大以来──重要文献選編』上巻(人民出版社、一九九一年)、三七頁。だが、筆者の馮同慶中国労働関係学院長へのインタビュー(二〇〇五年四月)によれば、工会の組織機構の中で党組の廃止が実際に行なわれたケースはないという。

(37) 鄧小平時代の政治をJ・リンスの権威主義体制とともに「制度的多元主義」としてとらえる論考としては、毛里和子『現代中国政治』(名古屋大学出版会、二〇〇四年)、第七章「トップリーダーと政治体制──毛沢東と鄧小平」を参照。

(38) 前掲『十三大以来──重要文献選編』、九─一〇頁。この「社会主義初級段階」論とは、現実の政策的課題として取り上げられたのはこれがはじめてだが、もともとは、「建国以来の党の若干の歴史的問題についての決議」(一九八一年六月)で提起されたものである。なお、こうした初期社会主義(=ブルジョア民主主義)の問題を、毛沢東による「新民主主議論」の再検討としてとらえる作業が、近年中国では急速に進められている。これについては、于光遠『従〝新民主主義論〟到〝社会主義初期階段論〟』(人民出版社、一九九六年)、于光遠(著述)韓鋼(詮注)『〝新民主主義論〟的歴史命運──読史筆記』(長江文芸出版社、二〇〇五年)、韓大梅『新民主主義憲政研究』(人民出版社、二〇〇五年)、王占陽『新民主主義与新社会主義──一種社会主義的理論研究和歴史研究』(中国社会科学出版社、二〇〇六年）などを参照。

（39）*OD*, p.372. 前掲『オリエンタル・デスポティズム』、四六七頁。

（40）前掲『十三大以来——重要文献選編』、一四頁。じつは、こうした趙紫陽の「封建専制主義」に対する認識の根底にあったのは、一九一七年のロシア革命以降、スターリン体制として現実化した「アジア的復古」と、それが中国に与えた意味合いであった（宗鳳鳴『趙紫陽軟禁中的談話』、開放出版社、二〇〇七年、二五頁参照）。この意味で、趙紫陽におけるスターリンの「封建的」なものとは、明らかに本来のマルクスの「アジア的」なものとして認識されていたことになる。

（41）蘇暁康・王魯湘、辻康吾・橋本南都子訳『河殤』（弘文堂、一九八九年）、一五四頁

（42）同二七頁。

（43）同二八頁。

（44）同三一頁。

（45）金観濤・劉青峰、若林正丈・村田雄二郎訳『中国社会の超安定システム——「大一統」のメカニズム』（研文出版、一九八七年）、三二頁。ちなみに、これは『隆盛与危機』の簡約本（『在歴史的表象背後——対中国封建社会超穏結構的探索』、四川人民出版社、一九八三年）の翻訳である。

（46）前掲『河殤』、八四頁。

（47）同八五頁。

（48）同八八—八九頁。

（49）Andrew G. Walder, Gong Xiaoxia, Workers in the Tiananmen Protests: The Politics of the Beijing Workers' Autonomous Federation, *The Australian Journal of Chinese Affairs*, no. 29, January 1993, pp.17-8. A・ウォル

ダーによる当該情報は、「北京市工人自治会的公報」（五月二〇日及び二一日）に基づく。

（50）例えば陳雲は一九八九年四月下旬、鄧小平へ書簡を送り、「学生運動を鎮圧するために断固たる行動をとらなければなりません。さもなければ、運動は単に拡大するのみであり、もし労働者がこれに参加すれば、その結果はわれわれの想像のできないものになるでしょう」と大きな危惧を表明している（South China Morning Post, May 4, 1989, cited in Jeanne L. Wilson, "<The Polish Lesson>: China and Poland 1980-1990," *Studies in Comparative Communism*, vol.XXIII, nos. 3/4, Autumn/Winter 1990, p.273）。しかも、工自連の設立以来、自主労組は一九八九年五—六月にかけて、北京をはじめ、上海、長沙、杭州、合肥、フフホト、済南、南昌、蘭州、南京、西安、鄭州の各市でもその設立が続々と報告されていたという意味で、当時の党＝国家にとっての「体制の危機感」とは想像するに余りあるというべきである。なお、天安門事件前後の工自連の動きとその臨時章程については、アムネスティ・インターナショナル&アジア・ウォッチ、矢吹晋・福本勝清訳『中国における人権侵害——天安門事件以後の情況』（蒼蒼社、一九九一年）、一二六—九頁を参照。

（51）Andrew G. Walder, Gong Xiaoxia, *op. cit.*, pp.10-11.

（52）*Ibid.*, pp.13-14.

（53）当代中国叢書編集委員会編『当代中国工人階級和工会運動』上巻（当代中国出版社、一九九七年）、五四〇頁。

（54）Andrew G. Walder, Gong Xiaoxia, *op. cit.*, p.9.

（55）*Ibid.*, p.15.

（56）こうした天安門事件に至る「危機の政策決定」については、前掲『現代中国政治』、二〇四—七頁を参照。

（57）こうした「例外性」における独裁及び専制（Dictatorship, Autocracy, Despotism）の持つ政治理論的意味合いについては、本書第3章の註63、及び藤原保信『自由主義の再検討』（岩波書店、一九九三年）第二章、「社会主義の挑戦は何であったか」、一一六―七頁を参照。

（58）*OD*, p.107.

（59）張良編、A・J・ネイサン／P・リンク監修、山田耕介・高岡正展訳『天安門文書』（文藝春秋、二〇〇一年）、二五頁。

（60）Lawrence R. Sullivan, "The Controversy over 'Fuedal Despotism': Politics and Historiography in China, 1978-82," *The Australian Journal of Chinese Affairs*, no. 23, January 1990, pp.3-4. たしかに、第3章で考察したように、「開明専制」に象徴される中国の伝統的「封建専制主義」とは、多くの場合、必ずしも「アジア的」な「自由」や「民主主義」とは対立しない「間接の専制」として機能してきており、ヨーロッパ的な「直接の専制」と同じ枠組みでもとらえられているウィットフォーゲルの「東洋的専制主義」との間には、一定の概念的ズレが生じている。だが、「暴政や独裁としての専制主義」という点では両者は共通しており、この本質的局面を直視するために、ここではあえて「東洋的専制主義」として扱った。

（61）劉暁波、野澤俊敬訳『現代中国知識人批判』（徳間書店、一九九二年）、一〇頁。

（62）社会（＝共産）主義政体という権力構造の頂点に聳え立つ政治局（ポリトビューロー）という名の「寡頭制」内部における権力バランスの「均衡と破壊」のメカニズムについては、さらに本書第6章を参照。

（63）前掲『現代中国知識人批判』、二九頁。

(64)同一四頁。
(65)同一二頁。
(66)同一四―一五頁。
(67)同一四頁。
(68)劉賓雁によれば、「第一種の忠誠」とは、ただ盲目的に服従して信じるだけの、何の独立した思考のない「愚忠」を指すが、「第二の忠誠」とは「どこまでも主人に忠を尽くすが、主人の誤りに対しては直言し、主人の機嫌を損ねることを恐れない」立場をいう(同四〇―四一頁参照)。
(69)同三九―四〇頁。
(70)同一七頁。
(71)同二二九頁。
(72)同。
(73)『工人日報』、一九八九年七月二九日。
(74)同、及び〈中国工会重要文件選編〉編輯組編『中国工会重要文件選編』、機械工業出版社、一九九〇年、四二二頁。
(75)『人民日報』、一九八九年七月二六日。
(76)『人民日報』、一九八九年八月九日。
(77)この周辺の事情については、矢吹晋「中国の政治状況――一九九一年」、『海外事情』、一九九一年一一月を参照。
(78)「経済地球儀」、『朝日新聞』(一九九〇年五月三〇日)を参照。ちなみにこの頃、中国大陸を中心に、台湾、香港を含む中国語圏では、魯凡之『東方専制主義――亜細亜生産模式研究』(南方叢書出版社、一九八七年)、劉澤華・汪茂和・王蘭仲『専制権力与中国社会』(天津古籍出版社、一九八八年)、謝天佑『専制主義統治下的臣民心理』(吉林文史出版社、一九九〇年)、熊月之『向専制主義告別』(中華書局、一九九〇年)など、中国の専制主義についての著作が相次いで出版されている。だが、台湾で出版された魯凡之のもの以外は、秦漢帝国以降、民国期までの伝統(封建)的専制主義について言及しているだけで、アジア的生産様式論や土地所有形態論など、現代中国と密接に関連する東洋的専制主義の問題については一切触れていない。

(79) 李祖徳・陳啓能主編『評魏特夫的〈東方専制主義〉』(中国社会科学出版社、一九九七年)、四頁。

(80) 同。

(81) 同五頁。

(82) 同五―六頁。

(83) 同七頁。

(84) 同。

(85) 同四七―四九頁。実際、水力社会を「中心」地域とした場合の「周辺」諸地域に対するウィットフォーゲルの理論的扱い、すなわち「発生」(genesis)と「伝播」(spread)という方法論的矛盾については、ウィットフォーゲルの東洋的専制主義論に対する批判の際に、これまでもしばしば追及されてきた。これについては、本書第3章、註23を参照。

(86) 前掲『評魏特夫的〈東方専制主義〉』、八頁。

(87) 同一六九頁。

（88）同七頁。

（89）同二一頁。

（90）同二一一—二二頁。

（91）同一一五頁。

（92）Lawrence R. Sullivan, *op. cit.*, p.9. なお、現代中国における言論政策のもつ政治的意味合いについては、鈴木孝昌『現代中国の禁書』（講談社、二〇〇五年）を参照。

（93）前掲『中国社会の超安定システム――「大一統」のメカニズム』、一六四頁。

（94）遅きに失した感すらあるが、ここにきて中国国内では、前近代と近代とが複雑に交錯しているこの「封建制」をめぐる歴史学的時代区分上の大問題について、ようやく本格的な再検討が行なわれるようになっている。これについては、さしあたって馮天瑜『「封建」考論』（武漢大学出版社、二〇〇六年）を参照。ただし本書は、マルクスのアジア的生産様式論についても言及しているものの、これまでの論争史を踏まえた詳細な論述については避けている。

（95）Carsun Chang, *The Third Force in China* (New York: Bookman Associates, 1952), p.134.

（96）これについては、本書第3章を参照。ちなみに趙紫陽は、この「専政」と「専制」との混同という問題との関連で、社会主義中国において本来「過渡期」としてのみ正当化されるべきプロレタリアートの「専政」が、やがてそれを支える政治的基盤を「専制」政体に変えてしまい、独裁（＝専政）を全面的に実行し、持続させてしまったという認識をもっていた（前掲『趙紫陽軟禁中的談話』、一七〇頁参照）。

（97）厳家其「民主的涵義」、『〈北京日報〉理論戦線』、一九七九年五月四日（同『走向民主政治』、時報出版公司所収、一九九〇年、六一頁)。

(98) *OD*, p.448. 前掲『オリエンタル・デスポティズム』、五五九頁。「自由と専制」という西洋政治思想史上で扱われてきた伝統的座標軸は、一九世紀のイギリス古典派経済学者らによるアジア論を経由して「進歩と専制」というもう一つの座標軸へと分岐していき、その結果、リベラリズム擁護の視点は後景へと退き、薄れていったという歴史を持つ。もともと中国における個の概念とは、私＝エゴイズムと密接に結びつけられてきたがゆえに一旦は否定されるべき対象としてしばしば理解された。国家を私する皇帝の専制に対抗すべき民権とは、「個々の民の私権いわゆる市民的権利ではなく、国民ないし民族全体の公権」(溝口雄三)だったために、ヨーロッパにおいて市民的な自由の対立物として扱われてきた専制概念は、中国では必ずしも無条件に自由の概念と対立するものと理解されてきたわけではなかったのである(溝口雄三『中国における公と私』、研文出版、一九九五年、三四頁)。つまり、「アジア的」なリベラル・デモクラシーとの関連でいえば、「進歩と専制」という座標軸の中でデスポティズムの問題が語られるとき、そこで優先的かつポジティブに評価されたのは、専制に対するデモクラシーであっても、自由そのものではなかったのであり、こうした視点が少なからず劉暁波による反専制主義論にも反映しているものと思われる。

第6章●——ウィットフォーゲルと北朝鮮問題

はじめに

朝鮮近代史における資本主義の形成と展開の研究に取り組む際、国家権力の特質を探るためにその基礎構造を押さえることが前提作業となることはいうまでもない。だが、日本帝国主義の侵略がこの近代史の多くの部分を占めることとなったことから、ここでは通常の一国における社会経済史研究とは根本的に異なったアプローチがとられることにならざるを得なかった。当時、日本の植民地支配（移植資本主義）を正当化する役割を担っていたとされるいわゆる「停滞史観」は、K・A・ウィットフォーゲルの非正統派マルクス主義的「アジア社会論」によって代表された。★1 その大きな影響のもとで朝鮮の社会経済を論じた研究者の一人に、京城帝国大学の森谷克己がいた。★2 一方、これに対抗していたのが、人民の闘争を軸として朝鮮近代史を論じた正統派マルクス主義であり、戦後日本の朝鮮史学の主流を占めたのもこの史観であった。同じマルクス主義の立場をとりながらも、一方が植民地への資本主義の移植によって前近代的遺制の打破を期待しつつ、当面の戦略的選択として植民地―宗主国双方の資本主義を肯定し、結果的に「帝国主義的侵略」を擁護することとなる理論を打ち出したのに対し、他方はこれを根源的に批判し、民族ブルジョアジーとプロレタリアートによる民族解放闘争のなかでブルジョア民主主義革命を乗り越えようと企図していた。この両者の立場を分岐していたのが、マルクスのアジア的生産様式論に対する基本的な研究姿勢と、そこから引き出された現実政治に対する実践的態度決定であったことはいうまでもない。★3

しかしながら、いずれの史観をとるにしても、朝鮮人民は前近代的な強固な支配からは抜け出せないまま日本帝国主義の支配下に置かれたとする立場をとったという意味において、両者はともに同じであった。近代社会を切り開いた他国の資本主義とは異なり、朝鮮のブルジョアジーは萌芽的資本主義固有の弱体性という角度から自国の「封建」（あるいは「アジア」）社会を止揚できずに帝国主義に従属せざるを得なかったというのが、朝鮮ブルジョアジーの特質であると理解されたのである。★4 ただしそれは、単に移植資本主義が「上から」恣意的に作り出されたのではなく、むしろ帝国主義的な圧迫を受けつつもこれに「下から」適合してゆき、ブルジョアジーが従属的発展の軌道に載せられていったというプロセスであった。★5 このようにみると、旧植民地体制化におかれた諸民族による歴史発展過程の特質は、民族資本、ブルジョア民族主義、民族ブルジョアジーといったカテゴリーを植民地という国家―資本との支配・被支配関係で如何に理解するかによって左右されるともいえる。いずれにせよ、こうしたマルクス主義的な従属論が議論されるとき、ウィットフォーゲルの『東洋的専制主義』(一九五七年)における中心、亜周辺、周辺論とも問題の位相を重ね合うこととなる。

周知のようにウィットフォーゲルは、近東、インド、中国の諸文明という近代ヨーロッパには存在しない社会を「東洋的社会」と称し、これら諸地域に共通する「制度的特徴の複合」を概念化した際、小規模灌漑を伴なう農業経済(灌漑農業)と大規模な政府管理の治水事業を伴なう農業経済(水力農業)を区別して、後者を「水力社会」、「水力文明」と呼び、それらを地理的要因、技術的要因、経済的要因のどの一つの要因でも説明できない非決定論としてとらえた。[★6] たしかに彼は、周辺(あるいは亜周辺)に位置する朝鮮半島問題を如何にとらえるかについては何ら言及していないものの、日本を水力社会の亜周辺地帯に位置付けつつ、仮に灌漑農業的であっても水力社会的でなく、むしろマルクスやウェーバーと同様、アジアにおける唯一の例外として私的財産所有に基礎付けられた純粋に封建的秩序が生み出されたと理解していた。[★7] これに対して、例えば森谷克己の朝鮮社会経済史研究においては、朝鮮社会は伝統的に私的土地所有が欠如したアジア社会と理解されており、したがってそれが仮にウィットフォーゲルのいう典型的な水力社会ではないとしても、日本よりも中心=水力社会に近接した社会構成体をとっていたとまではいえる。いうまでもなくウィットフォーゲルも、アジアの植民地、半植民地諸国の前近代的ウクラード(経済体制)をスターリンのように「封建的」とは考えず、マルクスに忠実に即して「アジア的」ととらえていた。[★8] だが、正統派マルクス(すなわちスターリン)主義者にとっては、たとえそれが中国の場合のように「半植民地、半封建」という規定(中国共産党第六回大会「農業関係と土地闘争に関する決議」〈一八年）〉であっても、何らかの形でアジアの社会構成体論に「封建的なもの」を残しておかない限り、スターリン主義的史的唯物論の拠って立つ五段階発展説のうち封建制、資本制から社会主義への継起的発展コースを根本から否定することを意味したのである。それはアジアにおけるソ連を中心とした民族解放闘争が理論的に行き詰まることでもあって、この「アジア的」なものを認めることは原理的に不可能だった。このように、既述のような私的土地所有制に基づく民族ブルジョアジーの概念をいかに理解するかという問題は、二段階革命論を提唱するマルクス・レーニン主義にとって前近代的遺制をいかに乗り越え、来るべき社会主義をいかに展望するかを考えるうえで喫緊の課題となり、マルクスからウィットフォーゲルへと至る東洋的社会論が革命戦略との関連できわめて有意なものとなったのである。

水と権力との不可分の関係を論じたウィットフォーゲルは、自然の支配が社会の支配へと向うプロセスで、水を他の自然的・社会的条件よりも根源的な初発の動因として扱いながらも、仮に水力的な背景が一つの社会に存在しなくても他の条件下に置かれた周辺の社会にもその政治社会システムは移植され得るとの立場をとった。すなわちそれは、水力社会を中心地域とした場合の周辺諸地域に対する扱い、つまり「発生」（genesis）と「伝播」（spread）の問題である。★9 ウィットフォーゲルによれば、ロシアに本来存在していなかった水力社会システムは一三世紀、水力社会であるモンゴル（元＝中国）によるロシア侵略（タタールの軛）を契機にして中国からロシアに伝播し、一旦その政治・社会秩序が導入されると、それ以後ロシアではこれに基づいて自らの専制システム（ツァーリズム）が築かれていったという。★10 このロシア的専制システムが、のちにスターリニズムに象徴されるような全体主義的展開を見ることになったのはいうまでもないが、この伝播理論に基づけば、ロシア（ソ連）の東洋的専制システムはいまや新たな「中心」となったロシアから、「周辺」でありなおかつすでにしてアジア的生産様式の基盤を有していたとされる北朝鮮に、ソ連による占領軍の進駐と金日成による占領政策を契機にして移植されたという仮説が成り立つのである。

こうしたことから本章では、ウィットフォーゲルの東洋的社会論（アジア的生産様式とアジア的専制主義）を援用しつつ、北朝鮮（朝鮮民主主義人民共和国）成立直後の政治過程を辿るなかで、「アジア的」なものと「封建的」なものとの間で揺れるブルジョア民主主義の位置付けと「唯一の所有者」（einziger Eigentümer）への権力の集中（dictatorship/autocracy/despotism）の問題を考えることにしたい。[★11]

1　朝鮮社会経済史研究とアジア的生産様式論

朝鮮の降水量は季節による変化が顕著であり、とくに乾燥期（一〇―三月）から湿潤期（六―九月）への過渡期における乾燥は灌漑農業によってたつ朝鮮の農民に対して協業と労働の特別な集約化を伝統的に条件づけていた。[★12]河川が人工的給水のための有力な水源となり、社会の労働生産力を条件付けているが、灌漑農業とはいえ、乾燥期が短い朝鮮は、乾燥しても潜在的に肥沃である土地を恒久的にかつ収益のあるように耕作することを必要としたエジプトやバビロニア文化とは異なっている。その意味で、朝鮮において水の確実な供給を河川以外の大規模人口灌漑に頼らねばならない必然性は低かったといえ、純粋な水力社会とは区別されるべきであろう。ウィットフォーゲルが指摘したように、灌漑農耕が降水農業よりも大量の肉体的努力を要するというのは事実としても、水路を掘ったり、ダムを作って水を分配したりする地方的仕事は、数の多くはない農民やその家族、近隣の小集団によっても共同体内部において十分遂行可能であることが予想されるのであり、ここでは小規模灌漑に依拠した農耕がたとえ食料供給を増大させたとしても、そのこと自体は水力農業や東洋的専制主義を伴うわけではけっしてない。★13とはいえ、ここにおいてすら、灌漑農業が水の大きな供給の効果的な取り扱いに依存しているのであり、水のもつ独特な性質——その大量に集積する傾向——は制度的に決定的な要因になっている。大量の水は大量の労働によってのみ水路に流され、また諸境界内に蓄えられることが可能となるが、この大量の労働は調整され、規律化され、指導されなければならないのであり、乾燥した低地や平原を征服しようと熱望する多くの農民たちは、機械以前の技術的基礎のもとでは一つの成功のチャンスを提供する組織的な装置に頼ることを余儀なくされる。つまり、彼らは仲間たちと一緒に働き、指令する一つの権力に服従しなければならなくなるのであり、その基本構造の存在は朝鮮半島といえども例外ではない。★14

このように大規模灌漑用水は、それが農民たちにとって死活の条件となるがゆえに彼らを大規模労働に決定的に駆り立てたのであり、これを唯一組織できた専制権力はまさにそのことを背景にしつつ、自然の支配を社会の支配へと転じていった。だが、既述のようにその中心部における範型とは異なる朝鮮のそれは大規模灌漑の必要性はなかったのであり、専制主義の成立を基礎付けているとは論定しがたい。例えば、福田徳三は『韓国の経済組織と経済単位』（一九〇四年）のなかで、マルクスのアジア的生産様式論と同様に、世界資本主義の門口に立たされた解体期に瀕する朝鮮における私的土地所有の欠如が農業生産未発達の最大の原因であり、二〇世紀初頭の朝鮮においてすら洞や里という共産的な村落の自治が認められ、始原的共同体が頑固に保存されたとした。★15 だが福田は、朝鮮に伝統的に存在した貴族としての両班が所領地も臣族も有さなかったという点において封建制ではないとし、「アジア的」という言葉こそ使わなかったものの、明らかにマルクスに近接した立場をとった。福田のみるところ、朝鮮の政治制度は地方分権でもなければ、仮に表面的にそう見えても専制君主制でもなく、王権は極めて微弱なために強固な統一中央政権は発生しなかった。朝鮮の近世において各道、各郡が分立する領域経済が行なわれたのでなければ、国民経済の域に達していたわけでもない。その国家と国民経済組織は、その起源を「専制的警察国家」に発していたとはいえ、自足経済から貨幣経済への過渡期において、人と人、部落と部落との間では交換交通が貸借の形態で現れるのみである。したがって福田は、この朝鮮の経済システムを「国民経済」に代わる「借金的自足経済」（Naturalborgwirtschaft）と呼び、政治制度としてはいまだに真の意味において国家の体をなしていないと結論していた。★16

一方、この福田徳三の朝鮮社会経済論やウィットフォーゲルの東洋的社会論に多大な影響を受けた森谷克己は、戦後まもなく『東洋的社会の歴史と思想』（一九四八年）において朝鮮社会経済史の再論を試みた。森谷の見るところ、先史時代を経て三―四世紀、高句麗、百済、新羅の三国鼎立時代に入ったが、高句麗と百済がともに満州の扶餘（ツングース）族の征服国家で、高句麗が封建主義を混入した国家的秩序を樹立する一方、百済は官僚主義的集権化を遂げた。これら二つが外族による外生的国家であるのに対して、新羅は韓族自身の間から発生した自生的国家であり、その国家体制は早期封建主義であった。この三国鼎立時代を森谷は、奴隷経済時代と呼ばず、耕作者の主要な部分が租調および揺役義務を負った農民であったことから、共同体全員の専制君主に対する臣隷関係を意味するマルクスの「総体的奴隷制」(die Allgemine Sklaverei)というカテゴリーでとらえたのである。[17]その後七世紀には、新羅による国家統一を経て、官僚主義的集集権化は進み、一〇世紀になって高麗が朝鮮を領有すると科挙制度を設けて儒学者を任官し、未熟なる封建主義を混入する専制主義、官僚主義的国家秩序を樹立した。だが、経済的には農業社会的構成、すなわち「農工合一のアジア的組成」を有していたとされ、[18]さらに明の藩属国として出発した李氏朝鮮も、儒教の国教化によって官僚主義を強めたこともあり、その国家体制は科田・荘田制に基づく封建主義を混入する専制的官僚主義とされた。[19]李氏朝鮮の時代も農工合一のアジア的組成以上に進まなかったものの、「自足的家内経済」を一歩踏み出て、農民は余剰生産物を市場に携えるようになった。だが、いまだ「国民経済」の段階には達せず、しかし変態的な「都市経済」の段階に到達したとされた。[20]やがて孤立鎖国的な朝鮮は、一八七六年の日朝修好条規によって開国し、日清戦争を契機に清国の従属から離脱し、さらに日露戦争を契機に日本の保護下に置かれ、ついに一九一〇年の日韓併合により日本帝国主義の経営と同化政策のもとに置かれた。[21]日本領有下の朝鮮時代には、鉄道をはじめとする交通建設、水利農業開発、資本の輸出、投下が行なわれ、その結果、急激に上昇した工業生産高は、「朝鮮の孤立封鎖的な社会経済体制の分解に決定的に重要な一役割をつとめた」

とされた。[22]

だが、その一方で森谷はそれを明確に「アジア的」とは呼ばなかったものの、「新しい生産方法、経済体制の採用と、従って新しい社会的諸関係の成立にも拘わらず、半世紀に近い日本領有下の朝鮮においては同時に旧時の生産方法、経済体制、社会的諸関係および意識関係が広範に残存し来っていた」とした。[23] アジアにおける私的土地所有の存在が、例えば中国の場合のように必ずしも封建的なものの招来を約束するものではなく、マルクスにおいてなおもアジア的生産様式のカテゴリーで理解されていたことは、ウィットフォーゲルが指摘した重要なポイントの一つである。[24] その意味でいえば、たしかに森谷自身は日本領有下の朝鮮資本主義の土台にアジア的生産様式を残留させたものであったという明言を避けてはいるが、この本来のマルクスに忠実な解釈がソ連崩壊後のわれわれに与える意味合いはきわめて大きいといわねばならない。結局、日本の敗戦と超国家主義の崩壊によって朝鮮民族は解放され、自主的かつ自立的な国民生活を建設すべき時代を迎えたが、その際森谷は「朝鮮民族が能く自主的民族革命による民族的力量の最高度の結集を図ることが必須条件である」と訴えていた。[25] このことは彼が、アジア的遺制の克服をかつてのように日本をはじめとする先進資本との連繋に頼るのではなく、国内民族資本の全面開花に新生朝鮮への望みを託していたことを意味している。いずれにせよ、今日的なコンテクストにおいてもなお、旧植民地体制下におかれた民族による歴史発展過程の特質の一つは、民族ブルジョアジーというカテゴリーを如何に理解するかによって左右されうるといえる。少なくとも一九四五年、解放直後の朝鮮半島が直面していたのはまさにこの問題であった。

2　朝鮮民主主義人民共和国の成立

一九四五年八月、ソ連による日本への宣戦布告にともない、満州を解放した後になおも南下をつづけていた第二五軍は、八月一一日、中国と朝鮮の国境を越え、一五日の日本軍の降伏を経て八月二六日、平壌に入城した。第二五軍の司令官であったチスチャコフをはじめ、軍の指揮官たちは思いがけず朝鮮を統治しなければならなくなったものの、この国についての知識は何もなかったし、当初はなにもできなかった。しかし、そのなかで政治的責任者であり、ソビエト議会の軍事評議会のメンバーであったN・G・レベデフは政治的なセンスを持ち合わせ、四五年から四八年にかけて北朝鮮の発展に大きな影響を及ぼした。次に大きな役割を果たしたのは、第二五軍政治部長、のちのソ連民政部長官A・A・ロマネンコと第一極東方面軍の軍事会議委員であり、のちに朝鮮戦争開始時までソ連大使となったT・F・シトゥイコフであった。一〇月八日、ロマネンコとともに民政を担当したイグナチエフ大佐は、北朝鮮五道の行政を統合し掌握する機関を創設するために、北部朝鮮五道人民委員会の合同会議の開催を呼びかけたが、この五道行政区は一二月に信託統治の是非をめぐる全国的な論争による分裂のため長続きしなかった。[★26] 当初、ソ連軍の専門家は将来の全朝鮮政府の構成について提案を起草していたが、アメリカによる強硬な反対にあい、さらに共同信託統治の計画と統一朝鮮政府の創設が不可能であることが明らかになった一九四六年春には、分断された北朝鮮政府を樹立するために動き始めていた。当時、北朝鮮におけるソ連国内の行政府によって着手された占領政策は、ソ連のマルクス・レーニン主義による人民民主主義革命として、社会主義革命はそれに続くものとして理解されていた。とはいえ、一九二五年に創設された共産党は団結力が弱く、二八年にはコミンテルン自らによって解散させられていた。ブルジョア民主主義革命の実現のためにも民族主義者との連繋が求められていたが、その代表的な指導者が、朝鮮のガンジーとも呼ばれていた曺晩植であった。彼は平壌委員会という政治団体を設立したが、平壌はそうした民族主義者の本拠地であった。しかし、それまで地下で活躍していたコミュニストたちはほとんど委員会の外部におり、約二〇人の委員のうちコミュニストはわずか二人にすぎなかった。このことは解放直後の状況下でいかに民族主義者の層が厚かったかを示しており、下から積み上げられた支配の正当性は民族主義者の手中にあってもコミュニストにはなかったといえる。[★27] しかも、ソ連の占領政策は明らかに当初は広範な社会階級・層との連繋の下でブルジョア民主主義革命を経て、さらに社会主義の段階へと進もうとする戦略をもっていたのであり、たとえ民族主義者らが支配の正当性を握っていたとしても、そのこと自体は占領政策とはなんら矛盾するものではなかった。だがここでは、それはあくまでもソ連から与えられた戦略であって、朝鮮のコミュニストや民族主義者らが自ら提起したものではなかったということが重要である。[★28] たしかに当初金日成には、民族資本は反日民族解放革命に参加できるという視点があったが、それを例えば毛沢東の新民主主義論のようにブルジョア民主主義革命に代替させようという意思はなかった。[★29] つまりこのことは、それを政治的支配として利用するという意図があっても、民族ブルジョアジーらの有する高度な生産力をそのまま社会主義体制下で活用しようという発想が欠如していたことの証左であった。こうした中、社会・経済的諸政策を実現するための行政府としてソ連民政部が設立され、産業、交通、通信、財政、農林、商業、保健、教育、司法、保安の各局がもうけられた。長官にロマネンコがつき、シトゥイコフが監督したが、職員全てがソ連軍関係者であり、ソ連占領当局に従属していたことはいうまでもない。ソ連(スターリン)型コミュニズムの北朝鮮への移植の第一歩はこうして始まったのだった。

一方ソ連当局は、地方の民族主義者や曺晩植との提携が失敗に終わるであろうことを予期しつつ、ソ連の政策施行の次なる担い手を探していた。当初、朝鮮共産党の朴憲永が適任と思われていたものの、ソウルで活躍していた彼は北では必ずしも信望が厚くはなかったことが壁に傷であった。一九四五年後半からソ連国内に移住していた朝鮮人が帰国し始めるとともに、国外に亡命していた朝鮮人コミュニストたちが朝鮮に戻り始めていたが、その中の抗日ゲリラの小集団に金日成がいた。ソ連はこの頃にはすでに、将来の指導者として金日成を支持することに決めていた。ソウルに本部を置く朝鮮共産党の北部朝鮮分局は、ソ連当局によって平壌で召集された一〇月の会議で正式に発足したが、最初の委員長は金日成ではなく、一九三〇年代にコミンテルンによって送りこまれた金鎔範であった。ほどなく北朝鮮のすべての政治団体及びそれに類する団体が共同戦線を構築することが決められたが、わずか二ヶ月でそのリーダーは金日成にとって代わられた。イグナチエフは、この間一貫して分局の拡大執行委員には顔を出して、金日成は彼の指示に忠実に従った。★30

一方、曺は同じ頃、民族主義者による民主党を設立した。

こうした中、一一月二三日、学生デモと暴動が朝鮮―中国国境の新義州で反共産主義のスローガンを掲げて同時に起きたが、地方の治安軍、コミュニスト市民軍、ソ連軍によって即座に鎮圧された。さらに平壌では、ソ連とアメリカによる信託統治が日本の支配にとって代わる陰謀であるとして、民族主義者とソ連軍との間に決定的な決裂が生じた。このことは当時、占領軍であるソ連軍に抵抗できる民族主義勢力の社会的基盤がまがりなりにも北朝鮮に存在していたことを示唆している。ソ連が信託統治計画への支持を要求する一方、民族主義者はこれを拒否し、曺は即座に逮捕され、朝鮮戦争勃発後の一九五〇年一〇月に処刑された。その後民主党は、コミュニストの傀儡となり見せ掛けだけの組織になったが、これによって民族主義者らの保持していた支配の正当性は、ソ連と金日成らの手に渡ったことになる。

ここで民族主義勢力による反共産主義運動の失敗を朝鮮に残存するアジア的遺制の強固さに帰することはたやすいが、むしろ注意すべきなのは、解放直後の状況でソ連の占領軍の存在という強大な権力（＝暴力）を背景にしてもなお、民族ブルジョアジーが台頭するための社会的うねりが確実に存在したという事実であろう。たしかに、北朝鮮の民族主義者の多くがソ連軍当局に対して正面から抵抗しようとはしなかったことは、ポーランドにおけるカチンの森の大虐殺やワルシャワの流血の惨事といった事態を避け得たといえるかもしれない。徐大粛によれば、それは自分たちの主張を貫く決意にかけていたからでなく、いつでも北から南へ活動の場を移す選択の道が残されていたからだという。[★31] だが、南に逃亡できる可能性が残されているなら、むしろ逆に可能な限り抵抗する道もあったとも考えられるのであり、やはり第一義的にはブルジョア民主主義を支える市民層の伝統的な脆弱さと、曺晩植以下民族主義者を率いる指導層の薄弱さ、さらには大量の市民層の南への逃避という事態がもたらした民族ブルジョアジーのさらなる弱体化の結果と見るべきではないのか。ウィットフォーゲルにとっては、こうした弱体化をもたらした根源に横たわっているものこそ、民族ブルジョアジーを封建社会よりもはるかに虚弱な状態に置かせている、堅固なアジア的遺制なのである。★32

朴憲永率いる共産党中央委員会（南朝鮮）からの独立によって一九四六年、北朝鮮共産党が成立した。アメリカの支配下にある南朝鮮の共産党はソ連の指揮官にとってはコントロールしにくかったが、これによって平壌の指導層に自由が確保されることとなった。だが、朝鮮共産党北朝鮮分局から北朝鮮共産党中央委員会へのプロセスは、一度の政治的決断によって実現したわけでなく、むしろ段階的に進められた。当初、一九四六年一月時点で、まだ「北朝鮮支部」という呼び方をしていた。その後、中立的な呼び名として「北部の共産党組織」という表記法が使われたが、四月一七日以降になってようやく「北朝鮮共産党」と呼ばれるようになる。ソ連の資料でも、「この共産党は朝鮮共産党の一部であるが、占領区域がソ連とアメリカの支配とで分れているため、北朝鮮における独立した政党であるかのように活動している」とされており、★33共産党成立をめぐる微妙な背景、つまり独立した党なのか、それとも全朝鮮の地域的下部組織にすぎないのか、といった背景の存在が理解できる。★34

北朝鮮共産党の党首についたのは金日成だが、多くの中国亡命組がこれには参加せず、中国国内で存在していた独立同盟を母体として新民党を創設（一九四六年二月）した。これは共産党の穏健派ともいえ、多くの知識人をはじめ、富裕層からも支持を得ていた。これはすでにパージされていた人民党にとって代わるものであるとソ連の指導部では理解され、潜在的脅威として怖れられる存在となったが、逆にいえば共産党寄りの民族主義者がこの時点ではまだ支配の正当性の枠内に収まっていたことを意味している。一方、金日成が名実ともにその長となった最初の行政機構とは、北朝鮮五道行政局を再編した北朝鮮臨時人民委員会だったが、それは一九四六年二月八日、北朝鮮の各政党、社会団体、各行政局、各道郡の代表によって開かれた人民委員会代表拡大協議会の後に、北朝鮮における中央行政機関として作られた組織であった。[★35]

こうした中、金日成が朝鮮共産党北部朝鮮分局を組織しようとした際、国内派の指導者の多くはその方針に反対し、ソウルの中央への忠誠を誓っていた。一九四五年一二月、北部朝鮮分局の責任秘書の地位についた金日成は、一九四六年二月、第四次拡大執行委員会でこの問題を取り上げたが、国内派の指導者たちは協力的立場をとることを拒んでいたという。[★36] このことは金日成が、解放直後の政治状況において、民族主義者からも国内派コミュニストからも孤立した存在であったことを伺わせているが、いいかえれば彼がこの段階では北朝鮮における内側かつ「下から」積み上げられた支配の正当性を一切踏んでいなかったということでもあった。

北朝鮮民主主義民族統一戦線が一九四六年七月に成立した。この統一戦線は、ソ連当局の指導の下で、あらゆる合法的政党を統一するもので、東欧の国々で行なわれたものとほとんど同じ内容であった。だが、これによって共産党以外の他の政党、集団は行動の自由を失うこととなり、「プロレタリアートの独裁」のための制度的条件が整いつつあることを意味した。さらに、ソ連当局の指揮下で新民党と共産党とが合併したが、その詳細なプロセスについては明らかではない。[★37] 金日成と朴憲永は一九四六年七月、モスクワに呼ばれてスターリンと会見したが、スターリンは二人に向って共産党と新民党と合同して新しい党を作ったらどうかと提案した。[★38] スターリンはそれに先だつ一九四五年九月二〇日、「北朝鮮において、すべての反日的民主政党と団体の広範なブロックを基礎にして、ブルジョア民主主義権力を樹立することを援助すること」を主な内容とする占領方針の指令を出しているが、ここでも重要なポイントは、ブルジョア民主主義的政策の採用が金や朴によって内側からかつ下から提起されたのではなく、ソ連（スターリン）に要求されるがままに外側から与えられたに過ぎないという事実であろう。[★39] いずれにせよ、この手の共産党と社会民主主義政党との合併は他の東欧社会主義諸国でも繰り返し行なわれてきたが、いずれも一九四八年以降であったことが最大の違いであった。一九四六年に行なわれたのは北朝鮮と東ドイツのみで、共産党に対する労働党という呼び名が与えられたのは北朝鮮が最初のケースであった。

新民党と共産党合併・統一は次のような経緯を辿った。一九四六年七月二三日（民主主義統一戦線創立の翌日）、新民党の中央委員会が開催された。崔昌益副委員長が共産党との合併を提案し、中央委員会は恐らくこれを「満場一致」で採択した。金料奉が金日成に文書で公式要請し、それに基づき七月二四日、共産党中央委員会が開かれ、金日成は正式にこれに同意した。同二七日、両党の中央委員会が合併問題に関する合同特別会議を開き、同二九日、新民党と共産党とによる中央委員会全体会議が開催され、両党統一に関する宣言を正式に採択し、翌月までには全道、地域、市の組織が合併された。こうした中、北朝鮮労働党第一回全国会議が一九四六年八月二八—三〇日に開かれた。[★40] 最初の委員長はここでも金日成ではなく、新民党出身の金料奉であり、金日成は副委員長にとどまった。しかしそれは、金料奉の支持者を確保するための象徴にすぎず、実質的には金日成とかつての満州ゲリラやソ連内部の朝鮮人の支持者らが支配したが、そこにはソ連の援助を得ていた金日成と日々のルーチンワークに興味のない金枓奉との一体化という構図があった。既述のように、内側から積み上げられた支配の正当性が自らにないことを誰よりもよく知っていた金日成は、その対内向け正統的権威を外部権力で埋め合わせるがごとく、ソ連の占領軍という強大な権力（＝暴力）を背後に置いて、民族主義者らがすでに獲得していた支配の正当性を利用したのである。こうした新体制の選択について徐大粛は、党の中では非コミュニストを表に立ててコミュニストが実権を握る方が賢明だとする筋書きがイグナチエフによって算段されたという可能性を示唆している。[★41] だが、それが金日成の意図であろうとイグナチエフのそれであろうと、ここで重要なのはコミュニストとナショナリストとの連繋が長期的な社会主義建設を視野に置いたブルジョア民主主義の克服を意図したものではなく、非コミュニストからの短期間での権力奪取を意図したものにすぎなかったということであろう。

この頃、多くの左翼指導者らが北へ移住し、朴憲永らとともにゲリラや非合法活動を援助するためのインフラを整備していた。まず、土地の再分配に関する土地改革法（一九四六年三月）が制定され、北朝鮮人民委員会による公布で金日成が署名したが、その草稿はレニングラードから派遣されたソ連民政部の農業経済コンサルタントが行なった。同法は、五チョンボ（一チョンボ＝〇・九九ha）以上の土地を所有者の国籍にかかわらず、すべて没収し、再分配の対象とした。[★42] それまでの朝鮮共産党の方針では、三・七制、すなわち日本に協力した地主の土地、日本人の土地は全部没収するが、朝鮮人地主の土地はそのままにして収穫の三分を地主に納め、七分は小作人がとることとするというものであった。だが、ここで全ての小作地は無償で没収し、農民に無償で分配するというより徹底した改革案は、ソ連占領軍の原案が改革案になっており、この決定には共産党は関与しておらず、占領軍と連携した金日成のイニシアティブの下で強引に行なわれた。[★43] ここでも金日成の民族ブルジョアジーに対する苛酷な抑圧姿勢と、ブルジョア民主主義の社会主義的民主主義への転化に対する否定的な態度が明らかに伺われる。一九四七年までに終了するはずだった土地改良は、予定よりも早い四六年三月には終わり、その「成功」は土地不足が深刻化していた南でも注目を集めた。農民への土地の分配は、その高い税率のために必ずしも魅力のあるものではなかったが、政治的には大きな影響力をもつこととなった。[★44]

さらに一九四六年八月、産業国有化法制定が制定された。この法も朝鮮人自らのイニシアティブで起草されたものではなく、基本的にソ連民生部主導による制定、施行であったが、ソ連当局としてはこれを社会主義というより、社会主義への過渡期の人民民主主義的制度と考えていた。そこでは、「日本国家と私人および法人等の所有または朝鮮人民の謀反者の所有になっている一切の企業所・鉱山・発電所・鉄道・逓信・銀行・商業および文化機関等はすべて没収し、これを朝鮮人民の所有すなわち国有化する」と規定されており、[★45] いいかえれば、この没収者以外の所有者は国家によって承認され、民族資本の所有も「法的には」保障されることとなった。だが、問題は没収か否かの基準が「経済的」内容にあるのでなく、「政治的」かつ「恣意的」なものにあったということであろう。結局、植民地朝鮮ではほとんどの大・中規模企業は日本の当局との協力関係にあったため、事実上は全てが国有化されることにならざるを得なかった。人民民主主義を育成しようとする意図が仮にソ連側にあったとしても、それを具体的に運用するつもりが北朝鮮当局側にない限り、その制度は換骨奪胎されざるを得ないし、それまでの金日成の民族ブルジョアジーに対する苛酷な姿勢を思い起こしただけでも、ここで国有化＝没収される際の基準が内部の権力闘争と結びついて「恣意的に」設定されていたであろうことは想像に難くない。その結果、北朝鮮における国民生産力は徐々に低下し、資本主義システムが存続している南とソ連型計画経済に移りつつある北との体制の違いが明白になった。一九四七年二月には経済計画、同一二月には通貨改革が実施され、南とは異なる通貨が導入されることで、北と南との経済関係上のギャップがさらに深まっていった。

一九四六年一一月、臨時人民委員会（地方、道、市レベル）で選挙が行なわれた。[★46] それ以前はソ連によって承認された地方活動家の組織にすぎなかった同委員会だが、一九四六年二月より全ての重要法案は人民委員会の名で採用されることとなったものの、その法的地位は不明瞭なままであった。この選挙制導入によってたしかに人民委員会はより説得力を持って民主的かつ合法的組織としての地位を確保できるようになった。しかし、唯一影響力のある反共産党組織であった民主党への弾圧、及びソ連と朝鮮労働党との一体化による完全なコントロールは、基本的にこの選挙制を労働党が大多数を確保するための単なる形式にしたて上げてしまったのである。全ての党、主要な公的機関を包括する北朝鮮民主主義民族統一戦線の一部として、労働党が望まぬ揉め事を避けるためこの選挙に参加し、それぞれの選挙区において民族統一戦線からの候補者一人を立てた。そこではこの候補者を選ぶか、反対するか、そもそも投票しないかの三つのうちのいずれかしか選択肢はなく、しかも反対票を入れる箱は黒と白で区別されているため誰がいれたかが明白となり、その後投票者が監視下に置かれることすらあった。選挙に際して金日成は、モスクワ会議での決定に則りつつ、この選挙が朝鮮の統一政府の樹立を促さねばならないことを強調したが、実際のところは北朝鮮労働党国家のさらなる合法化を意味したに過ぎなかった。★47

こうした中、人民委員会第一回大会が一九四七年二月、平壌で開かれた。★48 この人民委員会という組織体は地方の自治的な法権力を象徴しているようにも見えたが、実際の権力は党機構に属していたのであり、いわばそれは単にスターリンの社会・国家観を反映していたにすぎなかった。議会の名において、新たな北朝鮮政府が形づくられ、北朝鮮人民会議という一種の立法機関が立ち上げられたが、ここでも委員長を務めたのは金日成であった。この会議の開催を決定したのは、後にそのことを日記で詳細に明らかにしたソ連のシトゥイコフであった。★49 四六年一二月一九日、彼はメレツコフ少将とロマネンコ将軍とその計画について話し合い、秘密選挙で選出された一一五三人の代表が会議に出席し、二三一人からなる北朝鮮人民会議を「選出」することにした。これら選挙では、ソ連の将校たちが当事者の間でそれぞれの地位を前もって分け与えていたことからも、実際にどんなものであったかが想像できる。しかも、これらの「指導」は、実際にほとんどそのまま実行されたのであり、ソ連の将校たちが「すべての正しい社会集団は党組織が前もって決めておいた結果に基づいて代表権を得るべきである」というソビエト・モデルに従ったのである。★50 この計画はモスクワに報告され、承認され、その後一九四七年一月になってはじめて金日成が最後の交渉に参加するよう求められたにすぎず、つまりこの「秘密選挙」では金日成でさえ基本的には蚊帳の外にいたことになる。

一方、南朝鮮労働党は四六―四八年、アメリカによって非合法化されていたとはいえ、南において広範な大衆の支持を得た主な政治勢力の一つであった。南朝鮮労働党は、北朝鮮労働党から一九四九年までに独立しつつも、同様に左翼諸政党を統一した。一九四五年から朴憲永による北への非合法訪問が頻繁に行なわれたが、朴自身も一九四六年までには平壌に移った。同党は、非合法委員会システムを全国に広めており、四七年からはソ連や北朝鮮当局とのコンタクトを維持している党の指導者たちは、南朝鮮体制に対する軍事闘争に乗りだし、全国規模でのゲリラ・キャンペーンを繰り広げた。四七年九月には、平壌に近い江東で南朝鮮における非合法活動のための専門家を養成するために特別校が設立され、ほとんどが道や地域レベルの党の指導者であった同校の学生は、何ヶ月かの訓練の後、みな南朝鮮に送り込まれた。そのうちの何人かはゲリラ部門を率いることが期待されており、したがって一般的政治科目の他に、基本的な軍事教育も受けていた。南でのゲリラ闘争が更に激化していた一九四八年末には、将来のゲリラ指揮官の養成はこの学校の主な任務となっていた。★51 このように金日成らゲリラ派が主流を占めていた労働党政権は、解放から共和国建国までの社会主義への過渡期において、ソ連によって与えられた人民民主主義の実現という基本的課題すら果たさないまま、旧来のパルチザン闘争的発想から一歩も抜け出ることなく、自らの暴力革命路線をひた走るのみであった。

こうした中、一九四八年七月一〇日、北朝鮮人民会議は朝鮮民主主義人民共和国の憲法を実施し、それに基づく朝鮮最高人民会議の選挙の実施を決定し、同年九月九日、朝鮮民主主義人民共和国の成立を宣言した。これに先だつ八月一五日、大韓民国はソウルで成立を宣言し、全朝鮮を領土とした唯一の合法政府だと主張しており、北と南でお互いを自分たちの領土の半分を陣取る傀儡政権であるとみなした。朝鮮民主主義人民共和国の首相には金日成が就任し、副首相兼外相には南のコミュニストであった朴憲永が選ばれた。同年一〇月からソ連軍は撤退を始め、一二月には完了し、在共和国ソ連大使にはシトゥイコフが就任した。かくして、ソ連（スターリン）型コミュニズムは、ここに北朝鮮への移植プロセスの一応の完成をみたのである。

3 金日成体制の成立

金日成は朝鮮問題について、軍事的解決を図ろうとする路線の決定的な支持者ではなかったとされる。朴憲永をはじめとする南朝鮮共産党の指導者たちは、南の左翼シンパ勢力を過大評価する傾向にあり、北の一撃によって南は倒れるといった主張を活発に行なっていた。攻撃を企てた一人とされる愈成哲によれば、ソウルの陥落の後には、軍事的作戦の継続は必要ないであろうと見なされていた。金日成はクレムリンに対して、何度も南への攻撃許可を求めていた。★52 四五年以降、金日成は軍備の開発が統一にとって最も有力な手段になると主張するようになるが、なによりもそのことは彼の権力基盤を強めるものであった。スターリンはこれに反対するのを止め、しぶしぶ攻撃を認めると、一九五〇年六月二五日、北による突然の攻撃によって朝鮮戦争の火蓋が切られた。翌二六日、金日成は北の国民に対し、南からの進攻を受けたが、その「防御」に成功したとラジオ演説した。[53] だが、金日成の取った行動とは、中国の国共内戦とは全く性格が異なっており、国連の後ろ盾によって作られた正式な国民国家に対する侵略行為であった。[54]

当初、北の優勢は明らかで、ソウルは戦争開始三日目にして共産勢力の支配下に落ち、一九五〇年夏までには国土の九〇%は北のコントロール下に置かれ、北の勝利も目前と思われていた。しかし、アメリカの仁川進攻とともに状況は一変し、今度は国土の九〇%を支配するのがアメリカと南朝鮮側になった。戦況が北の思い通りに展開しなくなったことが明らかになった頃から、国内派は金日成を攻撃したが、金日成はこれらを退けるのに成功した。その後、中国人民義勇軍が北に参戦し、一九五〇年一二月に開かれた中央委員会第二期第三次全体会議で金日成は、戦況の悪化に対する自分への責任を転嫁し、ゲリラ派やソ連派の指導者たちに批判の矢を差し向けた。[55] その後、中国人民義勇軍はアメリカ軍を三八度線にまで後退させ、五一年には戦争開始時点の位置にまで戻り、塹壕戦に入った。この塹壕戦はその後二年間続くこととなるが、その間、主な戦いは中国によって遂行され、北朝鮮軍は第二次的な軍事作戦にしか参加しないという援軍的役割にとどまった。五〇—五一年にはアメリカ対中国という構図が強まったが、中国は北朝鮮の内政に干渉することはなく、ソ連からの影響も弱まっていたので、結局は金日成の力を強めることになった。だが、金日成は政治的駆け引きや策略には長けていたが、全般的教養には欠けており、権力を手に入れたり、強化したりすることはできても、それをいかに使うかについては知らなかった。[56]

既述のように、解放後の民族ブルジョアジー弾圧と人民民主主義制度の形骸化により国民総生産の低迷していた北朝鮮経済は、朝鮮戦争後まもなく、ソ連と中国からの援助の下で印象的な成功を収めた。直接経済援助の外に、ソ連も中国も石油やガスを極端に安価で売却したり、国際市場では競争力のない北の低品質の製品を購入したりしていた。中国は必要な技術援助を与えるために専門家を平壌に無償で送り、ソ連も(一部中国も)武器や軍事技術も大幅なディスカウントのうえで提供していた。五七年から国民経済発展第一次五ヶ年計画が実施され、国有化された工業を基礎に計画的に復興、建設を進める経済政策は順調に進み、生産高も急速に上昇していた。一九五〇年代末から、経済運営は中国のやり方を採用し、大躍進の「自力更生」を真似たチョンリマ(千里馬)運動に乗り出し、その結果農業協同化率も五八年には一〇〇%を達成し、手工業や残存していた工業部門の個人経営も完全に協同化された。金日成は一九六一年七月、北京で周恩来との間で友好条約を結んだが、その一週間前にはソ連との間でも同様な条約を結び、双方とも同時に効力を発することとなった。★57 いずれにせよ、北における「経済の奇跡」はなかったにせよ、一九五〇年代の経済発展が著しく、少なくとも一九七〇年前後までは資本主義である南の経済を上回っていたとされる。★58 だが、ここで注意すべきなのは、その成功の裏にあったのはソ連や中国からの経済および技術援助であって、後に金日成がチュチェ(主体)思想の確立によって社会主義建設の功労を一人占めしたのとは裏腹に、けっして自立的な経済発展ではなかったということであろう。

さらに一九六〇年代には北朝鮮経済に大きな変化がもたらされた。タエンという管理システムが導入され、一切の物質的インセンティブが無視され、イデオロギーと軍事的規律が取って代わった。経済は軍事化され、中央計画が極端にまで達し、すべての産業が軍事的パターンで再編成された。

同じ改革が農業部門でも実施され、金日成自らが指導に訪れた地名を取ってチョンサンリ（青山里）方式と呼ばれ、生産単位をアウタルキー状態にするのが理想であるとされた。しかしこれらの改革は、経済の改善には至らなかったばかりか、戦後の一時期、ソ連と中国との援助によって目覚しい経済発展が成し遂げられたにもかかわらず、いまや自分たちの行なっている経済政策が一九四〇年代よりも非効率であることを自ら証明してしまった。ソ連の著名な経済学者が語ったところによれば、北朝鮮の経済発展は一九八〇年かそのすぐあとには停滞しており、一九九〇年代には北朝鮮のプロパガンダでさえ公式に認めざるを得ないレベルにまで工業生産は低下していたという。[59] この時点で北朝鮮は、自国民に対する厳しい管理、大衆への洗脳という手段に訴えてしか、国の安定を維持できなくなっていた。その際、とりわけ海外からの情報を遮断するということが大きな手段となった。一九六二年以来、北朝鮮当局は、一〇〇％の投票率で一〇〇％公認候補者を選出してきたことを誇っていた。そして一九七二年以降、金日成は「現代社会で最も賞賛される指導者」となり、一九七四年に彼の誕生日が国の祭日となった頃には、金日成のカリスマ的支配体制は確固たるものに築かれていた。[60]

これまで見たように、一九五〇年代は北朝鮮にとって、社会的、政治的構造が作られた重要な時期であった。一九四五年から六〇年の政治史は、ソ連の保護、監督のもとでの政府内派閥間の権力闘争そのものである。一九五〇年代の後半までに、金日成とその仲間は他の派閥を抹殺しようとし、権力の制限されないスターリン主義的な個人独裁を確立した。金日成にとっての一九四五年から六〇年の時期は、スターリンの一九二四年から三六年、毛沢東の四九年から六〇年の時期に相当するものであり、要するにこの一〇―一五年間のこれら三国の政治過程に共通しているのは、制約されない個人への権力の集中によって党＝国家体制が築かれたということである。その一連のプロセスとは、ウィットフォーゲル的な問題関心で見れば、東洋的専制主義という永続的政体が生成される過程で全体的権力の行使によって招来された恐怖の権力闘争であり、したがってそれはスターリン体制下のソ連政治局内部で展開された政治過程とのアナロジーでも理解可能となる。ウィットフォーゲルは、全体主義的政治構造内部における権力バランスを非政府的勢力のもつ権力の特質に求めていたが、同じことを北朝鮮の政治過程にも当てはめることができる。ウィットフォーゲルの見るところ、非政府的勢力という中間団体の長がそれぞれの権力で均衡を保っている場合はともかくとして、そうでない場合にはただ抑制されない権力の累積傾向（cumulative tendency）が生じてくるという全体主義的政治構造の内的メカニズムがそこには横たわっている。そして、非政府勢力の均衡という「外部コントロール」の喪失は、政府内の「内部バランス」という政治力学の破壊によって拍車がかけられることとなった。

「この傾向は権威の各部分が多少とも均等な力をもっているあいだは、抑制されている。それは公共事業、軍隊、諜報サービス、徴税組織の長たちが組織力、情報力、強制力において多少とも均等な力をもっているならば抑制されうる。このような場合、絶対主義政体は均衡のとれた寡頭制、いわば『ポリトビューロー』（政治局）の下にあるのだが、そのメンバーは実際、多かれ少なかれ平等に最高権力の行使に参画することになるであろう。しかしながら、いずれかの政府の主要部門の組織力、情報力、強制力がそのように均衡していることは、あったとしても稀である」[★61]。

つまり、寡頭制内部での権力のバランスは見かけ上安定しているが、実際は「外部コントロール」によって抑制されているに過ぎず、したがってそれが消失すれば遅かれ早かれ権力のバランス維持による安定を失いつつ、制約されない権力の累積傾向はいよいよもって組織と意思決定の単一の独裁制的な中心へと向うことにならざるを得ない。こうしたことからウィットフォーゲルは、権力構造内部へと影響を与えている「外部コントロール」と「内部バランス」という二つの政治力学のモメントの行く末を「絶対主義」(absolutism)と「独裁制」(autocracy)に求めつつ、「その支配が非政府的勢力によって有効にチェックされていないとき絶対主義となり、絶対主義政体の支配者がその意思決定を政府内勢力によって有効にチェックされないとき独裁者(autocrat)になる」と定式化したのだった[★62]。

では、このことを北朝鮮のケースに当てはめるとどう理解できるのか? 一九四〇年代中頃までに、北朝鮮には国内派、延安派、ソ連派、そしてゲリラ派という四つの派閥とその長による「寡頭制」が存在していた。国内派は、植民地時代を通して、地下活動に従事していた朝鮮人のコミュニストであった。延安派は、一九二〇―三〇年代に中国に脱出した朝鮮人コミュニストからなっており、スターリン主義とは性格の異なる毛沢東主義の影響下にあった。ソ連派は、一九四五年から四八年にソ連当局によって北朝鮮に送られたソ連の朝鮮人を含むコミュニストからなっていたが、延安派とは異なり、ソ連派はソ連で生まれ、ソ連で育った人々だった。これに対しゲリラ派は、満州を占領していた日本軍による弾圧からソ連へ逃れた人々が赤軍に採用され、ソビエトの軍人として送られた人々であり、いうまでもなくその中の一人が金日成であった。解放後、四つのグループは平壌で会議を開き、一つの政党、北朝鮮共産党の指導者になることを考えたが、一九四六年八月、彼らは北朝鮮労働党を結成するために同じコミュニストとして合流した。かくして、各派閥が権力を分有することで一つの制度的枠組みの中で抑制され、まさにウィットフォーゲルのいうように「公共事業、軍隊、諜報サービス、徴税組織の長たちが組織力、情報力、強制力において多少とも均等な力をもつ」こととなったのである。新しい政党の最初の指導者は金料奉であったが、真の権力は金日成によって握られており、まもなく彼が北朝鮮の支配者となった。一九四五―四六年、ゲリラ派は最も影響力の少ない派閥になっていたが、権力闘争ではソ連軍の援助のもとで結局は勝利した。しかし逆にいえば、一九四八年一二月にソ連占領軍が北朝鮮から撤退したこと、それに前後して南の国内派の指導者が大挙して北へ移ってきたことは自らの支配基盤を揺るがし得る大きな脅威と映ったに違いない。★63 ウィットフォーゲルの議論に即していえば、ソ連軍という「外部コントロール」によって見かけ上安定していた寡頭制内部での権力のバランスが消失し、権力のバランス維持による安定を失って、制約されない権力の累積傾向はいよいよもって組織と意思決定の単一の独裁制的な中心へと向うこととなったといえるであろう。

そうした政治局内の権力バランス崩壊後に金日成が直面した新たな戦略の兆候は、ソ連派のシンボル的存在であったホガイ（許嘉誼）の解任に見られた。このソ連系朝鮮人の指導者は一九五一年に地位を失い、一九五三年に「自殺」に追いやられた。ソ連軍が一九四八年に去ってからソ連派の状況は大きく変化した。北朝鮮に残ることを決めたソ連系朝鮮人は、名義上はソ連の公民権を保有しているにもかかわらず、ソ連共産党から朝鮮労働党へ転籍させられた。一九五〇年代半ばに、金日成がソ連から距離を置き始めると、ソ連大使は慎重に活動を続けるようになり、ソ連系朝鮮人を利用しなくなった。ソ連系朝鮮人は時に、大使との関係を利用しようと試みたが、そこから得られたものはわずかであった。

一九五〇年一二月二一日に、朝鮮労働党中央委員会臨時総会が開かれ、そこで金はまた延安派を攻撃した。朝鮮戦争における軍事的敗北の責任を、多くの北朝鮮の軍指導者たち、特に延安派の将官として名高い武亭に押し付け、彼らを党から除名したのである。一九五三年の時点で、間接的な「外部コントロール」としてのソ連政府と中国政府による介入の危険性が存在していたので、金日成は全面的な攻撃を開始するに至っていなかったが、ホガイ、武亭らの解任は、中国人と朝鮮系ソ連人両方の影響力を弱めることとなった。したがって最初の攻撃は、ソ連と中国の支持を何ら得ていない国内派に向けられた。これらかつての抵抗運動の指導者たちは、無防備な標的とされ、他の派閥のメンバーも彼らに対する攻撃に加わった。厳しい弾圧の下で国内に留まって地下活動を続けていた国内派の多くは、多かれ少なかれ日本当局に屈するという過去を持つものがほとんどであったが、金日成は日帝時代に協力した経歴を持つ全ての人間の排斥を理由に、いわば国内派の弱みにつけこんで攻撃したのである。[★64]

一九五二年一二月の第五次総会の後に、国内派の絶え間ない闘争の状況は悪化していた。国内派にはもともと、ソウルの共産党に代わって全く面識もない金日成およびソ連派の政治指導を支持する理由は何もなかった。国内派は、北朝鮮で活動を続けていた朝鮮共産党やその青年組織を解体し、別組織を作ってそれを支持するように強要してきた金日成とイグナチエフに強く反発していたのである。[★65] 一九五三年はじめ、南から移ってきた人々によるクーデターの試みが失敗に終わったという噂が平壌の周辺に広まった。この直後、多くの国内派の指導者たちが逮捕され、三月末から四月はじめに、朴憲永は李承燁とともに解任された。こうして一九五〇年代後半までに、国内派は事実上存続を断たれた。この期に乗じて、自らの地位を強化しようとするソ連派と延安派の支持を得て、ゲリラ派によって排除が行なわれた。派閥間の対立をうまく利用する金日成の政策が効を奏したのである。[★66]

既述のように金日成は、一九三〇年代の半ばには、民族ブルジョアジーの民族解放闘争に対する役割を評価していたが、国内派が追い詰められるようになった一九五五年には、恐らく金日成の考えを代表していたであろう歴史学者によってかつてとは政治的ニュアンスの大きく異なる評価が示されていた。すなわち、朝鮮科学院歴史研究所長であった李清源は、「朝鮮の民族ブルジョアジーの特質」(一九五五年)という論文を発表し、その中で民族ブルジョアジーの弱体性、前期的性格、隷属性を強調しつつ、「朝鮮の民族資本の上層とかれらのイデオロギーとしてのブルジョア民族主義は、朝鮮のプロレタリアートが歴史の舞台にあらわれてからは、朝鮮民族解放運動において、本質的には反人民的・反動的な役割をした」と結論づけていたのである。[★67] また同じ頃、北の社会科学者たちの間では、日本帝国主義下の朝鮮社会の社会構成を「植民地半封建」とみなすのか、それとも「植民地半封建という特質をもつが基本的には資本主義」とみなすべきかをめぐって論争され、結局、後者に統一された。この背景には、民族ブルジョアジーの力を人民民主主義の下で更に発展させるべきなのか、それともその役割はすでに終わっており、全面的に社会主義的改造の方向で推進すべきなのかという二段階革命論に対する評価があったことはいうまでもない。だが、結局は後者が採用される結果となっており、このことも国内派にとって大きな痛手になっていたといえるし、あるいは逆に国内派が粛清されるような状況に追いこまれたがゆえに、こうした歴史評価を下す状況が生まれたのだともいえるかもしれない。いずれにせよここでは、スターリンの史的唯物論の公式に照らし合わせれば、植民地半封建などというカテゴリーはありえないとする抽象論によって問題の本質が判断され、肝心の民族資本の評価は一切捨象されており[★68]、ここでも国内派排除という現実政治の進展を背景にした歴史学界での恣意的な政治主義の蔓延が伺える。だが、梶村秀樹の指摘するように、問題はそもそもこの民族資本の存在を具体的な歴史の過程で裏付けること自体が困難だったということであろう[★69]。日本帝国主義植民地下で弱体化していた民族資本は、解放後の人民民主主義プログラムでようやく全面開花を遂げたというよりも、むしろ全く逆に、民族ブルジョアジーは金日成による権力奪取の闘争に巻き込まれる形で完全に息の根を止められてしまったのである。ウィットフォーゲルによれば、ヨーロッパ絶対主義の支配者の迫害、収奪の力は土地所有貴族、教会といった非政府的社会勢力によって確実に制約され、そうした「恣意的」権力の制約によって都市資本家の振興がもたらされ、結果的にそのことが支配者の利益ともなった。これとは対照的に東洋的専制主義においては、「封建以後の西洋の支配者がそうしたようには都市資本家を育成する必要を感じなかった。最善の場合でも、彼らはたまたまそこにあった資本家企業を有益な果樹園（gardens）のように取り扱った。最悪の場合には、資本制企業というやぶ（bushes）を茎になるまで刈りこみ、はぎとってしまったのである」[★70]。ここには資本制企業が自己成長を遂げる以前に「アジア的」専制権力にとっては公的収奪の対象としか見なされないという西欧近代市民社会との決定的差異があったが、金日成が信じて疑うことのなかったのもまさにこの「唯一の所有者」（マルクス）がその専制権力によって行使した収奪の観念であった。しかも、これら一連のプロセスは、かつてスターリンが一九三〇年代にアジア的生産様式論争において封建派の後ろ盾となってアジア派を排除したのとまったく同じ論理を辿って行なわれたのである。

こうして一旦始動した政治局内部の権力闘争では、国内派の追い討ちにソ連派が使われ、彼らはいわば金日成によって思念された「理性の狡知」（ヘーゲル）に突き動かされるかのようにして自ら進んで悪魔と手を結ぶこととなった。恐らくここで彼らの脳裏を支配していたのは、金日成の望むような国内派への攻撃に出なければ逆に自らが攻撃され、権力から排除（粛清）される他にはないという恐怖心だったはずである。ウィットフォーゲルは東洋的専制主義体制下において「全面的な服従が全面的権力に対する唯一の思慮ある対応になる」としたが[★71]、恐らくこの時ソ連派は金日成への全面的服従によって最後の甘心を得ようと考えたのであろう。だが、そうすることが金日成の尊敬や満足を勝ち取ることに結びつくわけではけっしてなかったことは、ここでもウィットフォーゲルの深い洞察が示す通りである。「水力社会のように権力が偏っているところでは、人間関係もまた同様に偏る。その政府を制御できない人たちが、支配者との衝突によって粉砕されることを恐れるのは全く当然のことなのである」[★72]。そして、この歪んだ権力偏在の結果として招来されるのは、庶民、官吏、統治者それぞれのレベルで展開する破壊的な不安、相互不信、そしてモンテスキューによって専制主義の統治原理と定式化された恐怖、とりわけ統治者にとっての恐怖である。「支配者は最も華やかな存在であるが、同時に最も羨望されている。彼に近しい人たちの中には、彼にとってかわることを望むものがつねに複数は存在している。そして憲政的、平和的変化が問題外であるがゆえに、交替は通常一つのこと、ただ一つのことだけを意味する。肉体的抹殺、すなわちこれである。だからこそ、聡明な支配者は何人も信じないのである」[★73]。このように、五〇年代半ばの北朝鮮における金日成と政治局の周辺をとりまく権力闘争を支配していたのは、「奴は敵だ、奴を殺せ」（埴谷雄高）という恐怖のリアリズムであった。

こうした中、変化する国際情勢が朝鮮の国内政策に変化をもたらし、ソ連派と延安派とが次なる粛清という恐怖の権力闘争の犠牲者となった。中ソ対立は、経済援助に頼っていた北の経済にとっては痛手であったが、金日成にとってはソ連、中国双方から自由になることを意味した。五六年のソ連共産党第二〇回大会でのスターリン批判を契機とする脱ソ連化というキャンペーンは中ソ関係の悪化に導くこととなったが、このことは北朝鮮にとってはどちらにも与さない限り外部権力の空白領域を内部にもたらすこととなり、むしろ国内では自由でかつ独立した政治的策略を可能にしたのである。だが、それによって獲得された「独立」とは、単に彼の独裁的な権力基盤を強化するだけであった。もしソ連の脱スターリン化以降、モンゴルやハンガリーのようにソ連の経済圏に残ったままであれば、これほど抑圧的でなく、経済的にもより成功した社会になっていたかもしれない。しかし、ここで金日成は、モスクワと北京との差異をうまく利用しつつ、お互いが経済、軍事援助を止めないようにするという微妙な戦術に打って出た。まず金日成は、中国との同盟関係を強めた。中国とは何かと共通点が多く、革命家たちも長年にわたり中国指導部との関係を維持してきたし、なによりも金日成はソ連の脱スターリン化を国内に持ち込むことにはまったく興味がなかったどころか、スターリンへの批判が自分の権力基盤を否定しうるものであることを誰よりも良く理解していたのである。★74

一九五五年一二月、ソ連系朝鮮人の多くの文学者を短期間のうちに攻撃し、朴昌玉らはその地位を失った。恐らく金日成は、これらの攻撃によって何よりも脱スターリン化が北朝鮮へ波及しないよう望んでいたのであろう。金日成の努力は、信頼に値しない潜在的トラブルメーカーを排除する一方、有力な党員からいかに支持を得るかに向けられていた。一九五六年七月二〇日、金日成は労働党中央委員会の副委員長と副議長に、モスクワや他の東欧共産諸国への訪問の意向を伝え、翌日には党常任委員会にも伝えられた。同二三日、崔昌益はそのことをフィラトフに報告した。とりわけ金日成は、ポーランドのポズナニ暴動について言及し、彼らが知識人の危険なイデオロギー的傾向について注意を払わなかったことを指摘し、温和な脱スターリン化すら避けることができたルーマニア、アルバニアのようなリーダーシップがベストであると主張した。それは脱スターリン化が、政治的不安定をもたらし、自らの集団的地位を危機に落し入れるものであることを指導層に訴えることが目的であったと見られている。★75 金日成は同年二月以降、国内の穏健リベラル派に対してあからさまに改革を拒否するような態度を取らず、むしろ誤りを正すといった姿勢をとっていたが、この戦術はソビエトの指導者に対しても、北朝鮮内部の派閥に対しても使われた。七月三〇日には労働党各部局の長、副局長を集めた中央委員会の会議で、朴金喆及び朴正愛による演説が行なわれたが、いずれも金日成自身の言葉を間接的に伝えたに過ぎなかった。

ソ連派と延安派による金日成に対する最後の挑戦となった党の全体会議が、五六年八月三〇日、二日間にわたって平壌で開かれた。その表向きの議題は金日成のソ連と東欧訪問と国民健康サービス問題についてであったが、実際は金日成に対するすでに本人には気づかれていた「急襲」であった。A・ランコフによれば、この会議についての資料はソ連大使館や情報機関によって書かれているものの、今でもトップシークレット扱いになっているためアクセスが困難であるとされるが、その中でも高熙万（労働党中央委員会局長）とG・Y・サムソノフ（ソ連外交官）との間の会話は注目に値するといえる。[★76] それによれば、全体会議の実際の議題とは、反党グループ（崔昌益、朴昌玉、徐輝、尹公欽等）の根絶についてであった。全体会議以前から、これら反党グループはこの会議を、かつて親日派であったとされる朴正愛、鄭準澤、韓相斗を含む党と政府に対する攻撃、さらに中間派である崔庸健らに対する攻撃に利用しようとしていた。さらに崔昌益は、国家と党の権力を自らの手に集中しているとして、常任委員会において金日成を攻撃した。彼はまた、国民の大多数が飢餓に直面している中での党による産業化政策を批判し、友好国の援助によって労働大衆の生活向上を期すべきであると主張した。だが、これに対して金日成は、そうした経済戦略は南朝鮮でアメリカによって行なわれているものであり、われわれも国民もそれを望んでいないとしてこの案の受け入れを拒否した。全体会議で最初に発言したのは尹公欽であったが、崔庸健に言及しつつ、彼は党内に警察体制が存在し、党内には多くの信頼に値しない人物がいると指摘した。だが、全体会議は、この演説を反党行為であると見なし、彼は最初の日のうちに、中央委員会からも党からも除名された。

姜尚昊による回顧録によれば、尹公欽は金日成の個人崇拝が根付いてしまい、無責任な人々が指導層に入ることを許されていると批判したが、この演説を支持した者は一人もおらず、金日成の支持者らは即座に反党攻撃とみなした。★77 姜によれば、崔昌益らの反対派も発言しようと試みたが、ヤジと怒鳴りあいの応戦の中で発言そのものも妨げられ、全体会議を勝ちぬくことはできなかったという。これら高と姜との事件についての記述を比較してわかるのは、いくつかの違いである。例えば、多くの研究者が韓国政府の資料や北朝鮮による公式の記述に依拠して、徐輝はその演説の中で、労働組合は国家、とりわけ党から独立すべきであると主張したとしており、そうした記述はチョ・ソンや金学俊の著書の中にもみられているという。北朝鮮で一九八一年に出版された『朝鮮史概論』では、徐輝は分派主義者と見なされ、「労働組合は党よりも多くのメンバーを抱え、より大きな組織であるから、党は労働組合を指導できない。全ての党員幹部は労働組合のメンバーなのだから、彼らは労働組合によって指導されなければならない」とし、労働組合を党のコントロールから引き離すよう主張したとされる。★78 これと同様な意見は一九二〇年代のソ連でも労働組合の役割として議論されているが、一九三〇年代には『ソ連共産党史（b）：短期コース』と題されたテキストでも言及され、全ての党幹部はこのコースを学んでいることから、この労働組合論争については承知していたものと思われる。正統派レーニン主義の観点からすれば、こうした法外な宣言について高熙万がサムソノフに対して何も言及していないという事実は、徐輝があるいはそうした発言を実際にはしていなかったかもしれないことを示唆している。

金学俊によると、崔昌益は朝鮮半島の中立を実現すべく「平和共存」を主張し、共産主義的システムそのものの廃棄を提案していたとされるが、このことは後に金日成自身が認めていることでもある。とりわけ、戦闘的な毛沢東主義者によって支援されている党役員が徐輝による労働組合の独立論以上のことを述べるというのは本来的に不可能なことであった。ランコフのみるところ、それはほぼ明らかに、崔昌益が真の革命路線からいかに逸脱していたのかを示すためのプロパガンダとして後に付け加えられたものである。[★79] だが、仮にこれらが事実であるとしても、九月に訪れたソ連—中国の合同代表団が崔昌益の政治的回復を主張したというのは考えられないことであった。かくして、崔昌益と朴昌玉は中央委員会から追放されたが、まだこの時点では彼らの党籍は残っていた。しかし八月三一日、高熙万がサムソノフに伝えたところでは、労働党の統制委員会は、党員問題について検討するよう依頼されたという。[★80] それほど著名ではなかった徐輝、尹公欽らは、この中央委員会で党籍を剝奪されたが、尹公欽らは三〇日の夜にはすでにどこかに逃避したとされる。この中央委員会については九月九日まで報道されることがなかったが、後に行なわれた報道ですら、既述の公式議題と「組織問題」という議題に触れられたのみであった。保守的スターリン主義者らが同じ五六年、反対派の圧力に屈したというブルガリア、ハンガリー、ポーランドで成功したシナリオが北朝鮮ではまったく実現すべくもなかったことは、冒頭で述べたようにそもそも近代朝鮮に市民社会と呼べるような自立した社会が存在しなかったこと、解放直後に多くの民族主義者が南に逃避したこと、民族主義的コミュニストを含めてあらゆるナショナリストが建国当初の権力闘争の中で粛清あるいは排除されたことなどの諸事実によって説明できるだろう。このことをウィットフォーゲルの言葉で象徴的にいうならば、ソ連軍と金日成による北朝鮮の「解放」は、「アジア的」な遺制を拭い去るどころか、それを「悪性の伝染病のように拡げてしまった」のである。★81したがって、当然のことながら反対派への参加者への粛清がこれに続いたが、ここで人々が学んだ教訓とは、金日成に立ち向かったりせずあらゆる対立を避けるのを望むということであった。政治局という共産主義政体の権力構造の頂点における最後の権力闘争が終焉を迎えたいま、全体的テロの脅威に適応した思慮ある行動を求められることとなったのは、社会主義＝労農国家の理念に反して実質的に「被支配者」に転落していた名もない労働者や農民ばかりでなく、「唯一の所有者」たる金日成とその率いるごく一部のゲリラ派の人々以外、他のあらゆる派閥の指導者を含めてみな異なるところがなかった。その意味で、マルクスのいう「総体的奴隷制」という言葉がこの状況を形容するのに最も適していた。ウィットフォーゲルはモンテスキューによって共和政体の原理とされた徳性を逆説的に専制政体の統治原理として置き換えつつ、そうした被支配者の「思慮ある行動」を「コモンセンスとしての服従」と呼び、この消極的態度こそが専制主義における「良き市民の徳性（citizenship）の基礎」になるとしたが、★82いまや北朝鮮においてもこの歪んだ形の「徳性」が新たな統治原理になりつつあったのである。

この八月の謀反劇のニュースがモスクワと北京に届くや、ミコヤン、彭徳懐らによるソ連―中国の合同代表団が平壌を訪れ、延安派、ソ連派に対する粛清を止めるように金日成に促した。さらに代表団が金日成に対し再度労働党大会の中央委員会を開き、会議で参加者に八月の件を謝罪するように強く要求した。その結果、実際九月に会議は開かれ、謝罪も行なわれた。しかし、まもなく延安派に対するパージが再開された。一九五六年、職場における「イデオロギー検査」が「信頼できない分子」らに対して行なわれた際、最初に犠牲になったのもこの延安派であり、その後にはソ連派が続いた。そのやり方は、尋問、謝罪が繰りかえし行なわれるというものだったが、これは単に公式な逮捕の前触れにすぎなかった。彼らの罪状とは、八月の事件に共謀していたとするものだったが、主だったソ連派、延安派は多かれ少なかれみなこの件に関与していたため、彼らの誰もが「分派」と繋がっていると非難するのは容易なことだった。つまり、何らかの形で日本帝国主義と連携することを余儀なくされつつも、なおも民族解放闘争を支持してきた民族ブルジョアジーや民族主義的コミュニストをかつて根こそぎ排除したのと同じ論理が、ここでも使われたことになる。粛清の結果、一九五七―五八年には延安派はもはや完全に消滅していた。このキャンペーンの犠牲者の一人が、初代労働党委員長であった金枓奉であったが、彼は八月の事件に直接には関与してはいなかったものの、この時点ではもはや延安派は団結力を失っていたため、中国へ亡命することすらできなかった。[★83]

八月の挑戦に失敗した反対派の人々は、分裂主義者や分派活動家として糾弾されたものの、意外なことに、より悪質とされるスパイやサボタージュや暴動などに対する告発としては行なわれなかった。金日成は反対派を糾弾するキャンペーンを繰り広げたが、それを五三―五五年の国内派粛清の時よりも控えめに行なったのは、彼が恐らくモスクワと北京の反応を恐れていたか、あるいは不安定な政治状況の下で、大規模な粛清を行なうことに対する党エリートらの不満を怖れていたためであるとみられる。一九五六年一〇月、ソ連の外交官チロレンコはチョ・サンフンに会った際、崔昌益と朴昌玉の追放は「深刻な党内民主主義の歪み」であると指摘しているが[★84]、惜しむらくは、ソ連派との連繋が不可能になっていたこの時点では、もはやソ連による「外部コントロール」が効果的に機能しなくなっていた。一九五五年後半から五六年初頭にかけて、『労働新聞』ではマルクス・レーニン主義の理論や党史など冗長な記事でさえ消え失せ、国内政治に関するセンシティブな話題の掲載は一切避けられていた。

崔昌益と朴昌玉は暫しの間姿をあらわさなかったものの、朴昌玉は製材所の副所長に、崔昌益は養豚場の責任者として新たなポストを与えられた。しかし、これも例えばブハーリンがスターリンによる粛清前に新聞社の編集者や研究所長のポストに職を与えられたように、「不可避」への前触れに過ぎなかった。しかしながら、反対派のなかでも四人が中国やソ連に逃げることができたのは、ソ連はもとより、ハンガリー、ブルガリア、チェコスロバキア、東ドイツ、ルーマニアいずれの国々でも有力な人物が国外に逃亡できたという例は他にないという意味では幸運なことであった。金承化は一九五六年九月、ソ連に出国し、それ以降は戻らなかった。尹公欽と徐輝は、中央委員会開催の夜に中国へ逃げた。彼らは多くの友人を中国に抱えており、彼らとの会話が九月危機を招く引き金となったのである。

好運にも逃亡に成功した何人かを除いて、国内に残されたソ連派、延安派の人々に対する粛清が五六年九月には開始された。道や市の党大会で、中央委員会の結果が「研究」され、公式議題以外に、事件の真相についての情報も開示された。それから数週間の間に、多くの延安派がポストを解かれた。平壌では、市党書記の李松雲がソ連外交官に語ったところによると、市委員会の多くの高級幹部らが崔昌益と関係していたという嫌疑で、いずれもその職を解任された。平壌での党大会では、「われわれ内部の敵」、「分裂主義者」、「分派主義者」など、人を脅すような言葉が用いられた。『労働新聞』によれば、この会議の参加者はみな、「敵は、われわれの党を破壊しようとするあらゆる形の陰謀に従事している」と注意を促されたという。★85 こうしたことが北朝鮮全土で繰り広げられ、ついに反対派による大胆なイニシアティブは全て失敗に終わった。すでに、この時点で金日成に立ち向かえる対抗権力が存立しうる余地はなく、かつてH・アーレントが「砂漠」と呼んだ権力の空白領域が生まれていたという意味で、そこで行使されたのはもはや全体権力でなく、「唯一の所有者」の恣意によって行使される専制権力であった。★86

一九五八年秋には、今度はソ連系朝鮮人に対する逮捕が行なわれた。その犠牲者には、前北朝鮮海軍隊長であったキム・チソンや副首相であった朴義琓が含まれていた。一九五九年には、ソ連出身の朝鮮人に対するイデオロギー検査が行なわれ、人々はそろって身を隠した。一九五〇—六〇年までに、少なくとも四五人の著名なソ連出身の朝鮮人たちが「反党、分派活動を行なった」という嫌疑で粛清され、死んでいった。しかし逆に、金日成への忠誠を誓い、同じソ連出身朝鮮人でありながらこの粛清に荷担したものの中には、方学世、南日、朴正愛といった人物が含まれていた。★87

だが、モスクワ—北京—平壌というトライアングルの微妙な外交関係に影響を与えるのを怖れて、ソ連大使館はソ連系朝鮮人を助けることを差し控えた。ソ連大使館は金日成に対して、「問題を起こしたソ連系朝鮮人はソ連に帰国させることで罪を免れるのでなく、現状よりも低い地位につけることで解決すべき」との意見書を送ったが、状況を変えることはできなかった[★88]。北朝鮮が亡命を認めたとしても、大使館がその申請を認めるまでに何ヶ月かの時間を要したため、ここで命を落とす人々も少なくなかった。だが、逆にソ連の領事館がそうしたソビエト出身朝鮮人を救った例もあった。後にソ連中央委員会の朝鮮部長となったV・P・トカチェンコはその一人であった。しかしながら、金日成の本来の目的は、こうしたソ連派の人物を物理的に排除するというよりも、むしろ政治的舞台から下ろして、さらには北朝鮮の外に追い出すことにあった。一九五九年には、全てのソ連出身の上級官僚らとの間で特別会議が開かれ、ソ連に帰りたい者はそうしても良いと伝えられた[★89]。

政治局にはそれでもなお、その疑わしい政治的背景にもかかわらず、ゲリラ派以外の人物が依然として残った。南日、朴正愛は、一度ならず金日成に試されたソ連系朝鮮人であったが、南日は一九七六年「交通事故」で死亡し、朴正愛は突然消えたものの、二〇年後に二次的なポストに返り咲いた。延安派についても同じことがいえ、金昌満はとりわけ五三―六〇年、分派に対する粛清を熱心に行なった者の一人であったが、彼も一九六六年には政治の世界からは消え、その後新たな職務についた農村で死んだとされる[★90]。

ソ連派の歴史はきわめて短く一五年ほどしかない。一九五五年後半に金日成は、ソ連派に対する最初の攻撃をしかけたが、恐らくソ連からの「外部コントロール」が働いたためであろうが、これは比較的抑え気味であった。だが、ソ連派の指導者朴昌玉が金日成に対する陰謀に荷担した一九五六年八月が重要な転機となった。ソ連派は一九五〇年代後半、粛清の標的となった。一九五八―六一年にかけて、大半のソ連系朝鮮人は不本意ながら北朝鮮を後にし、国内に残ったもののの多くは粛清され、ソ連派は途絶えることとなった。ソ連系朝鮮人は、みずからを構築しようと努めたスターリン主義的社会主義こそ、可能な社会体制としては最良であるとの信念に基づき、祖先の国を支援すべく朝鮮に向ったのだった。ソ連派は北朝鮮の建国について重要な役割を担ったし、彼らの努力抜きには一九五〇年代の経済的成功も実現できなかったであろう。一方で、彼らは北朝鮮にスターリン主義の手法を移植することに積極的に関与した。このように、ソ連派の歴史は一九四〇年代末にソ連当局によって指導された朝鮮半島の共産化の歴史と不可分であった。ソ連派はこの政策の最も強力な手段の一つであり、その意味において、共産化の結果に対して責任を共有しているといえる。★91

このようにして、一九五〇―六〇年代に脱ソ連化の動きが進んだが、このことはあらゆる朝鮮のものの外国に対する優越というチュチェ（主体）思想の推進のなかに読み取れる。金日成は、「イデオロギー活動における教条主義、形式主義を排し、主体を確立することについて」（一九五五年）と題する論文を発表し、はじめてチュチェ思想に言及したが、のちの公式プロパガンダでは、この思想は一九二〇年代に金日成によって編み出されたものとされ、一九六八年以降、金日成のゲリラ時代の演説に「チュチェ」という言葉が書き加えられた。★92

一九六〇年代になると、北朝鮮を取り巻く国際的な状況が大きく変化し、中ソ対立が進攻する中で、北朝鮮は全世界に向けてソ連政府が経済援助を楯に国内への干渉を行なってきたことを暴露したために、ソ連からの技術協力なしに自立した経済発展を余儀なくされるようになった。[93] こうした中で、ナショナリスト金日成という作られた偶像や神話が次々とプロパガンダとして生み出されることとなった。金日成の名前に、前置きの長い修飾語が使われ始めたのもこの頃からであった。[94] そもそもチュチェ思想が出てきたのは反ソの立場からであったが、中国軍が一九五八年に北朝鮮から撤退すると、主体思想について行なった金日成の最初の演説は書きかえられ、「中国の整風運動を模範にせよ」と述べた部分は削除された。[95] 一九六〇年代後半からは、北朝鮮当局は朝鮮の解放にソ連が果たした役割について一切沈黙を守り、挙句の果てに、抗日闘争に勝利した金日成が本国に帰国して共和国政府をつくったとまで主張するようになっていたのである。[96] この頃から北朝鮮のプロパガンダは、純粋な北朝鮮のチュチェ思想の優位性とナショナリズムを強調し始めたが、このことはなによりも、金日成にとってソ連と中国から完全に自由になったことを意味した。

ソ連共産党第二二回大会で中国指導部があからさまに批判されると、一九六二―六四年、北朝鮮と中国との間で相互批判が繰り広げられたが、北朝鮮は全ての重要案件について中国を支持した。北朝鮮とソ連との対立の根源は、イデオロギー的原理、すなわちスターリンの個人崇拝批判、集団指導体制の導入、平和共存の理論などを支持できないことにあった。『労働新聞』は、一九六四年一月二七日にはフルシチョフ批判を載せ、同八月一五日には社説で中国共産党との連帯強化を訴えた。また、中国のイデオロギーに関する用語が、外からきていることが明らかにされないまま、国内で多用されはじめていた。[97] ここで見て取れるのは、国内的にはチュチェ思想の普及によって自主路線の社会主義建設に邁進しているようなポーズをとりつつも、実のところソ連と中国という「外部コントロール」になおも深刻な影響を受けざるを得ない北朝鮮の二大国に対する従属的地位である。その政策決定の振幅度を決定していたのは、金日成による独裁体制の持続にとって脅威となるか否かという基準であって、チュチェ思想に基づく自主的かつ人民民主主義的な発展が可能であるかどうかにあるのではなかった。その後、ソ連は当然のことながら援助を停止したが、金日成はその分中国からの援助に期待するようになった。しかし、中国にはそれができないし、そのつもりもないことがすぐに明らかとなり、また一九六五年以降中国での文化大革命の進展にともなって関係の再考を迫られた。中国でも紅衛兵が金日成と北朝鮮批判をする中で、『労働新聞』は一九六四年一二月、中国の「教条主義」をはじめて批判し、一九六六年九月には「左翼機会主義」、「トロツキーの永久革命論」と批判した。一九六五年二月には、コスイギン首相をはじめとするソ連の訪問団が平壌を訪れたが、それ以降も北朝鮮はソ連とも中国とも中立の関係を維持した。どっちつかずの態度は北京もモスクワもいらだたせることがあったが、金日成は双方から経済、軍事両面での援助を得るという死活問題だけはうまく処理してきた。一九七〇年四月、中国は文化大革命後はじめて訪れた外国に北朝鮮を選び、一九七〇―八〇年代にかけて、ソ連に次ぐ第二の貿易相手国となった。★98

おわりに

朝鮮近代史における日本の植民地支配が移植資本主義と理解できるならば、一九四五年の解放以降の北朝鮮における金日成体制は、ソ連の占領軍とともに築かれたポスト移植資本主義における移植コミュニズムであったといえる。[★99] これは当初、社会主義建設のプログラムを有しておきながらも、あらゆる民族主義者を排除してゆく過程で根本的にないがしろにされたという意味で、明らかにソ連型「社会主義」の移植ではなかった。政治的にはソ連（スターリン）の占領政策を採用し、後に経済政策では中国のそれに真似たものを取り入れており、いわば中国的な「土台」の上にソ連的な「上部構造」を接合した新たな社会構成体という見方もできるかもしれない。だが、これだけではまだ、金日成という特異な人物の政治的性格とその北朝鮮の国家建設に果たした役割の意味を十分説明しているとはいえないであろう。

これまでみたように、金日成の権力基盤の確立には一五年弱の時間がかかったが、その間に彼をその地位に導いたのは、一貫してスターリン―ソ連軍―ソ連政府の三位一体による「外部コントロール」であった。ソ連出身の朝鮮人を重用すべくソ連軍当局が、延安亡命派と現地の地下党組織派との労働党内での勢力バランスを取った結果、そこで頭角をあらわしたのが金日成であったにすぎない。コミュニストであれ、民族主義者であれ、名だたる指導者は南朝鮮に集中していたために、当時、北朝鮮は政治的空白の地となり、金日成はその空隙を利用して政治的基盤を固めていったわけだが、それは自分に支配の正当性がないことを身にしみてわかっていた金日成だからこそできた芸当でもあった[★100]。こうした荒んだ権力の砂漠の中で金日成は、一九五〇―五三年には彼にとって最も危険な存在であった延安―ソ連派を注意深く排除し、五三―五五年には国内派を排除するのにも成功した。さらに五七―五九年には延安派を、そして最後にはソ連派を次々と粛清し、自らの専制独裁体制を確立したのである。そして一九六〇年代には、チュチェ思想がナショナリズムの昂揚に用いられ、あたかも金日成がもともと正統派の民族主義者であったかのごとく振るまい、いわばかつての民族主義者によって「下から」築かれた支配の正当性を横取りすることによってその権力基盤をさらに確固たるものとした。この頃にはソ連、中国いずれからも独立した外交政策をとるようになっており、金日成は両者の差異のバランスをうまく利用して、双方から利益を引き出すようになっていた[★101]。これらの変化は全て、国内での分派、つまりソ連派、延安派という政府内部における「外部コントロール」の排除によって可能となったものであった。

このように、一九五〇年代初め金日成は、国内派、ソ連派、延安派、ゲリラ派という指導部内の寡頭制的な派閥の対立を解消する際、その政治的才能を大いに発揮し、その結果ソ連、中国双方からの直接―間接の「外部コントロール」を解き放つことに成功したのである。これら四つの派閥はいずれも、ウィットフォーゲルの定義に従えば「政府内勢力」である。一方、「政府外勢力」の最大の派閥であった非コミュニスト系民族主義者（民主党）は、その代表曺晩植がすでに五〇年一〇月に処刑されていた当時にあっては、政治局内権力をチェックできる実質的な非政府勢力は存在していなかった。したがって、金日成はすでにこの時点で単なる絶対主義体制の支配者ではなくなっており、権力の方向性としては限りなく専制的独裁者へと向いつつあったといえる。五三―五五年、金日成はまず国内派に対する攻撃をしかけたが、その際には目下の政敵である国内派を攻撃する先頭にソ連派を立たせるという巧妙な権謀術数策に出た。[★102] ソ連で非スターリン化の動きがはじまると、ことあるごとにスターリンの像と重ね合わされてきた金日成の支配の正当性は大きく揺らぎ始めた。それに乗じるようにして延安派及びソ連派が金日成の追い落としを図ったものの、これも金日成によって容赦なく退けられた。その間五六年九月には、ソ連と中国の合同代表団が平壌を訪れ、幹部に対する抑圧を止めなければ金日成を退位させると迫った結果、彼は一旦譲歩したものの、それも長くは続かなかった。金日成は「外部コントロール」による操り人形としての自らの地位に満足できず、さらに五七―五八年、今度は延安派への攻撃をしかけ、その後も六二年まで、三七年のスターリンの大粛清ほどではないにせよ大規模な粛清を繰り広げ、ソ連―延安派を壊滅に追いやったのである。[★103] それまでの権力闘争で権力の集中に向わせていたのが組織的かつ強権的全体権力であったとしても、一切の対抗権力が排除された後に生じた政治的空間を支配したのは、「唯一の所有者」の恣意による専制権力であった。

かくして金日成が一五年余りの時間をかけて築き上げ、六一年に成立した国家社会主義体制を経て、六七年以降に形成された政治体制を和田春樹は「遊撃隊国家」と名づけたが、それは上部構造の理解としては正しいものの、金日成体制の政治、社会経済システム、歴史文化的背景をトータルに把握するにはまだ何かが不足している。例えば和田は、その体制の根拠が抗日にこそあるとみており、もしそうだとすれば日本との和解があれば北朝鮮は変わりうるとしている。だが、はたして事態はそんなに一面的で、楽観できるものなのか？　たしかに、抗日パルチザンの延長線上に今日の金日成＝金正日体制の支配の正当性があるのは事実にせよ、抗日の論理とはそもそも自らの権力闘争の論理として金日成が利用したにすぎないのであり、本当の支配の根拠とは、もっと別のところにあるとみるべきではないのか？　金日成がソ連によって与えられたブルジョア民主主義革命という課題をかなぐり捨ててまで自らの権力基盤を固めるために民族主義者を粛清または排除していったことから見ても、彼がソ連型社会主義を部分的に移植しつつも、多くの部分で社会主義の枠組みではとらえることのできない特殊な権力の形態に執着していたことは明らかである。では一体それは何なのか？　あれほど非コミュニストとコミュニストを問わず民族主義者を排斥するよう仕向けた彼の衝動と情念とは、やはり彼がパルチザンであったという特殊な背景と無縁ではないであろう。

「友敵理論」で名高いカール・シュミットは、『パルチザンの理論』で、クラゼヴィッツからレーニンを経て毛沢東にいたる展開においてパルチザンとは「正規なもの」と「非正規なもの」との弁証法、すなわち職業軍人と職業革命家との弁証法によって推し進められてきたという。★104 実際、これまで見てきたところからも明らかなように、金日成の政治手法に一貫していたのは、非正規な手段によって正規な支配権を奪い取るや、今度はそれを基礎にしてまた非正規な手段でさらに大きな支配の正当性を獲得するという戦術の繰り返しであった。ここでは、この「正規なもの」と「非正規なもの」との二面的闘争のなかで、現実の敵は一体誰なのかを見分けることが最重要課題となったのである。シュミットはいう。

「敵は、形成としてわれわれ自己の問題なのである。この自己の形成が一義的に規定されるとしたら、そのさいに敵の二重性はどこから生じてくるのか？　敵は、何らかの理由から除去されねばならないところの、またその無価値のために絶滅されねばならないところの、ものではない。敵は、わたし自身の中にあるのである。この理由から、わたしは自己の尺度、境界、形成をうるために、敵と闘争しつつ対決しなければならない[★105]」。

このように、敵の尺度は向こう側にではなく、敵と戦うための理由が自らの中でどのように構成されているかにある。金日成にとっても自らのアイデンティティとは、敵と闘争し、対決する中でのみ形成されてきたのであり、逆にいえばその敵ではないという尺度を常に自らの内に築き続けていかなければ自ら崩壊してしまうのである。シュミットは、それを構成する要因が「土地への愛着」であるとしたが、それは「自己が土着的な関係を持つ一片の土地を防御する」というのがパルチザンの存在理由（Raison d'être）そのものだからである[★106]。だが、領土―国民―主権の三要素で成立するのが国民国家だとすれば、金日成の脳裏にはいわば中国東北地方の山間部という局地的な「土地」、そして観念の中でのみ思い描かれ、美化された祖国という「土地」への偏愛によって全般的実在としての「国民」という観念を欠如させていたといえるのではないか。なぜなら、こう考えればまず最初に「外部コントロール」としてのソ連の軍事力を背景に非コミュニストの民族主義者らを排除し、その後多くがナショナリストでもあった国内派コミュニストを容赦なく粛清していったというプロセスもすんなりと腑に落ちるからである。この「唯一の所有者」の恣意によって繰り返された粛清の結果、いつのまにか北朝鮮の政治空間はいわば「恐怖の砂漠」と化したが、それらはみな金日成がパルチザンであったがゆえに可能になったことである。「隠密性および暗黒がパルチザンの最強の武器である。率直にいって、パルチザンは、非正規性の空間を失わないかぎり、すなわちパルチザンであるかぎり、その最強の武器を棄てることはできないのである」[★107]。たしかに、後にチュチェ思想によって表面的にはナショナリストの顔を覗かせるが、これはむしろ単に自らのカリスマ的支配を正当化するために用いられた形式論理にすぎないと考えるべきであろう。金日成のパルチザンとしての背景を抜きにして、その政治体制が次から次へと周囲から支配の正当性を奪い取ってゆくという共通した行動パターンの由来と根源も説明不可能なのであり、それゆえに遊撃隊国家という和田規定はまずもって正しいといえる。マコーマックはこの遊撃隊国家に加えて、社会主義国家、儒教国家、コーポラティズム国家、さらに全体主義国家という五つのモデルを提出しているが[★108]、和田が指摘するように、実際の北朝鮮の理解に必要なのはこれらの「複合モデル」であり、その構成要因を結び付けている「紐帯」こそが最大の問題であるはずだ。

恐らくウィットフォーゲルにとってそれは、マルクスが「アジア的」と呼んだ何かであり、プレーハーノフが社会主義者による権力奪取の思想が「時期尚早」であり、「潜在的に反動的なものであると烙印を押した」ところの何かである[★109]。プレハーノフの見るところ、「アジア的」農村共同体を取り残したままで社会主義的建設を目指す政策とは、土地とその耕作者を国家への従属から立ち切るどころか、「古い半アジア的秩序の遺物に手を触れることなく」放置し、「アジアシチナの復古」をもたらしうるものであった。こうした観点から見れば、金日成の北朝鮮で展開された一連の権力闘争という政治過程によって現出したのは、まさに「半アジア」的ロシアと「半アジア（＝半封建的）」的朝鮮との全的接合（移植）による「アジアシチナの復古」（東洋的専制主義の伝播）であったといえる。そして、既述のように北朝鮮の国家建設過程における正当的支配に具体的な国民の概念を欠如させていたことが、逆にそれを補うものとして総体的な国民の隷属、すなわちマルクスのいう「総体的奴隷制」をもたらしてしまったのである。ウィットフォーゲルによれば、この奴隷制とは「水力社会と水力国家への人間の隷属に固有なものであるが、西洋の奴隷制や農奴制とは本質的にちがったものである。マルクスの定式のメリットはそれが与えた回答よりも、それが提起した問題にある。『アジア的』国家のために辛苦するような挑発された人間は、彼が徴発されているあいだは、国家の隷属である」[★110]。したがって、徐大粛が次のように喝破するとき、北朝鮮問題に関連してウィットフォーゲルによっても導き出されるであろう結論と完全に重なり合うこととなる。すなわち、「金日成は社会主義国と称される国にありながら社会主義的政治を行なっているのではなく、他に類のない東洋的専制主義政治を行っていると言わざるを得ない」[★111]。

［註］

（1）白南雲によれば、三国（高句麗、新羅、百済）鼎立時代以前は「原始氏族共産社会」の時代であり、次いで新羅一統時代より李氏朝鮮の時代までが「東洋的封建社会」であって、それ以降が「移植資本主義」である。彼は、朝鮮の歴史的過程を西洋史と同じ世界史の一部ととらえることで、その普遍的発展の外部へと追いやる「アジア的」な特殊性を否定した。「わが朝鮮の歴史的発展の全過程は、例え地理的の条件、人種学的の骨相、文化形態の外形的特徴等多少の差異を認められるにしても、外観的のいわゆる特殊性は他の文化民族の歴史的発展の法則と区別されるべき独自のものではなくして、世界史の一元論的の歴史法則により他の諸民族と殆ど同軌的発展過程を経て来たのである」（白南雲『朝鮮社会経済史』、改造社、一九三三年、九頁）。しかし、マルクスやウィットフォーゲルのアジア的生産様式論に依拠した森谷克己にとって、こうした白の朝鮮史＝普遍史観は自然的条件、歴史的諸条件が異なるアジアの具体的な諸条件を省みずに、抽象的な法則によって「非現実的な虚構」を生み出しているだけにすぎない（森谷克己『アジア的生産様式論』、育成社、一九三七年、一二五頁）。これに対して森谷は、朝鮮の古代にヨーロッパ近代と同じ奴隷制の存在を認めずマルクスの「総体的奴隷制」概念を適用し、またその中世を「封建」時代とは呼ばず、アジア的な「総体的奴隷制」に対応した上部構造、すなわち「専制的官僚主義的国家体制」であるとした（森谷克己『東洋的社会の歴史と思想――中国・朝鮮社会経済史論』、実業之日本社、一九四八年、一八〇頁）。ちなみにウィットフォーゲルにとって、アジア的生産様式論とは停滞論でもなければ地理的決定論でもなく、基本的には社会的生産諸力と自然との相関関係がもたらす制度的秩序内部の諸要因のバランスによって維持される「恒常性」（constants）のことを意味した（これについては、本書第1章を参照）。なお、こうした「停滞論」や「封建制度欠如論」を「謬説」として批判した研究としては、安秉珆『朝鮮近代経済史研究』（日本評論社、一九七五年）、第一章を参照。

（2）森谷克己は、平野義太郎とともにウィットフォーゲル『東洋的社会の理論』（原書房、一九三九年初版）を訳し、主にアジア的生産様式論を展開しつつ、一九三〇年代から四〇年代にかけて活躍した中国・朝鮮社会経済史家である。最近の森谷克己への言及としては、子安宣邦『「アジア」はどう語られてきたか——近代日本のオリエンタリズム』（藤原書店、二〇〇三年）の第五章「東洋的社会の認識」を参照。

（3）マルクスによるアジア的生産様式論のうち、とりわけ帝国主義的植民支配を肯定しているとも解釈できる代表的な記述としては、『ニューヨーク・デイリー・トリビューン』に掲載された論考「イギリスにおけるインドの支配」（一八五三年）がある。そこでは次のように記述されている。「イギリスは、インドで二重の使命を果たさなければならない。一つは破壊の使命であり、一つは再生の使命である、——古いアジア社会を滅ぼすことと、西欧的社会の物質的基礎をアジアにすえることである。……大ブリテンそのもので産業プロレタリアートが現在の支配階級にとってかわるか、あるいはインド自身が強くなってイギリスのくびきをすっかりなげすてるか、このどちらかになるまでは、インド人は、イギリス人のブルジョアジーが彼らのあいだに播いてくれた新しい社会の諸要素の果実を、取り入れることはないであろう」（『マルクス＝エンゲルス全集』第九巻、大月書店、二一三及び二一六頁）。だが、ここで帝国主義支配の正当化問題との関連で注意すべきなのは、マルクスは必ずしもアジア的生産様式の克服にとって先進資本主義国による植民地支配が不可避と論じたわけではなく、植民地「自身が強くなって」宗主国の「くびき」をなげすてることさえできれば、同じ目的は達成されうると論じていたことであろう。つまりそれは、旧植民地の「民族ブルジョアジー」の全面開花によっても目的は十分に達成されうるという議論に繋がることになるのである。それゆえに、「朝鮮の旧社会は本質的に発展の契機を欠くというドグマから出発する議論。したがって外来勢力により資本主義経済を移植されることによってのみ近代資本制社会への移行が可能となり、植民地化は不可避であったと説く『理論』。なお、戦前においては、唯物史観に立つと自負する研究者も、この理論の枠内でのみ論理を展開し、甚だしくは『理論』を一層『発展』・固定化させさえした」（梶村秀樹『朝鮮史の枠組と思想』、研文出版、一九八二年、八二頁）とする梶村秀樹の主張は、明らかにマルクスその人の、そして「アジア派」と呼ばれた当時のマルクス主義者らの、本来の意図の半分しか汲み取っていないといわざるを得ない。

（4）梶村秀樹『朝鮮における資本主義の形成と展開』（龍渓書舎、一九七七年）、四―五頁。

（5）同八頁。われわれは植民地下の産業ブルジョアジーをとかく植民資本家に隷属しているだけのようにとらえがちだが、むしろ事態は逆で、例えば朝鮮のメリヤス近代産業部門全体がほぼ純粋に朝鮮ブルジョアジーの能動性の下で形成され、独自の論理を持って存在したという。これについては、同第二章を参照。

（6）これについては、本書第1章を参照。

（7）**K.A.Wittfogel, *Oriental Despotism: A Comparative Study of Total Power,*** （以下 ***OD*** と略記）**New Haven: Yale University Press, 1957, pp.197-200**. 湯浅赳男訳『オリエンタル・デスポティズム』（新評論、一九九一年）、二五三―七頁。

（8）一九二〇年代以降、断続的に繰り返されてきたいわゆるアジア的生産様式論争のなかで、この「アジア派」が事実上抹消されることとなった経緯については、同『オリエンタル・デスポティズム』、第九章「アジア的生産様式理論の勃興と没落」を参照。日本国内のアジア的生産様式論争について整理した最近の研究としては、福本勝清「日本におけるアジア的生産様式論争・第二次論争編：一九六五―一九八二」、『明治大学教養論集』（二〇〇三年一月）を参照。

（9）このウィットフォーゲルの「発生と伝播」論についてはこれまで数多くの批判にさらされてきたが、

いまだに作業仮説としての意義は残っており、根本的に批判し尽くされたとはいい難い。これについては、本書第3章の註23を参照。

(10) *OD.*, p.161. 前掲『オリエンタル・デスポティズム』、一八二頁以下参照。

(11) ここでいう「唯一の所有者」とは、いうまでもなく「多くの共同体制の父としての専制君主」(マルクス『経済学批判要綱』)のことである。そもそも専制主義(despotism)の概念とは、東洋(=非西洋)という「外部」の問題として始まり、中国の専制政治が一七世紀において啓蒙君主の典型として自由の腐敗せる専制政治の一亜種とみなされると革命前のフランスの政治的対立を反映し、ヨーロッパ「内部」の問題として変化していったという歴史的経緯を持つ。それは地理的なアジアと部分的に重なり合いながら、しかし本来的には価値的なものとして使われてきたことから、アジア的生産様式論とともにしばしばオリエンタリズムの一つの具体的な表現形式として批判にさらされてきた。だが、その西洋的偏見という価値的問題を差し引けば、権力が一人に集中したその政体が「一時的なもの」かそれとも「永続的なもの」か、あるいはアジアに共通の「地域(理)的特殊性」があるのか否か、という事実問題はなおも残っているといえる。このいわば「事実としての」専制主義(despotism)は、独裁(dictatorship, autocracy)の概念と混同され易いところに問題の根源がある。これについては、本書第3章を参照。

(12) 前掲『アジア的生産様式論』(育成社、一九三七年)、二四九—五〇頁。

(13) 前掲『オリエンタル・デスポティズム』、三六頁以下参照。

(14) 同四〇頁。

(15) 前掲『アジア的生産様式論』、二六七頁。

(16)同二七一頁。
(17)前掲『東洋的社会の歴史と思想——中国・朝鮮社会経済史論』、一二〇頁。
(18)同一二七頁。
(19)同一二九頁。
(20)同一三三頁。
(21)同一七一頁。
(22)同。
(23)同一七二頁。
(24)前掲『オリエンタル・デスポティズム』、第九章「アジア的生産様式理論の勃興と没落」を参照。
(25)前掲『東洋的社会の歴史と思想——中国・朝鮮社会経済史論』、一七二頁。
(26)徐大粛、林茂訳『金日成——思想と政治体制』(御茶の水書房、一九九二年)、七七—八頁。
(27)同じ見方は梶村秀樹によっても次のように示されている。「一九四五年解放後の朝鮮人大衆の意識は、国際主義よりも民族主義を選択しようとする傾向を引き継いだ。ソ連軍に従って入国し、その駐留を背景にして北朝鮮の政権を掌握した金日成に対しての、右翼からのまた下部からの反発もそういう心理的傾斜に基礎をおいて組織された」(前掲『朝鮮史の枠組と思想』、二六四頁)。
(28)北朝鮮の占領政策については、一九四五年九月二〇日、スターリンの名で以下のような指令が出されている。「1、北朝鮮の領域においてソビエトやその他のソビエト権力機関をつくらず、ソビエト的秩序を導入しないこと。2、北朝鮮において、すべての反日的民主政党と団体の広範なブロックを基礎にして、ブルジョア民主主義的権力を樹立することを援助すること。3、このことと関連して、赤軍の占領した朝鮮の諸地域で反日的民主的な団体と政党を結成するのを妨げず、それらの活動を援助すること」(『毎日新聞』一九九三年二月二六日、和田春樹『北朝鮮——遊撃隊国家の現在』、岩波書店、一九九八年、六二—三頁参照)。ブルンとヘルシュによれば、この人民民主主義の政策は一九五〇年までは一般的であったという(エレン・ブルン/ジャック・ヘルシュ、佐藤明訳『朝鮮社会主義経済史』、ありえす書房、一九八〇年、八三頁)。

(29) 金日成には解放後、民族資本家を社会主義建設における経済発展の礎として利用するという毛沢東の新民主主義論的な視点が一切見られなかったものの、以下のように、一九三〇年代までは少なくともそれを民族解放闘争に利用しようとする政治姿勢だけはあった。「……植民地および反植民地国家の民族資本家は、階級的にみれば搾取階級であるが、外来帝国主義者とそれと結託した買弁資本家によってその経済活動が抑えられており、つねに破産の脅威にさらされている。したがって、彼らには不徹底ではあるが反帝意識と民族独立への念願がある。とくに、わが国の民族資本家は、日本帝国主義のファッショ的植民地テロ統治と、それにともなう日本独占資本の大々的な浸透により、急速に破産・没落しつつある。……日本帝国主義のもとで民族資本家に強いられているこうした破産の運命は、彼らが反日民族解放革命に利害関心をもって、それに参加できることを可能にする。買弁資本家は、帝国主義の侵略以上に人民の反帝革命闘争を恐れるが、民族資本家は帝国主義の侵略に抵抗し、人民の反帝革命闘争を支持する。ごく少数の買弁資本家の売国反民族行為をみて民族資本家までも反動とみなすのは、反革命勢力を弱める結果をもたらすのみである」(金日成「朝鮮共産主義者の任務」一九三七年一一月。前掲『朝鮮における資本主義の形成と展開』、二二五—六頁参照)。

(30) 前掲『金日成——思想と政治体制』、八二—三頁。ソ連があえてコミュニストを指導的地位に押し上げようとしなかった理由としては、(1)国内共産党員の本拠地がアメリカの占領しているソウルにあったことから、彼らを激励するような政策をソ連がとることは対米関係上望ましくなかった、(2)国内派のコミュニストは何よりも民族主義者であり、必ずしもソ連の思惑の忠実な実行者であるとは限らなかった、(3)朝鮮国内の政治勢力においてコミュニストは少数派であり権威的存在とはいえなかった、等が挙げられている（河原地英武「ソ連の朝鮮政策――一九四五～四八」、桜井浩編『解放と改革――朝鮮民主主義人民共和国の成立過程』、アジア経済研究所、一九八九年所収、一一頁を参照）。

（31）同七八頁。

（32）前掲『オリエンタル・デスポティズム』、第九章「アジア的生産様式理論の勃興と没落」を参照。

（33）Andrei Lankov, *From Stalin to Kim Il Sung: The Formation of North Korea 1945-1960* (New Brunswick: Rutger University Press, 2002), p.28.

（34）北部朝鮮分局の設置は、朴憲永の朝鮮共産党中央の権威を否定したものでなく、金日成はその指導権を承認しており、「この分局は党中央に直属し、直営されるものであり、党中央が必要であると認めないとき、または改革等改善が必要であると認めるときはいつでも中央で処理する権利があり、分局で服従する義務がある」とまで語ったとされる（鐸木昌之「北朝鮮における党建設」、前掲『解放と改革――朝鮮民主主義人民共和国の成立過程』、アジア経済研究所、一九八九年所収、六五頁）。

（35）前掲『金日成――思想と政治体制』、一〇九頁。

（36）同九六頁。

（37）Andrei Lankov, *op. cit.*, p.29.

（38）前掲『北朝鮮――遊撃隊国家の現在』、七四頁。

(39) 同六二―三頁。
(40) Andrei Lankov, *op. cit.*, p.31.
(41) 前掲『金日成――思想と政治体制』、九五頁。
(42) Andrei Lankov, *op. cit.*, p.32.
(43) 前掲『北朝鮮――遊撃隊国家の現在』、七〇―七一頁。なお、この土地改革については、桜井浩「経済の改革と計画化」、桜井浩編『解放と改革――朝鮮民主主義人民共和国の成立過程』(アジア経済研究所、一九八九年所収)を参照。
(44) Andrei Lankov, *op. cit.*, p.33.
(45) 前掲『朝鮮における資本主義の形成と展開』、二二六頁。
(46) Andrei Lankov, *op. cit.*, p.34.
(47) *Ibid.*
(48) *Ibid.*, p.35.
(49) *Ibid.*, p.36.
(50) *Ibid.* その「前もって決めておいた」内訳とは、労働党三五%、天道教党と民主党各一五%、党と繋がりのない代表三五%、女性一五%。将来の代表者の社会的出身と数:労働者四〇人、農民五〇人、知識人四五人、商人一〇人、企業家七人というものだった(*Ibid.*)。
(51) *Ibid.*, pp.39-41.
(52) *Ibid.*, p.60. 四九年八月一二日、金日成と朴憲永はシトゥイコフとあって攻撃許可を求めている。同九月二四日、スターリンはこの計画を「危険過ぎる」として拒否したという(*Ibid.*)。

(53) *Ibid.*, pp.60-61.
(54) 前掲『金日成——思想と政治体制』、一三九頁。
(55) 同。解放戦争が起これば各地で人民蜂起が発生し祖国が統一されると南朝鮮労働党はいったが、実際にはそれは起きなかったとして、金日成は朝鮮戦争失敗の責任を朴憲永ら南朝鮮労働党の指導部に転嫁した(鐸木昌之『北朝鮮——社会主義と伝統の共鳴』、東京大学出版会、一九九二年、三三頁)。
(56) Andrei Lankov, *op. cit.*, pp.60-61.
(57) *Ibid.*, pp.64-5. なお、経済政策における中国の大衆路線と北朝鮮との比較については、梁文秀『北朝鮮経済論』(信山社、二〇〇〇年)、七三頁以下を参照。
(58) Andrei Lankov, *op. cit.*, pp.63-4.
(59) *Ibid.*, pp.69-70.
(60) *Ibid.*, p.70.
(61) *OD*, p.106. 前掲『オリエンタル・デスポティズム』、一四五頁。
(62) *Ibid.*, p.106. 同一四四頁。
(63) 前掲『金日成——思想と政治体制』、一〇六頁。
(64) 同一〇三頁。
(65) 同一〇二頁。
(66) 同九一—一〇二頁。
(67) 前掲『朝鮮における資本主義の形成と展開』、二二七頁。だが、歴史学界で指導的な役割を果たしていたこの李清源ですら、ソ連派と延安派が粛清された一九五八年には解任に追いやられている(前

掲『朝鮮史の枠組と思想』、研文出版、一九八二年、九六頁）。
（68）前掲『朝鮮における資本主義の形成と展開』、二二七頁。
（69）同二二九―三〇頁。
（70）*OD*, p.78. 前掲『オリエンタル・デスポティズム』、一〇九頁。
（71）*Ibid*., p.154. 同二〇一頁。
（72）*Ibid*. 同二〇一―二頁。
（73）*Ibid*., p.155. 同二〇二頁。
（74）Andrei Lankov, *op. cit*., pp.64-5.
（75）*Ibid*., pp.165-6.
（76）*Ibid*., p.169.
（77）*Ibid*., p.170.
（78）*Ibid*., p.171.
（79）*Ibid*., p.172.
（80）*Ibid*., p.173.
（81）*OD*, p.2. 同二一頁。
（82）*Ibid*., p.149. 同一九五頁。
（83）Andrei Lankov, *op. cit*., pp.103-4.
（84）*Ibid*., p.175.
（85）*Ibid*., p.177.

（86）H・アーレントが指摘したように、人間を「鉄の箍」でぎゅうぎゅうと締めつけるのが二〇世紀の全体主義であるとすれば、専制君主たちの恣意によって「砂漠」と化し、人間の自由が自己を実現するために必要な「空間の痕跡」をとどめておくのが専制主義である（H・アーレント、大久保和郎・大島かおり訳『全体主義の起原』、（3）「全体主義」、みすず書房、一九八一年、二八三頁）。
（87）Andrei Lankov, *op. cit.*, p.104.
（88）*Ibid.*, p.105.
（89）*Ibid.*, pp.105-7.
（90）*Ibid.*, pp.107-8.
（91）*Ibid.*, pp.133-5.
（92）*Ibid.*, p.67.
（93）前掲『金日成――思想と政治体制』、二三九頁。
（94）同二二一頁。
（95）同一六三頁。
（96）同一一八頁。
（97）Andrei Lankov, *op. cit.*, pp.66-7.
（98）*Ibid.*, p.66.
（99）ちなみに徐大粛は、北朝鮮の革命を「移植」とは呼ばず、「外からの革命」と呼んでいる（徐大粛「北朝鮮はどこへ――金日成以後の北朝鮮の変化」、『ベトナムと北朝鮮』大修館書店、一九九五年所収、四〇六頁）。

(100)前掲『金日成——思想と政治体制』、一一九頁。
(101)Andrei Lankov, *op. cit.*,pp.108-9.
(102)前掲『金日成——思想と政治体制』、一〇二頁。
(103)Andrei Lankov, *op. cit.*,pp.62-3.
(104)カール・シュミット、新田邦夫訳『パルチザンの理論』(筑摩書房、一九九五年)、一七二頁。
(105)同一七九—一八〇頁。
(106)同一九一頁。
(107)同八二頁。
(108)ガバン・マコーマック「北朝鮮という国家をどのように解するか」、『世界』、一九九三年一〇月、二七九頁。
(109)*OD*, p.391. 前掲『オリエンタル・デスポティズム』、四八九頁。
(110)*OD*, p.114. 同一五三—四頁。鐸木モデル=首領制、すなわち党=国家システムに首領を乗せた儒教と共鳴する政治体制というとらえ方は、マルクスの土台—上部構造論に似た論理構成を取っているという意味で部分的にはウィットフォーゲルの立場と重なるが、かといって全的には重ならない。「これら(首領制形成の理由・条件——引用者)の背後には、朝鮮の伝統的政治文化の基盤のうえに、日本の、とくに朝鮮総督府統治期に形成された政治文化、そしてスターリン型政治体制が導入され、それぞれが共鳴現象を起こし、独特の政治体制を作り出したことがある」(前掲『北朝鮮——社会主義と伝統の共鳴』、二三六頁参照)。ウィットフォーゲルの議論に即せば、恐らくこの「基盤」と「独特な政治体制」とを「共鳴」させているものこそが「アジア的」なものということになるであろう。徐大粛によれば、金日成の持ち出したこの「首領」という考え方は、外国なら何でも良いとし、自国のものを蔑む「虚無主義」を退け、自国の歴史と文化の良い点を探求することになった。「しかし、人民が朝鮮の伝統に目を向ければ向けるほど、朝鮮の専制主義的政治体制が強化され、金日成の個人崇拝が甚だしくなっていった」（徐大粛、古田博司訳『金日成と金正日』、岩波書店、一九九六年、一五一頁）。というのも、金日成の政治体制の基盤そのものが前近代＝アジア的なものを前提にしてこそ成り立っていたからである。同じように、「封建的」なものに「アジア的」なものを対比させてスターリニズム成立の前提条件について考察した林道義は次のように述べる。「いまや社会主義を建設するためには、ミールを復活させたような農民の『アジア的』意識を根本的に変革するか、それともその『アジア的』意識の上に乗っかって権力を維持していくか二つに一つの選択しかなかった。試行錯誤のうえ、スターリンは後者をとった。民衆が『アジア的』沈滞にいるほうが、彼の権力支配にとっては都合がよかったからである。スターリンは民衆の遅れた『アジア的』意識を変革しようとするどころか、むしろそれを野放図的に利用した。そのためについにロシアにおいては前近代的なものが徹底的に批判されることなしに、今日まで至っているのである」（林道義『スターリニズムの歴史的根源』、御茶の水書房、一九七一年、六六頁）。この引用文中の「ロシア」を「北朝鮮」に、「スターリン」を「金日成」に置きかえれば、徐大粛の指摘した問題性はさらに論理的に明確になるであろう。スターリニズムの北朝鮮への移植をC・アームストロングは「スターリニズムの土着化」（indegenization of Stalinism）と呼び、共産圏諸国へのその移植のなかでも「最も成功した例」としているが、その「成功」の秘訣も北朝鮮の前近代的＝「アジア的」なものの「隔世遺伝的遺制」（atavistic holdovers）という前提にこそあったといえる。Charles K. Armstrong, "The Nature, Origins, and Development of the North Korean State," Samuel S. Kim ed., *The North*

Korean System in the Post-Cold War Era（New York: Palgrave, 2001）, pp.39-41.

（111）前掲『金日成――思想と政治体制』、三六〇頁。

あとがき

本書に目を通された読者の中には、ここに書かれていることのいわば「宿命論」的側面に、ある種の絶望感や拒否感、もしくはそれを絶えず意識化させられることによる不快感を覚えた人がけっして少なくないはずである。実際、ウィットフォーゲルの『東洋的専制主義』が中国で禁書扱いになったことも、あるいはもはやその学術研究すら不可能になるほど批判し尽くされたことも、ウィットフォーゲルという人物よりは、むしろ社会主義理論体系の源泉であるマルクスの「アジア的」なものをめぐる問題提起が、あまりにも「宿命論」的なものとしてわれわれに迫ってくるが故になのであろう。本書に描かれている内容が、今の中国によってそのまま受け入れられるはずもないことは、誰よりも私自身が十分、認識しているつもりである。それどころか、日本の学界・言論界においても、大きな違和感をもって受け入れられるのは、どうしても避けられないことであろうとすら思っている。それゆえに、本書の出版とは、言説空間が中国のそれと少なからず連動している日本の一中国研究者である私にとって、それなりに政治生命をかけた、一大挑戦であったといえる。

だが、そのことによって不毛な対立がもたらされることは、私の意図するところでも、望むところでもない。むしろ丸山真男がどこかで述べていたように、「歴史意識の『古層』」とは、絶えず客観的な意識にこれを上らせつつ、対象化していくという日々の知的営為の中で、はじめて自己の内部で克服可能になるものなのであろう。これまで私をウィットフォーゲル研究に駆り立ててきたのも、まさにそうした強い思いであった。その作業は恐らく、魯迅が「挣扎（zhengzha）」と呼んだ、重苦しくもけっして避けては通れない、あの近代精神の営みにも通底しているはずである。私が本書で提唱したかったのも、敢えて一言でいうならば、まさにそういうことである。

今中国では、八九年の天安門事件以前にすら見られなかった、本格的なリベラリズムの地殻変動といったものが進行しつつある。トクヴィルやハイエク、グレイなど、西側の新旧リベラリズムに関する主要な著作が次々と翻訳され、例えば俞可平や鄧正来らの最近の著作では、経済的指標によって成り立つ **bürgerliche Gesellschaft** をはるかに超えて、国家に対する政治的自立性を求めた **Zivil Gesellschaft** というJ・ハーバーマスの提唱した本来の市民社会の概念すら垣間見えるようになっている。そうしたコンテクストでとらえるべきなのかどうか、ウィットフォーゲルの「自然観と社会観」を扱った本書の第1章は、すでに中国国内でも『社会批判理論紀事』（第二輯、二〇〇八年二月）に翻訳、公刊されており、「アジア的」なものをめぐる中国の状況とは、ここにきて明らかに大きく変化しつつあるといえる。とはいえ、現代中国の抱えるイデオロギー政策上の大きなジレンマとは、一党独裁による権威主義的国家体制の庇護の下、社会主義市場経済という名の経済政策上のネオ・リベラリズムを採用しながらも、政治的リベラリズムだけはいかなる意味においても容認できない、という状況に何の変化もないことにある。しかしながら、経済的自由を追求し、拡大していく過程とは、じつは一定の政治的自由を基にしてのみ可能なことであり、それゆえに経済的リベラリズムが発展するにつれて、政治的リベラリズムも自ずと拡大せざるを得ないというきわめて矛盾したプロセスでもある。ここでは、いわばリベラリズム思想の「原始的蓄積」とでもいった事態が、現代中国社会の深層で静かに進行しており、しかもその「パンドラの箱」には、すでに「禁断の実」がはちきれんばかりに詰め込まれている、というのが私の個人的な現状分析である。

こうした中で再考すべきなのが、「アジア的」社会におけるマルクスのリベラル転回とは、果たして可能なのか、仮に可能であるとすれば、それはいかにしてなのか、という問題であろう。社会主義におけるリベラリズムの可能性については、例えば、すでに藤原保信の遺著『自由主義の再検討』（岩波書店、一九九三年）の第Ⅱ章「社会主義の挑戦は何であったか」で、そうした作業の初歩的輪郭が示されている。だが、この先駆的著作でも、残念ながら「アジア的」という根源的契機は、まったく見逃されてしまっている。このことを考えるときに、私がいつも思い起こすのは、マルクスとレーニンにおける、全体と個との関係をめぐる根本的意想の相違である。すなわち、一方のマルクスが、「各人の自由な発展が万人の自由な発展の条件となる」と考えたのに対して、他方レーニンは、「一人は万人のために、万人は一人のために」ととらえていたが、ここに「アジア的」なものを分岐点として、社会主義社会を構想する上での、二人の間の根源的な差異が象徴的に示されているのである。私的土地所有が認められず、共同体的所有としてのみ土地の所有が正当化された「中国とロシア」の「アジア的」農業社会では、マルクスの社会認識論よりも、むしろレーニンのそれの方がはるかに現実社会との親和性を持っており、問題はより複雑さ、かつ困難さを伴わざるを得ない。つまり、近代的な諸個人の自由な発展を前提として、それを自由そのものの根拠とし、さらに全体へとその論理を展開しつつも、再度、個的な価値へと回帰するのがマルクスのリベラリズムであるのに対し、あたかも個的価値を全体の中で最大化するような論理をとりつつも、実際にはこれとはまったく逆に、個を全体的＝「アジア的」価値の中に埋没させてしまうのが、他ならぬレーニンなのであった。この後者の論理は、戦前・戦中の日本における新体制運動から翼賛運動へのプロセスでも、「下から上へ」、「上から下へ」というレトリックとともに頻繁に使われたが、それがどういう結果をもたらしたのかは、改めてここで言及するまでもない。

じつは、こうした問題を中国において最も責任ある立場で、誰よりも真剣に考えていたのが、天安門事件で失脚したあの趙紫陽であった。人生の最後に軟禁生活を余儀なくされていた趙は、一九九一年一〇月、「現実の社会主義の実験は失敗したがマルクスの輝かしい思想は類を見ないものであり、今に至るまで、社会の多くの問題の発展、変化は、依然としてマルクスが考えた原則に従っている」とし、次のように心の内を打ち明けている。

「だが、われわれが過去に実践してきた社会主義とは、畸形型社会主義であり、マルクスの本来の意味での社会主義と符合するものではない。マルクスが社会主義社会に対して設定した目標のように、それは一つの自由な人々の連合体を建設することであり、一つの専制政体を築くことではない。マルクスは『哲学の貧困』で、『労働者階級による発展の過程で、一つの階級と階級対立を消滅させる連合体が創出され、それが古いブルジョア階級社会に取って代わるのである』と指摘している。また『共産党宣言』の中では、『階級と階級対立の存在するブルジョア階級による旧社会に代替するのは、各人の自由な発展が万人の自由な発展の条件となるような一つの連合体となるであろう』と指摘している」（宗鳳鳴〈記述〉『趙紫陽――軟禁中的談話』、開放出版社、二〇〇七年、二三頁）。

このように、明らかに趙紫陽は、マルクスの、そしてウィットフォーゲルのいう「アジア的」なものをあらかじめ承認し、本来のマルクスの思想的原点に立っていた。したがって、今後中国においてマルクスのリベラル転回への動きが現れてくるのだとしたら、それは恐らく、趙紫陽の名誉回復の動きと連動してのみ可能になることであろう。ちなみに私自身は、そうした現実の問題とは別に、「中国とロシア」という「アジア的」農業国家におけるリベラリズムとは、伝統的なアナーキズムに限りなく近いリバタリアニズムのような形をとらざるを得ないのではないか、と考えている。したがって今後、この同じ問題を追究していたウィットフォーゲルによる未公開の論考、*Marxism, Anarchism and the Nihilist Revolution*（1968-1977）を読み解く中で、このマルクスのリベラル転回の可能性について研究を進めていきたいと思っている。

振り返れば、本書の執筆に取り掛かるそもそものきっかけは、一九八九年六月の個人的体験にまで遡る。この頃私は、早稲田大学大学院政治学研究科、故藤原保信先生の指導の下、修士論文としてM・ウェーバーの中国社会論のノートを約一五〇枚ほどの原稿にしてまとめていた。当時、アジアの経済発展を基礎付けるものとして、いわゆる「儒教資本主義論」がさかんに議論されていたこともあり、ウェーバーの『儒教と道教』を読み進める中で、私はプロテスタンティズムと儒教をめぐる論理と倫理の内的連関性についての比較を通し、ウェーバーの合理化論・近代化論に対する批判的内容のノートを書き進めていた。だが、六月四日の天安門事件を目の当たりにして、私はこの原稿の半分近くを破棄し、『東洋的支配の構造』という新たなタイトルの下で、その権力論を中心に、このノートそのものを全面的に書き直さざるを得なくなったのである。とはいえ、当時はまだ、ウェーバー論の中で東洋的専制主義の問題を扱うには、私にとってウィットフォーゲルという人物とその言説は、あまりにも大きすぎた。結局、この修士論文では、その潜在的重要性には気づいていたものの、彼についてはほんの参考程度にしか触れることができないままで終わってしまった。その後私は、新聞記者を経験して以来、二度目の実社会に出ることとなった。

私にとって、天安門事件がなぜ起きたのかについて考えることは、八三―八四年にかけて中国に留学した際、中国社会で実際に体験した数々のできごとを通して自ら感じ、その都度現地で考えてきたことの延長線で進められるべき知的作業そのものを意味した。その多くの時間を、地方への見聞旅行に充てていた私の中国留学体験で得たものは、それまで私が日本や、それ以前に留学していたアメリカで得たものとは、根本的に何かが異なっていた。それまで国内で日本人による数々の中国関連の研究書を通して得られた中国像と、実際に中国での体験を通して得られたそれとの間には、当時、すでに大きなズレが生じていたのである。それは、私の個人的経験でいえば、それまで思想的に大きな影響を受けた竹内好に対する少なからぬ疑念として、象徴的に具体化していった。例えば、竹内の著作を読んでいると、中国の知識人はみな、まるで魯迅のように強靭な個を確立した、いわばアジアにおける唯一の「近代人」であるかのように思えてくる。少なくとも私が、竹内の著作を通してそういうイメージを持って、実際の中国へ向かっていったことだけはたしかである。そう読んでしまった私自身の自己責任であるといわれれば、それまでのことであろう。だが、これまでの中国との長い付き合いを通して、私がいま改めて思うのは、本書の第5章で扱ったように、中国の現実とは、竹内好よりも、むしろ劉暁波による鋭い批判の対象となっている問題性からけっして自由ではあり得ない、という事実である。それゆえに、私の竹内の言説に対する違和感とは、あえて一言でいうならば、本来、「阿Q」との距離関係で見るべき「中国的」なものを、あたかも「魯迅」との関係で見るべきであるかのようにみなす中国観を、日本人に対して今も与え続けているにように見える、ということである。その意味で私は、仮にいまだに竹内から学ぶべきものがあるのだとすれば、それは竹内が実際に書いたり、述べたりした事柄からではなく、とりわけ文革以降、彼が書くことも、話すこともできなくなったことから、あるいは彼をそのように沈黙せざるを得なくさせたものからであろう、と思っている。

当時から、こうした思いの多くを共有していたのが、同じ時期に、同じ北京大学に留学していたアジア的生産様式論の先学、福本勝清氏であった。われわれはその後、一九九〇年から約二年間にわたり、二人だけでウィットフォーゲルの読書会を開くこととなった。それは月に一度、『東洋的専制主義』を一緒に少しずつ読み進め、お互いが準備したレジュメに即しつつ、今はもうなくなった新宿のとある喫茶店で、毎回、数時間にわたって議論し合う、というものであった。本書の多くの基礎をなしているのが、そのときに議論されたものであることはいうまでもない。それは私のウィットフォーゲル研究史上、この上なく貴重、かつ重要なものとなった。

その後、一九九三年、ジュネーブに転勤したのに伴い、いったんは中断を余儀なくされたが、やがて新しい仕事にも慣れていくと、休み時間の合間を縫ったり、週末の時間を使うなどしながら、ウィットフォーゲル研究を再開していった。ジュネーブといえば、本書でも登場するプレハーノフ、ヴェラ・ザスーリチ、レーニンといった、ロシアの亡命知識人らが一時期逗留していた地でもあり、私のような「異端者」がものを考えるには、うってつけの精神風土が備わっていたような気がする。多くの資料は、ジュネーブの国連欧州本部図書館で探し、そしてあのヴォルテールが二〇〇年ほど前、中国の専制政治について執筆していたのと同じフランスの田舎町（フェルネー・ヴォルテール）にある自宅のアパートで、私は現在の第1―3章に当たるノートを書き進めていった。その草稿を最初に読んで、詳細なコメントをくださったのが、藤原保信研究室の兄弟子にあたり、当時、ケルン大学に客員研究員として滞在していた岩崎稔氏であり、また東京に一時帰国した際に、この拙い草稿に対するコメントとして、詳細なノートを準備してくださったのが斎藤純一氏であった。これら二人の貴重なコメントを基に、私はこのノートでの議論の中身を、さらに根本から練り直していった。

その後私は、一九九八年に北京へと転勤となり、さらに中国での勤務経験を積む中で、私なりの中国社会に対する認識を深めていくこととなった。こうした中でも、常に私の中国観の根底にあったのは、マルクスやウェーバーのいう「アジア的」なものであり、ウィットフォーゲルのいう「アジア的生産様式論」であったことはいうまでもない。北京での三年半にわたる勤務の後、私は幸いなことに、いったん休職が認められ、再度、早稲田大学に復学することとなった。ここで私は、しばらく中断していたウィットフォーゲル研究を再開し、まずは二〇〇三年、上記のノートの中から、現在の第3章にあたるノートをさらに練り直して、この原稿を基に、「政治思想学会」で報告する機会を与えられた。この草稿を最初に読んで、厳しいコメントをくださったのが、学部時代のゼミ以来、ずっとお世話になっているトクヴィル研究の第一人者、松本礼二先生であった。何を隠そう、本書の第3章における重要な概念枠組みの一つである「進歩と専制」という対抗概念軸を与えてくださったのは、他ならぬこの松本先生である。そして、この学会報告でコメンテーターを引き受けてくださったのが、日本政治思想史の渡辺浩先生であった。渡辺先生には、本書の序章で述べたウィットフォーゲル理論の「大風呂敷さ」や、「そもそもアジア的なるものは存在しない」などとする論点をめぐり、厳しくも、きわめて的確なご指摘・ご批判をいただいた。本書の序章は、そのとき先生から提起されながらも、その際に十分回答することができなかった内容の一部に相当するものである。さらに私の所属していた早稲田大学の毛里和子研究室や、全国の若き東アジア研究者で構成されている〈帝国と思想〉研究会でも、ウィットフォーゲルやアジア的生産様式論について報告する機会を得たが、ここでも毛里先生をはじめ、多くの友人、研究仲間たちから、数々の貴重なコメント・提言をいただいた。

さらに本書を上梓するに先立って、私は現在勤務している明治大学によって、二〇〇七年九月より、スタンフォード大学アジア太平洋研究センターの客員研究員として研究生活を送るという絶好の機会を与えられた。このスタンフォード大学では、同研究センターで現代中国政治についての研究を進める傍ら、フーバー研究所のアーカイブに保管されているウィットフォーゲル・ペーパーを、思う存分利用することができたのである。その全部で四〇〇箱余りに及ぶ膨大な数の未発表原稿、資料を一つ一つチェックするという作業は、中身の概略を確認するだけでも、優に三ヶ月もの時間を要した。その作業を通して最初に分かったこととは、ウィットフォーゲルのこれまで発表してきた「著作」とは、恐らく実際に書いたものの五分の一にも満たないであろう、という事実である。それは単に、すでに発表していた著作の原稿以外に、それらの執筆のために準備された草稿をそれだけ多く残していた、という意味ではない。とりわけマッカラン委員会への証言者としての直接関与、そして反共主義イデオロギーの色濃くにじみ出ているその主著、『東洋的専制主義』を世に出してからの彼に対する学界、言論界での厳しい状況がそうさせたのであろうが、彼は単発の短い原稿以外には、六〇年代以降、もはや大きな研究成果を出版する機会を完全に失っていたようなのである。もっとも、ウィットフォーゲルの弟子であるウルメンによれば、それは出版できなかったからではなく、ウィットフォーゲルが最後の最後まで、自分の原稿に満足できなかったからなのだという。だが、この中には、出版社との契約まで済ませておきながら、結局、公刊に至らなかったものまでも含まれており、この周辺の諸事情は、いまだに多くの謎を残している。ともあれ、それがいかなる事情であろうと、彼はけっして執筆活動をやめなかった。こうした原稿の中でも、例えば *The Central Problem of World History*（1974-1977）, *China and Russia*（1961-1968）, *Chinese*

Communism: Collected Studies on Modern Chinese History and Society（1956-1966）, *Marxism, Anarchism and the Nihilist Revolution*（1968-1977）などは、いずれもシングル・スペースで数百ページから、千ページを優に越える、長大な本格的著作ばかりである。これらの原稿を、彼はすでに生前のある時期から後世に対して問うことを念頭においていたようで、フーバー研究所アーカイブへの原稿・資料の寄贈を、自ら準備・交渉して決めていた。いくつかのバージョンのある原稿の頭には、「この原稿は旧版であり、これをそのまま公表することは、いかなる意味においても、著者の意思に反するので、固く禁ずる」などとする、自筆サイン入りの断り書きが添えてあることもあり、あたかも自分が直接注意されているかのようで、ドキッとさせられることもあった。いずれにせよ、彼が自分でタイプしたこれらの膨大な原稿を一つ一つ読んでいると、いつのまにか、まるでウィットフォーゲルが自分に憑依していくような奇妙な気分にとらわれ、その余りの精神の巨大さに全身が圧し潰されそうになるという経験を何度もした。そうした中から、このウィットフォーゲル研究を仕上げるために必要と思われる重要な資料だけを利用して、完成したのが本書である。

この編集作業を、最初から最後まで温かく見守り、なおかつ一つ一つの原稿を丁寧に読んでコメントしてくだったのが、八〇年代以降、世界中に見放されたこのウィットフォーゲル研究のともし火を、わが国で最後まで消さずに守ってこられた湯浅赳男先生である。ソ連崩壊後に研究に着手したこの私でさえ、「自分が地獄に入らなければ、いったい誰が入るのか？」（「我不入地獄、誰入地獄？」［趙紫陽］）という気持ちだったのだから、湯浅先生の長年のご苦労たるや、推して知るべしであろう。ここで再度、湯浅先生をはじめ、前述した諸先生方、先輩、友人、研究仲間たちには、改めて感謝の言葉を申し述べたい。また、ニューヨーク在住のG・ウルメン氏には、スタンフォード大学フーバー研究所でのウィットフォーゲル関連資料の閲覧に際し、多くの参考情報を提供していただいただけでなく、本書でのウィットフォーゲルの写真の使用を許可していただいた。さらに、社会評論社の新孝一氏には、本書の出版を早い時期からご快諾いただいた上、出版・編集作業のすべての面で、最後までたいへんお世話になった。そして最後に、スタンフォード大学での在外研究の機会を与えてくれた明治大学にも、心からの謝意を表したい。

二〇〇八年二月二五日

スタンフォード大学アジア太平洋研究センターにて

石井知章

[初出一覧]

序　章　本書のための書き下ろし
第1章　「K・ウィットフォーゲルにおける第二の自然」、『明治大学教養論集』通巻三六七号、二〇〇三年一月
第2章　「K・ウィットフォーゲルにおける国家と社会」、『明治大学教養論集』通巻三八〇号、二〇〇四年一月
第3章　「東洋的専制主義の位相――K・ウィットフォーゲルの場合」、『政治思想研究』第四号、二〇〇四年五月
第4章　「K・ウィットフォーゲルにおける市民社会の展望」、『明治大学教養論集』通巻四二一号、二〇〇七年三月
第5章　「K・ウィットフォーゲルと中国問題についての試論」、『明治大学教養論集』通巻四三〇号、二〇〇八年三月
第6章　「K・ウィットフォーゲルと北朝鮮問題についての試論（上・下）」、『情況』二〇〇四年一〇月及び一一月号

人名索引

[マ行]

[ヤ行]

[ラ行]

事項索引

[サ行]

[タ行]

[ナ行]

石井知章（いしい・ともあき）

1960年生まれ。早稲田大学大学院政治学研究科博士課程修了。（社）共同通信社記者、ILO（国際労働機関）職員を経て、現在、明治大学商学部准教授。高麗大学アジア問題研究所客員研究員（2007年）、スタンフォード大学アジア太平洋研究センター客員研究員（2007－2008年）。政治学博士。

著書として『中国社会主義国家と労働組合――中国型協商体制の形成過程』御茶の水書房、2007年。共著として、鈴木宏昌・連合総研編『開かれたアジアの社会的対話』日本評論社、2002年。田中浩編『現代世界と福祉国家――国際比較研究』御茶の水書房、1997年。矢内原勝、山形辰史編『アジアの国際労働移動』アジア経済研究所、1992年など。

K・A・ウィットフォーゲルの東洋的社会論

2008年4月25日　初版第1刷発行

著　者＊石井知章

発行人＊松田健二

発行所＊株式会社社会評論社

東京都文京区本郷2-3-10

tel.03-3814-3861/fax.03-3818-2808

http://www.shahyo.com/

印　刷＊株式会社技秀堂

製　本＊東和製本

Printed in Japan